LE PASSÉ ET L'AVENIR

DES

TRADE UNIONS

(TRADE UNIONISM NEW AND OLD)

QUESTIONS SOCIALES D'AUJOURD'HUI

LE PASSÉ ET L'AVENIR

DES

TRADE UNIONS

(TRADE UNIONISM NEW AND OLD)

PAR

GEORGES HOWELL

Membre de la Chambre des Communes.

TRADUCTION ET PRÉFACE

PAR

LE COUR GRANDMAISON

Député.

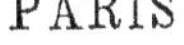

PARIS

LIBRAIRIE GUILLAUMIN ET Cie

Éditeurs de la collection des principaux économistes, du Journal des Économistes,
du Dictionnaire de l'Économie politique,
du Dictionnaire universel du Commerce et de la Navigation.

14, RUE RICHELIEU

1892

LE PASSÉ ET L'AVENIR

DES

TRADE UNIONS

(TRADE UNIONISM NEW AND OLD).

INTRODUCTION

Sous ce titre : « Questions sociales d'aujourd'hui », un membre du Parlement anglais, M. Howell, vient de publier, il y a quelques mois, un ouvrage sur les « Trade Unions » qui a eu un grand retentissement non seulement en Angleterre, mais sur le continent.

Indépendamment des renseignements très complets et très récents qu'il contient, ce livre nous paraît venir à son heure, et nous avons cru utile de le faire mieux connaître en France ; il est en effet la contrepartie nécessaire de travaux et de discours qui ont depuis quelque temps passionné l'opinion publique.

Il est hors de doute que les hommes d'État et les masses ont beaucoup subi dans ces dernières années l'influence des idées allemandes. L'évolution considérable qui s'est opérée dans le centre de l'Europe sous l'influence des doctrines de Lassalle et de Karl Marx a obligé les gouvernements à entreprendre, sous la pression de l'opinion, une série de grandes réformes sociales et il en est résulté une législation nouvelle, différente, suivant les pays, mais tendant au même but, l'organisation du travail et l'amélioration du sort des travailleurs. La rapidité et l'importance de ces réformes, les conséquences directes qu'elles peuvent entraîner dans la situation économique et industrielle des nations, ont attiré de ce côté l'attention publique et déterminé un véritable courant d'opinion dans ce sens.

Pendant que M. de Bismarck et l'empereur d'Allemagne s'efforçaient d'enrégimenter l'armée du travail sur le modèle de l'armée prussienne et que l'Autriche et la Suisse, suivant des voies un peu différentes, s'engagaient de leur côté dans la réglementation par l'État, les ouvriers de race anglo-saxonne, favorisés par la liberté presque illimitée qui existe en Angleterre et aux États-Unis, arrivaient sans bruit, avec leur instinct et leurs traditions pour guide, à une excellente organisation pratique du travail et parvenaient à concilier ces deux principes en apparence contradictoires : le régime corporatif et la liberté du travail.

Au moment où le Parlement français aborde à son tour l'examen de ces redoutables problèmes, il est bon de montrer les étonnants résultats obtenus en Angleterre par un régime de liberté presque absolu et par une législation intelligente, qui s'est donné pour règle de seconder le mouvement de l'esprit public au lieu de vouloir le violenter; il est également intéressant de rechercher ce qui peut rester à faire et ce qui doit être encore fait.

Le développement des associations ouvrières anglaises a frappé depuis longtemps les meilleurs esprits. On a souvent étudié leur organisation et leur fonctionnement. En 1869, M. le comte de Paris, dans un livre qui eut un très grand retentissement, appela sur elles l'attention de tous les hommes qui s'intéressent aux questions sociales. M. Paul Leroy-Beaulieu leur a consacré à diverses reprises de remarquables articles, mais pour des raisons diverses auxquelles la politique n'a pas toujours été étrangère, les Trade Unions sont restées depuis lors oubliées — et il a fallu la publication des procès-verbaux de la Commission Royale du travail qui a fait l'année dernière une enquête sur la situation économique de l'industrie anglaise, pour remettre en lumière la victoire morale et matérielle remportée par les Trade Unions et leur merveilleux développement constaté récemment par M. E. Castelot dans le *Journal des Économistes* de décembre 1891.

C'est peut-être un des phénomènes les plus remarquables de notre époque que l'organisation si complète de ces puissantes corporations, fortes souvent de plusieurs centaines de mille adhérents, disposant de budgets qui se chiffrent par des millions, groupées en Fédérations ou Sociétés avec branches s'étendant dans le monde entier, reliées entre elles par des conseils professionnels composés des délégués de diverses Unions et tenant chaque année pendant une semaine entière ces grands Congrès du travail dans lesquels 500 délégués régulièrement élus par leurs Unions respectives représentent d'une manière directe 2 millions de travailleurs syndiqués.

Merveilleux édifice dû entièrement à l'initiative privée qui coexiste sans se confondre avec une organisation politique basée sur d'autres principes et qui s'est élevé sans aucune intervention du législateur ou du pouvoir exécutif. Manifestation saisissante de cet instinct mystérieux des masses qui a fait revenir les petits et les faibles à leur insu et sans système préconçu à la forme d'association qui pendant des siècles leur avait servi de refuge et d'abri.

Les Unions anglaises ne sont en effet qu'une restauration inattendue du régime corporatif refondu, rajeuni, adapté aux institutions modernes et à une organisation nouvelle du travail, et un des chapitres les plus intéressants du livre de M. Howell est celui dans lequel il établit que les Trade Unions par leur esprit, leur constitution, leurs cérémonies et leur but se rattachent directement aux anciennes corporations de métier.

L'analogie est devenue plus frappante depuis que, dans la plupart des grandes industries, les Unions de patrons sont unies aux Unions d'ouvriers par des Comités mixtes (Joint committee) ou par des conseils de conciliation et d'arbitrage permanents dans lesquels se discutent les questions de salaires, de règlements d'ateliers et aussi de limitation de la production, à peu près comme le faisaient les *wardens* et les syndics des anciennes corporations.

Les résultats obtenus ont dépassé les prévisions les plus optimistes. Depuis la loi de 1870 qui a donné la reconnaissance légale aux Trade Unions, le développement de ces sociétés a pris des proportions considérables et sauf certaines crises passagères le progrès a été continu. Après avoir enrôlé la partie la plus intelligente, la plus sage et la mieux rétribuée des ouvriers anglais et avoir reconstitué au moyen de la propriété collective une sorte de nouvelle petite bourgeoisie, les Unions se sont transformées pour atteindre à leur tour les derniers rangs de la hiérarchie du travail, les ouvriers ruraux, les manœuvres, tous ces hommes sans profession que les Anglais appellent *unskilled* parce que faute d'apprentissage ils ne peuvent mettre au service de l'industrie qu'une force purement physique. Dans ces derniers temps, on a vu M. Jos. Arch former l'Union des ouvriers agricoles, M. Ben Tillet, l'Union des portefaix et des ouvriers des docks, M. Wilson, celle des marins et chauffeurs, et cet élément nouveau, si différent de l'ancien personnel des Trade Unions, a produit certaines divisions et une sorte de schisme entre les anciens chefs du mouvement et les nouveaux meneurs.

Le Néo-Trade Unionisme (expression barbare à laquelle il faut bien nous résigner) est moins un changement dans la constitution des Associations qu'une divergence de vues entre les chefs chargés de la direction générale.

Fiers de leurs succès et légitimement jaloux de conserver la situation conquise au prix de tant d'efforts, les chefs des anciennes Unions entendent garder leur indépendance, et ne devoir qu'à leurs propres forces les avantages en vue desquels ils se sont associés. Représentant des ouvriers en général bien payés pouvant verser des cotisations qui varient de 65 à 120 francs par an, ils opposent aux impatiences des nouveaux venus les résultats obtenus et soutiennent que les travailleurs n'ont nullement besoin de l'intervention de l'État.

Les nouveaux chefs au contraire, à la tête de troupes affamées, sans occupation stable, vivant au jour le jour d'un salaire souvent insuffisant, ont peine à prélever dans leurs associations de maigres cotisations uniquement destinées à créer un fonds de résistance. Condamnés à ne constituer que de simples machines de guerre, ils se tournent naturellement du côté de l'État pour obtenir de son concours obligatoire les institutions de prévoyance qu'ils envient aux vieilles Unions.

Enfin, n'ayant pas de capitaux en réserve et ne pouvant soutenir ces grèves prolongées qui ont été l'origine de la puissance des Trade Unions, ils sont portés à faire appel à l'État pour trancher d'un coup par voie d'autorité les difficultés que les autres ont surmontées à force d'énergie et de persévérance et ils se laissent entraîner par les doctrines socialistes de Lassalle et de Karl Marx.

C'est dans ces conditions qu'un conflit s'est élevé depuis plusieurs années entre les nouveaux et les anciens chefs, et c'est cet antagonisme entre les deux éléments qui est le sujet de l'ouvrage de M. Howell.

M. Howell est un admirateur passionné des Trade Unions, il a pris part à leurs luttes : il a été secrétaire général des Congrès des Trade Unions. Député à la Chambre des communes du quartier ouvrier de Bethnal-Green, au N.-E. de Londres, il représente dans le Parlement anglais l'ancien Trade Unionisme. Sa foi dans ces institutions éclate à chacune des pages de l'ouvrage et c'est avec enthousiasme qu'il exalte leur triomphe actuel; mais son affection même le rend inquiet et lui donne une prévoyance un peu anxieuse. Il se préoccupe des symptômes de dissolution qui se manifestent; il s'indigne quand il voit ces admirables Sociétés qui lui apparaissent comme les chefs-d'œuvre de la liberté et de l'initiative individuelles traitées par d'audacieux novateurs comme des institutions surannées. Il s'effraie de voir chaque année au Congrès des Trade Unions des hommes investis à bon droit de l'estime et de l'admiration des ouvriers comme MM. Thomas Burt, Fenwick, Broadhurst, battus en brèche par des meneurs inconnus et surtout il redoute l'influence croissante du socialisme allemand.

Après avoir écrit sous le titre de Conflits du capital et du travail un éloquent plaidoyer en faveur des Trade Unions, il reprend la plume pour signaler, dans un nouvel ouvrage, *Le Trade Unionisme ancien et nouveau* (Trade Unionism New and Old), les nouveaux dangers qui menacent la liberté des travailleurs.

Son livre est à la fois un historique et un exposé très complet de la question et un éloquent réquisitoire contre le socialisme cosmopolite.

Nous avons cru qu'il pouvait être lu avec fruit par tous ceux qui, en France, s'occupent de la solution des questions ouvrières: la lutte qui existe en Angleterre nous touche de près, car nous entrons à notre tour et tardivement dans un mouvement semblable, et il s'agit de savoir si les réformes sociales se feront comme en Angleterre et aux États-Unis sous le régime fécond de l'association et de la liberté ou si le travail se verra enrégimenté, hiérarchisé et réglementé comme en Allemagne.

Nous avons donc été heureux de pouvoir, avec le gracieux assentiment de M. Geo Howell, présenter ce livre au lecteur français. Nous le faisons sans parti pris, nous renfermant strictement dans notre rôle de traducteur et nous bornant à faire ici certaines réserves sur des affirmations et des conclusions auxquelles nous ne saurions souscrire. Nous laissons à M. Howell la responsabilité des jugements qu'il porte sur les hommes et sur les choses et tout en rendant hommage à sa bonne foi, à son amour ardent pour la liberté, à son horreur pour tout ce qui touche au socialisme d'État, nous croyons que beaucoup de ceux qui liront ces pages trouveront comme nous que sur quelques points les faits eux-mêmes semblent de nature à faire naître certains doutes.

Nous avons songé tout particulièrement en entreprenant ce travail aux ouvriers français ; des théories très en vogue parmi eux leur font envisager l'État comme le seul agent possible de leur émancipation et de l'amélioration de leur condition. Ils verront ce que peuvent faire l'initiative privée et l'association libre en constatant les résultats obtenus par les ouvriers anglais qui sous bien des rapports leur sont inférieurs au point de vue de l'intelligence et de l'esprit d'ordre et d'économie et ils compareront les résultats obtenus par ces Associations avec les conséquences du socialisme allemand qui exagère les fonctions de l'État et tend à réduire des travailleurs libres à la condition de petits fonctionnaires soumis aux caprices de l'administration. L'histoire des Trade

Unions peut aussi leur fournir d'utiles renseignements pour la constitution et la direction de leurs Syndicats. Ils y verront que « l'application nouvelle du principe fécond de l'Association non seulement peut assurer à la Société un profit matériel et un accroissement de la richesse publique, mais peut lui rendre dans l'ordre moral des services plus importants encore » (1) ; qu'au lieu d'être de simples machines de guerre destinées à perpétuer un antagonisme aussi absurde que dangereux entre le capital et le travail, ces Sociétés peuvent devenir par un emploi judicieux de leurs forces, un élément nouveau de progrès et de réorganisation sociale.

Sur bien des points, ils pourront trouver trop absolues les conclusions de M. Geo. Howell, mais ils rendront certainement justice à cet esprit viril et indépendant, qui préfère la liberté avec ses luttes et ses périls à la trompeuse tranquillité que donne l'intervention abusive de l'État. Malgré la violence de ses attaques contre certaines idées nouvelles, ils sauront reconnaître en lui un ami ancien et éprouvé des classes laborieuses. Ils trouveront dans ces pages un souffle vraiment patriotique et vraiment humain et ils comprendront combien les ouvriers anglais ont été heureux d'avoir des conseillers et des guides dont la rude franchise ne recule jamais devant ce qu'ils croient être la vérité.

Nous ne voulons pas analyser le livre de M. Howell. Ce n'est pas l'œuvre d'un théoricien, c'est celle d'un

(1) Comte de Paris. Avant-propos, p. 7.

homme d'action qui va droit au but sans beaucoup se préoccuper de la forme.

C'est un croyant et c'est un apôtre. Sincèrement convaincu de la vérité de la cause qu'il défend, il procède par voie d'affirmations et d'exemples. C'est là ce qui fait pour nous un des grands mérites de son livre.

Nous y voyons représentés par une série de tableaux et constatés en chiffres officiels les résultats d'une organisation qui ne faisait que commencer en 1869 et qui, en France, est encore à l'état embryonnaire, et nous y trouvons la réponse aux prédictions sinistres des directeurs de Compagnies d'assurances et des actuaires comme M. Tucker et M. Finlaison qui dans la Commission Royale de 1868 avaient déclaré que les Unions mixtes étaient fatalement condamnées à la banqueroute.

Au moment où se discutent les propositions de loi sur les caisses d'accidents et les caisses de retraites, cette étude financière offre un intérêt tout particulier.

Pour les esprits imbus des idées françaises qui ne voient pour l'épargne populaire d'autre garantie que celle de l'État, d'autre dépositaire que les caisses publiques, d'autres gérants que les fonctionnaires des finances, le fonctionnement de toutes ces caisses fondées et administrées par les intéressés eux-mêmes et disposant d'un fond de réserve de plus de 100 millions de francs, pourra être l'objet d'un certain étonnement.

Leur prospérité soutenue depuis un demi-siècle

prouve tout au moins que dans les pays libres on peut se passer de la tutelle de l'administration.

L'historique des Trade Unions, si complet dans la forme succincte que lui a donnée M. Howell (chapitres I, II et III), mérite également une attention spéciale.

Il nous montre aux prises, depuis la suppression de l'esclavage, les deux systèmes d'organisation du travail qui se sont de tout temps partagé le monde :

Le système des associations libres, des corporations autonomes, dont les coutumes sanctionnées par le consentement des intéressés forment un véritable Code du travail et le système de la réglementation par l'État qui a eu et qui compte encore tant de partisans. La liberté et l'obligation, la coutume et la loi.

Cette première partie du livre étonnera sans doute quelques personnes. N'avons-nous pas été habitués depuis longtemps à ne voir dans l'idée corporative qu'un fantôme du passé, se confondant avec la forme surannée et condamnée des jurandes et des maîtrises. Les mots mêmes ont chez nous un parfum d'ancien régime et un écrivain de talent a pu écrire, il y a quelques années, dans une encyclopédie bien connue, que la question des corporations n'avait plus qu'un intérêt archéologique. Tout au plus connaissait-on certaines anecdotes classiques à propos des procès fameux des perruquiers contre les coiffeurs et des patissiers contre les boulangers.

Et voici que tout à coup, grâce au soin avec lequel les Anglais conservent leurs traditions, ce passé oublié et dédaigné se dresse vivant devant nous — et c'est un libéral convaincu, imbu des idées modernes, qui nous montre la corporation de métier comme le type et le berceau de ces grandes associations si vivantes, si manifestement inspirées par un souffle de liberté. Avec lui nous retrouvons la filiation perdue, nous constatons la ressemblance entre les éléments essentiels et nous pouvons remarquer qu'en même temps que les Unions ont hérité des nobles traditions de bienfaisance et de courage de leurs ancêtres, elles ont malheureusement gardé aussi quelques tendances héréditaires au monopole et à l'exclusivisme.

Dans un livre précédent « *Les Conflits du capital et du travail* », M. Howell, s'inspirant des travaux de M. Brentano, a esquissé à grands traits l'organisation du travail au moyen âge et donné une étude très complète des corporations de métier. Dans son dernier ouvrage il se borne à résumer cet historique, sans entrer dans les détails, ni reproduire les documents dont il s'est servi.

Il nous montre les ghildes (1) municipales et marchandes (2) assurant la liberté des citoyens et des commerçants, dans une Société encore en formation : puis dans la cité émancipée les corporations de métier (3) procurant un asile inviolable aux travailleurs, contre la violence et l'oppression, favorisant les progrès de l'industrie naissante et donnant aux artisans la sécurité et le bien-être. Car il est à remarquer que

(1) Town Guild.
(2) Merchant Guild.
(3) Craft Guild.

M. Howell (1), se basant sur l'autorité de M. Brentano, établit que les ouvriers participaient à l'administration des Craft Guilds, avaient une réprésentation directe et discutaient avec les maîtres les questions de salaire et les règlements d'atelier et d'apprentissage.

C'est même pour échapper à ce contrôle gênant que, vers le XIVe siècle, les maîtres voyant que la prédominance allait leur échapper dans la corporation et que l'élément ouvrier tendait à prévaloir, réclamèrent l'intervention du Pouvoir royal et sollicitèrent la réglementation par l'État. Ils furent soutenus par les propriétaires fonciers qui, après la peste de Londres en 1348, s'étaient émus des exigences croissantes des serviteurs et hommes à gages.

La réforme protestante accomplit en Angleterre, sous Henri VIII et ses successeurs, ce que la révolution a fait en France. Elle ruina les corporations en les atteignant dans leur principe et en confisquant leur patrimoine. Elle en détacha les ouvriers qui, ne trouvant plus dans la corporation les secours et les institutions d'assistance sur lesquels ils étaient habitués à compter, n'y virent plus que des charges sans compensation. Nous n'insisterons pas sur cette partie douloureuse de l'histoire des travailleurs, si bien décrite par Disraéli dans le roman célèbre de Sybil.

A un régime de libre discussion succéda un régime de réglementation à outrance. Sous Elisabeth et sous la dynastie de Hanovre, un joug de fer pèse sur le

(1) Pages 8, 9 et 10.
Lire surtout le premier chapitre, Des conflits du capital et du travail, 4e partie.

monde industriel. L'État étend son action, paralyse toutes les initiatives et appesantit sur les faibles une tyrannie effrayante ; les grands économistes eux-mêmes, qui apparaissent vers la fin de cette période semblent considérer, comme un mal nécessaire, ces lois restrictives de la liberté du travail, dont M. Howell fait un tableau si juste et si saisissant.

Leur ardeur infatigable s'épuise tout entière dans la revendication des libertés commerciales ; uniquement préoccupés de favoriser l'essor de la grande industrie et la diffusion des capitaux, ils semblent ignorer les abus dont souffrent les travailleurs et ils les tolèrent tacitement comme les philosophes anciens le faisaient pour l'esclavage.

Mais l'instinct providentiel du peuple le ramenait invinciblement à l'ancienne organisation du travail, à ce groupement corporatif qui, pendant tant de siècles, avait abrité et sauvegardé la liberté et la dignité des ouvriers. En vain, la loi civile multipliait les entraves pour supprimer la liberté d'association et les législateurs édictaient contre les contrevenants des peines monstrueuses comme la marque du fer rouge et la mutilation d'une oreille : les ouvriers bravaient toutes les défenses et exposaient leur liberté et leur vie, pour reconstituer les corporations de métier.

Lutte inégale soutenue à force d'héroïsme, et décrite par M. Howell, dans des pages vraiment éloquentes ; elle se termina en 1824, après des siècles de souffrances, par l'abrogation des lois sur les coalitions et par la reconnaissance implicite des Trade Unions qui durent attendre encore plus d'un demi-siècle, pour obtenir du Parlement leur reconnaissance légale.

M. le comte de Paris a raconté les terribles luttes par lesquelles les Unionistes ont fini par conquérir la situation qu'ils occupent aujourd'hui ; il a rendu justice à l'énergie de ces hommes, que la passion a parfois entraînés à des excès condamnables, mais qui, depuis un demi-siècle, ont fait un si noble et si utile usage de leur triomphe pacifique. Il est bon de rappeler ces souvenirs pour rassurer ceux qui s'effraient du mouvement syndical et pour montrer à ceux qui aspirent à le diriger, le but vers lequel ils doivent tendre et les écueils à éviter.

Les exigences des Trade Unions inspiraient encore en 1869, des craintes bien naturelles aux industriels anglais. Il ne pouvait en être autrement, car ces associations étaient bien des machines de guerre dirigées contre eux, du moins à l'origine.

La Trade Union (1) est avant tout, une caisse permanente de chômage. Son but est d'amasser un fonds de réserve qui grossit rapidement dans les années prospères et qui est destinée à soutenir les membres de la Société lorsqu'ils chôment, soit faute d'ouvrage, soit par suite d'une grève. « Cette caisse est alimentée par des souscriptions égales pour tous les membres d'une même profession qui s'unissent pour se prêter mutuellement aide et assistance. »

On comprend la force que donne à l'ouvrier l'existence d'une semblable association. Assuré du lende-

(1) Associations ouvrières en Angleterre, comte de Paris, chap. III, p. 45.

main, il n'est plus obligé de rechercher, à tout prix, un travail nécessaire à son existence, il n'a plus à craindre la concurrence que se font entre eux, dans les périodes de crise, les travailleurs sans ouvrage, et il peut refuser de continuer son concours, quand sa coopération à l'œuvre de la production industrielle ne lui semble pas suffisamment rémunérée. Le jeu des lois économiques n'est pas entravé, mais il est régularisé et égalisé, le travail associé se trouvant, au point de vue de l'offre et de la demande, placé sur le même pied que les Sociétés industrielles constituées par des capitaux associés. Les Unions poursuivent l'amélioration du sort des travailleurs, par l'augmentation des salaires et la réduction des heures de travail, ce qui revient à dire qu'à mesure que les Associations de travail deviennent plus puissantes et mieux organisées, elles exigent une part plus grande dans les bénéfices de la production et discutent la rémunération qui doit être réservée au capital. Le but n'a rien d'illicite ni d'injuste en lui-même, mais on comprend combien cette ingestion dans les évaluations si délicates des bénéfices de l'industrie, de la part d'hommes peu au courant des questions financières et commerciales, a dû causer d'inquiétude aux chefs des grandes industries anglaises.

A l'origine il ne manquait pas de gens qui prédisaient que les revendications toujours croissantes des ouvriers entraîneraient la ruine de la fabrication anglaise et la mettraient hors d'état de lutter contre des concurrents étrangers disposant d'une main-d'œuvre beaucoup moins coûteuse ; il n'en a cependant pas été ainsi, et dans ces dernières années, l'Angleterre a traversé une période de prospérité inouïe.

Il y a là un phénomène qui mérite d'appeler l'attention des économistes et des industriels.

On verra, à propos de la question de la journée de huit heures, qui est pour les Trade Unions un élément de discorde, que l'opposition faite à la proposition de loi a surtout un caractère théorique, puisqu'en fait la plupart des ouvriers anglais ne travaillent guère plus de quarante-huit à cinquante-deux heures par semaine.

Il est curieux, quand on parcourt ces statistiques, de se reporter par la pensée aux enquêtes faites par le Parlement français à l'occasion des tarifs des douanes, enquêtes dans lesquelles nos industriels sont venus affirmer que les ouvriers anglais produisaient plus et à meilleur marché que les ouvriers français. Tout en tenant compte de l'outillage, qui est plus perfectionné, et de l'économie réalisée sur le combustible, on peut se demander si, avec une meilleure utilisation des forces, on ne pourrait pas arriver en France à des résultats analogues.

Grâce à cette période de prospérité, les Trade Unions ont pu acquérir le développement que constate M. Howell.

Les tableaux contenus dans les chapitres VII, VIII et IX de son livre, en constituent le plus grand intérêt. Ils montrent ce que peut faire la liberté, et les résultats qui en ressortent contrastent avec les efforts tentés dans d'autres pays pour organiser administrativement l'assistance et la protection des travailleurs.

En lisant ces pages on est saisi d'admiration pour les hommes qui ont su faire de telles choses, pour le gouvernement qui a été assez bien inspiré pour les laisser faire.

Accidents, maladies, vieillesse, chômage, secours aux veuves et aux orphelins, tout est prévu, tout est assuré dans cette admirable organisation des Trade Unions et quand on voit l'ouvrier anglais obtenir un salaire suffisant pour subvenir aux cotisations nécessaires, avec des journées de travail inférieures à neuf heures, coupées par un repos hebdomadaire qui commence le samedi à une heure de l'après-midi pour finir le lundi matin, on serait tenté de croire que la solution du problème social a été découverte par nos voisins et que l'âge d'or a commencé à luire pour eux.

Cependant M. Howell, lui-même, nous apprend qu'il ne faut pas se hâter de conclure. « Nous n'avons pas la prétention de prouver, dit-il, que les Trade Unions sont capables de résoudre tous les grands problèmes économiques qui occupent l'attention publique, non seulement en Angleterre, mais dans tout le monde civilisé. Elles peuvent tout au plus fournir des expédients temporaires au fur et à mesure que les difficultés se produisent ».

Et il explique cette appréciation qui peut paraître pessimiste, en indiquant les points faibles du système. Il nous montre ces magnifiques résultats obtenus au prix de tant d'efforts, menacés et contestés par ceux-là même qui sembleraient devoir s'en montrer les plus satisfaits, et il s'inquiète de l'opposition qui s'est formée au sein même des Unions et qui tend à modifier profondément la direction si sage suivie depuis un siècle.

Après avoir salué, avec M. Howell, le glorieux passé des Trade Unions nous avons à rechercher avec lui l'avenir qui s'ouvre devant elles.

Le Néo-Trade Unionisme dont il nous signale les progrès et les tendances s'attaque précisément aux points faibles de l'édifice.

Les points faibles sont résumés dans le chapitre IX ; ils peuvent être rangés dans deux catégories :

Les unes tiennent à l'organisation même des Trade Unions, les autres à l'esprit qui anime leurs membres.

Le défaut principal, fondamental, des Unions, c'est que ces associations ne comprennent que la minorité des travailleurs. Pour entrer dans une Union, il faut être accepté par les membres de l'Association intéressés à écarter les nouveaux venus qui n'apporteraient pas à la communauté un accroissement de force, mais qui pourraient, par contre, nécessiter un surcroît de charges. L'association est libre, autonome, elle a une tendance à devenir dans certains cas une corporation fermée. L'ouvrier âgé, infirme, maladif, ou peu intelligent se voit donc presque nécessairement écarté. Puis viennent les exclusions qui sont nombreuses, le moindre retard dans le paiement des cotisations entraîne la radiation et on a souvent reproché aux Unions d'exagérer la rigueur de leurs règlements pour se soustraire, vis-à-vis d'ouvriers ayant fait longtemps partie de la Société, à l'exécution des engagements pris envers eux.

Enfin il ne faut pas oublier que seuls les ouvriers en titre (1) font partie de l'Union, que cette masse de manœuvres et d'auxiliaires qui, dans beaucoup d'industries, prend part au travail de l'usine, est tenue en dehors de l'Association.

Pour toutes ces raisons, il reste nécessairement dans toutes les régions industrielles une majorité de travailleurs dépourvus de toute représentation, et ne pouvant participer aux avantages de l'association.

C'est à cette masse misérable, remuante et exaspérée par le sentiment de son impuissance et de son infériorité que s'adressent les agitateurs.

C'est d'elle qu'il faut maintenant s'occuper, sous peine de voir tout remettre en question.

Sans doute, les Trade Unions ont déjà fait beaucoup pour elle, puisque tous les ouvriers ont profité de la réduction des heures de travail et, dans presque tous les cas, de l'élévation des tarifs; mais il reste encore beaucoup à faire surtout au point de vue des institutions d'assistance.

A côté de ce péril extérieur, il y a également pour les Trade Unions un péril intérieur, c'est l'esprit d'exclusivisme et de monopole qui tend à renaître dans ces nouvelles corporations, et qui les pousse à retomber dans les fautes qu'on a tant reprochées aux corporations d'autrefois.

M. le comte de Paris, en 1869, reprochait déjà *aux briklayers* de mêler des idées de monopole dignes d'une autre époque, à des notions justes et équitables. « Ils réclament comme des privilèges du mé-

(1) (Bona fide.)

« tier, le droit de limiter le nombre des apprentis et « d'interdire l'exercice de leur profession à tous « ceux qui n'ont pas passé par un apprentissage « régulier, et, à défaut d'une sanction légale, ils « demandent aux Unions d'intervenir pour leur assu- « rer le maintien de ces droits prétendus ».

On constatera, en parcourant certains chapitres, que cet esprit étroit et exclusif se fait encore sentir dans certaines professions. L'année dernière on a vu les Dockers annoncer que le nombre des ouvriers travaillant dans les docks et sur les quais, étant déjà trop considérable, l'Union n'admettrait plus, jusqu'à nouvel ordre, de nouveaux adhérents. Le refus de travailler avec des ouvriers non unionistes est un des griefs le plus souvent reprochés aux ouvriers syndiqués.

On peut aussi craindre, depuis la formation des Joint Comittees (Conseils mixtes) dans lesquels les délégués des patrons et ouvriers des grandes industries anglaises s'entendent pour régler pratiquement la production et établir les tarifs, qu'il se forme entre eux des coalitions onéreuses pour le consommateur. Déjà, dans l'industrie houillère, depuis le fonctionnement des tarifs à échelle mobile (*Sliding scale*) qui déterminent les salaires des ouvriers d'après les cours des charbons, on a vu patrons et ouvriers se concerter pour empêcher la formation de stocks et déterminer une hausse factice qui a causé une crise redoutable dans beaucoup d'industries.

Ce sont là des griefs sérieux qui peuvent amener une réaction contre les Trade Unions et dans certains cas obliger le législateur à intervenir.

Aucun ouvrage ne permet de mieux apprécier la crise que traverse le Trade Unionisme, que celui de M. Howell. M. C. Castelot, dans le remarquable article que nous avons déjà cité, rend avec raison justice à son impartialité. Il a tenu à ne dissimuler aucun des côtés de la question, mais son impartialité n'est pas de la neutralité et il combat énergiquement les nouvelles tendances qui se manifestent au sein des associations ouvrières.

Il reproche sévèrement aux chefs des nouvelles Unions de pousser les ouvriers vers le socialisme d'Etat. Il a raison de critiquer certaines propositions malencontreuses comme la création d'ateliers municipaux qui ne seraient autre chose que la reproduction des trop fameux ateliers nationaux, ou excessives comme l'application de la journée légale de huit heures à toutes les professions ; mais il va certainement trop loin quand il repousse toute intervention du Pouvoir législatif et oublie les précédents mêmes qu'il vient de rappeler.

Lui-même nous a appris que les ouvriers s'étaient associés à la fin du siècle dernier pour obtenir une législation protectrice, et les premières victoires des Unions ont été le vote d'une série de lois sur le travail dans les mines, sur le travail des femmes et des enfants, sur les truck-shops, sur l'inspection des mines et des ateliers, etc., lois qui ont été adoptées depuis par toutes les nations industrielles.

Les Unions sont encore unanimes pour demander de nouvelles lois sur les accidents (Employer's Liability Bill), sur le sweating system, la protection des marins et pêcheurs, des employés de chemin de fer et la réglementation du travail des femmes (Laundries and the Factory Act),

Devant la Commission royale du travail, les délégués des différentes Unions ont tous demandé qu'on rendît plus effective l'inspection des usines.

Il n'est donc pas exact de dire que toute intervention du Législateur est la négation du principe des Unions.

En pareille matière, il n'y a d'absolu que le droit et le devoir pour l'Etat d'intervenir afin de maintenir la justice dans les relations mutuelles des patrons et des ouvriers et d'empêcher l'exploitation des faibles ; quant à l'application c'est une question de mesure, et sur ce point spécial la plupart des Economistes ont dû se rallier à la doctrine exposée dans l'Encyclique récente du pape Léon XIII.

De même en ce qui concerne le contrôle des associations, le pouvoir législatif ne saurait s'en désintéresser.

La loi anglaise pourtant si libérale a dû prescrire certaines règles pour la constitution des Associations ouvrières ; elle leur permet de se former sans autorisation ni approbation, mais elle les soumet à certaines conditions de publicité et de contrôle au point de vue financier.

Les dispositions si sages des lois sur les Freindly Societies et les Trade Unions, loin d'avoir été une entrave à leur liberté, ont été certainement une des causes qui ont le plus contribué à l'admirable développement qu'elles ont acquis dans la suite.

Peut-être y aura-t-il lieu d'aller plus loin dans cette voie.

Il existe beaucoup de gens en France qui soutiennent qu'une association, si bien organisée qu'elle soit, ne saurait s'arroger le droit de parler au nom de tous les ouvriers exerçant la profession et que toute tentative de peser sur les salaires ou les conditions du travail est une atteinte portée à la liberté du citoyen.

On leur répond justement par l'exemple des Trade Unions en leur prouvant qu'il est légitime et utile qu'à l'association des capitaux puisse correspondre l'association des travailleurs. Mais il y a lieu cependant de se préoccuper de la quantité énorme des travailleurs restés en dehors de ces associations qui manquent de toute représentation directe et qui par suite sont privés de toute intervention dans les questions qui intéressent au plus haut point leur existence.

Mais comment sauvegarder tous les droits et assurer la représentation de tous les intérêts alors que tous les travailleurs ne font pas partie de l'Association? Faut-il donc recourir à la corporation obligatoire? Faut-il obliger les Unions à admettre tous les ouvriers et contraindre les ouvriers à faire partie des Unions, ce qui est également attentatoire à la liberté?

Il n'est pas de question plus difficile et il n'en est pas de plus capitale.

Dans les Congrès des Trade Unions cette idée de la représentation des intérêts apparaît à chaque instant sous des formes parfois assez confuses.

Nous retrouvons cette préoccupation dans les propositions tendant à la création de Bourses du travail, de Bureaux municipaux de placement. Nous la retrouvons dans les lois sur les Conseils d'arbitrage et de conciliation. En présence du rôle de plus en plus important que jouent les Unions dans le régime économique et industriel de l'Angleterre, tout le monde sent le besoin d'élargir leurs bases et de leur donner un contrepoids en garantissant les droits des ouvriers restés en dehors de l'association.

N'existe-t-il aucun moyen de concilier ces intérêts également respectables? Est-il vrai de dire que la liberté d'association exclut toute représentation légale des groupes industriels? Nous ne le pensons pas.

Les chefs de cette opposition qui préoccupe M. Howell peuvent se tromper dans les solutions qu'ils proposent et sur la tactique à suivre, mais leurs critiques sont l'écho des revendications d'un grand nombre de travailleurs qui sont privés de toute représentation et qui n'ont même pas en Angleterre la satisfaction parfois illusoire du suffrage universel.

En France où le groupement professionnel est encore à ses débuts, où les Chambres syndicales et les Syndicats ouvriers ne sont autorisés que depuis 1884, l'institution des Chambres de commerce et des Chambres consultatives, des Tribunaux consulaires et des Conseils de prudhommes, assure dans une certaine mesure la représentation des intérêts professionnels. Si incomplète que soit cette organisation, l'expérience prouve qu'elle peut parfaitement coexister avec la liberté d'association, et nous croyons que loin d'être contradictoire avec l'existence des syndicats, la représentation légale des intérêts est peut-être le contrepoids nécessaire de ces Associations.

Nous comprenons l'indignation des chefs des anciennes Unions, quand pour prix de tant d'efforts ils se voient brutalement et injustement attaqués dans les Congrès et dans la Presse, par des hommes nouveaux dont les tendances leur sont suspectes, et leur inquiétude quand il leur faut subir leur collaboration forcée et partager avec eux la direction des Unions. Mais n'est-ce pas la loi de toutes les Sociétés modernes?

L'aristocratie du travail, c'est le nom que les socialistes donnent par dérision aux Unionistes et que nous leur conservons comme un hommage mérité, subit le sort de toutes les aristocraties. En vain elle invoquerait pour conserver seule la direction, les grands services rendus à la cause du travail, il lui faut faire une place aux démocraties qui s'élèvent. Le moment est venu pour elle d'ouvrir ses rangs et de modifier son organisation pour s'accommoder aux nécessités nouvelles.

Les Unions sauront, nous n'en doutons pas, sortir triomphantes de cette crise et en contribuant à la solution de ce problème si difficile, elles rendront à la civilisation un nouveau service.

Nous ferons les mêmes réserves au sujet des institutions d'Assistance et de Prévoyance qui ont été, de la part de l'opposition néo-unioniste, l'objet de critiques si injustes.

M. Howell combat le bon combat et peut être assuré des sympathies de tous les esprits vraiment libéraux, quand il repousse l'assistance obligatoire de l'État, quand il défend l'autonomie et l'indépendance des caisses de prévoyance fondées par les Unions. Mais il va trop loin quand il repousse, en pareille matière toute intervention législative.

Dans le pays de la charité légale, des Poor Laws

et des Workhouses, il était utile de proclamer qu'avec le *Self Help* et l'assistance mutuelle, les ouvriers anglais, ont su jusqu'à présent se passer heureusement de ces Caisses d'État qui pèsent d'un poids si lourd sur les budgets allemands et autrichiens, mais il ne faudrait pas aller trop loin et contester absolument le devoir d'assistance de l'État vis-à-vis des faibles et des déshérités.

Le cri désespéré qui s'élève de ces millions d'hommes restés en dehors des institutions fondées par les Trade Unions prouve que les questions qui sont actuellement posées en France, ne tarderont pas à se poser également en Angleterre. Il n'y a pas longtemps que le cardinal Manning, dans une lettre qui a eu un immense retentissement, signalait l'effroyable misère et le cruel abandon dans lesquels végète encore une partie de la population ouvrière de Londres.

Il faut donc rendre justice aux hommes qui, comme M. Ben Tillet et M. Wilson, ont entrepris la tâche si difficile d'organiser ces multitudes misérables et ignorantes, et de leur faire connaître à leur tour les bienfaits de l'association. Qui pourrait reprocher à M. Wilson d'invoquer le secours du législateur pour assurer aux marins anglais les bienfaits d'une Caisse de secours et de retraites analogue à notre Caisse des Invalides, et comment faire un grief à M. Ben Tillet de poursuivre, en faveur des ouvriers des Docks, la création des caisses comme celles que les Chambres de commerce françaises et les grandes Compagnies de chemins de fer ont établies en faveur de leurs employés.

M. Howell et ses amis devront tenir compte de la

différence des situations, et tout en maintenant comme un principe fondamental, l'autonomie des Caisses des Unions et leur gestion par des intéressés, ils comprendront que dans certains cas il est absolument nécessaire de réclamer le concours des patrons ou même les subventions de l'État.

L'organisation des Trade Unions est assez forte et assez souple pour pouvoir se prêter à une extension nécessaire, et ses chefs peuvent envisager sans inquiétude la crise qu'elles traversent, parce que l'avenir leur appartient.

En tenant compte de ce qu'il y a de fondé dans les revendications du parti néo-unioniste, en élargissant les bases de leurs associations, ils rallieront à leur cause l'immense majorité des travailleurs, et les empêcheront de se jeter à la suite d'Aveling Marx et de George dans le socialisme cosmopolite et dans le socialisme d'État.

En tout cas, M. Howell a rendu un immense service à la cause des travailleurs en opposant aux programmes des révolutionnaires les résultats pratiques si considérables obtenus au moyen de l'association professionnelle par les ouvriers anglais. Les réserves que nous avons cru devoir faire ne diminuent en rien l'admiration profonde que nous éprouvons pour l'œuvre accomplie par lui et par ses amis. Ils ne doivent pas se décourager parce qu'ils constatent que malgré tous leurs efforts ils n'ont pas réussi à résoudre tous les points du problème social. Comme l'a dit spirituellement M. Thomas Burt au Congrès de Newcastle : « Never trouble yourselves for a moment about the inevitable and don't bother yourselves at all about the unattainable ». Ne vous laissez pas attrister par ce qui est inévitable, ni troubler par ce qui est irréalisable.

Si parfaite que puisse être l'organisation sociale, il y aura toujours des misères qu'on ne pourra n'y prévenir ni supprimer, et des êtres déshérités à l'égard desquels l'application stricte des principes de la justice distributive serait un arrêt de mort. Le soulagement de ces vaincus de l'existence forme le domaine de la charité, domaine qui restera toujours assez vaste pour avoir besoin de tous les dévouements.

En améliorant les conditions d'existence d'un grand nombre d'ouvriers honnêtes et laborieux, les Trade Unions ont accompli une grande œuvre sociale dont elles peuvent légitimement s'enorgueillir.

Par la création des Conseils d'arbitrage et de conciliation, dus à M. Mundella, elles ont su, sinon faire disparaître, du moins atténuer dans la pratique l'antagonisme d'intérêts qui existe entre l'ouvrier et le patron, et créer parfois entre eux une véritable association.

En rétablissant, grâce aux caisses corporatives, sous une forme excellente, la propriété collective, la seule à laquelle puisse atteindre la grande majorité des travailleurs, elles ont fait disparaître un des plus grands dangers sociaux.

Enfin en laissant aux intéressés la gestion des capitaux provenant de leur épargne, au lieu de les enfouir improductifs dans les Caisses du Trésor, elles ont répondu pratiquement aux attaques dirigées par les socialistes contre le capital. En effet cette gestion du patrimoine commun force les ouvriers à se rendre compte du rôle de l'argent, et, comme le fait très justement observer M. Howell, les capitaux considérables possédés par les Unions permettront peut-être aux ouvriers d'acquérir en tout ou en partie la propriété des instruments du travail, sans confiscation et sans violence par les moyens les plus réguliers.

Pour ce qui reste à faire, les Trade Unions sont en possession d'une méthode excellente, d'une organisation complète et de cadres tout préparés. Elles ont donné au peuple anglais, depuis un siècle, le sentiment de l'indépendance et de la dignité du citoyen, en même temps que l'habitude et l'amour de la liberté. C'est la meilleure sauvegarde contre l'invasion des théories allemandes.

Nous espérons qu'il se dégagera de cette étude, la pensée que la France ne doit pas méconnaître le grand exemple qui lui est donné et qu'elle ne saurait être privée plus longtemps de ces libertés nécessaires que ne remplace pas l'usage intermittent d'un droit de suffrage trop souvent illusoire. En dehors de l'association libre et propriétaire et de la représentation des intérêts, il n'y a d'autre remède aux souffrances sociales que le socialisme d'Etat. Cette dernière solution si facile dans des pays qui possèdent une centralisation excessive et une armée toujours croissante de fonctionnaires, est de nature à séduire les peuples vieillis ; elle répond à ce sentiment de lassitude et de découragement qui les pousse à abdiquer leur liberté aux mains des gouvernements éphémères que leur caprice a jetés au pouvoir et dont ils attendent la réalisation de promesses insensées. Elle offre malheureusement un grand attrait pour beaucoup d'esprits imbus des doctrines de l'École Jacobine, et nous en retrouvons la trace dans la plupart des projets de lois actuellement soumis par le gouvernement à l'examen du Parlement. Mais nous avons confiance dans le bon sens des ouvriers français; sans se laisser éblouir par des programmes chimériques, par des utopies dangereuses, ils ont déjà montré par la constitution et l'orientation donnée à leurs syndicats qu'ils comprenaient la force de l'association et la nécessité du groupement professionnel. Ils sauront défendre la liberté qu'ils ont reconquise avec tant de peine par la loi de 1884, et obtenir des pouvoirs publics une législation sociale basée sur le droit d'association. Le moment est décisif, il est nécessaire à tous les hommes de bonne volonté de se mettre à l'œuvre, chacun dans leur sphère, et de ne pas laisser dévier le mouvement qui entraîne les masses. La liberté d'association peut présenter certains inconvénients. Mais ces inconvénients ne sont pas comparables au danger de la mainmise par l'État sur toutes les sources de la production, et nous ne pouvons mieux faire que citer les dernières lignes de l'ouvrage auquel nous avons déjà fait tant d'emprunts et qui ont été vraiment prophétiques : « De tous temps, les pouvoirs qui ont restreint la liberté (1) se sont flattés d'étouffer ces questions ou d'exploiter à leur profit les passions qu'elles font naître. Ils ont cru protéger par le silence les classes riches contre les égarements populaires et par l'initiative de leur autorité servir

(1) M. le comte de Paris : *Les Associations ouvrières en Angleterre.*

les intérêts de la classe laborieuse, mieux qu'elle ne saurait le faire elle-même : double et fatale erreur qui prépare de cruelles surprises aux peuples qui peuvent se laisser bercer par une pareille illusion. »

CH. LE COUR GRANDMAISON.

CHAPITRE PREMIER

ORGANISATION DU TRAVAIL. — 1re PARTIE.

Période primitive. — Le système des ghildes.

Les Frith guilds. — Les ghildes municipales. — Les ghildes marchandes. — Craft guilds. — Corporations de métiers. — Luttes pour la suprématie. — Les ghildes et la liberté d'association. — Réglementation de l'industrie et du travail. — Réglementation et limitation de l'apprentissage. — Origine des libertés municipales. — Origine des Trade Unions modernes.

Les Trade Unions dérivent plus ou moins directement de la vieille organisation corporative du moyen âge.

Cela est clairement démontré dans l'admirable étude du docteur Brentano sur les ghildes anglaises éditée par M. Toulmin Smith et publiée par la société des anciens textes anglais. C'est cet ouvrage qui a servi de base aux deux premiers chapitres de notre livre sur les *Conflits du Capital et du Travail*, mais tout en le résumant nous l'avons complété sur plusieurs points en puisant à diverses sources et en recourant surtout aux statuts des ghildes et aux ordonnances royales qui les ont réglementées.

Non seulement les Trade Unions doivent leur origine aux anciennes ghildes anglaises, mais les premières Unions furent la restauration ou la résurrection des Craft-Ghilds (Corporations de métiers) qui florissaient dans ce pays, jusqu'au moment de la suppression des couvents et des confréries sous le règne d'Henri VIII.

Il est donc important, pour tous ceux qui écrivent ou qui parlent sur les Trade Unions actuelles, de connaître l'histoire, la constitution, le fonctionnement et l'objet des vieilles ghildes. Pour s'en rendre exactement compte, il faut avoir étudié et bien compris le système corporatif.

Les ouvrages auxquels nous avons fait allusion ont exposé cette organisation dans ses détails les plus complets; nous nous bornerons donc à en rappeler brièvement les traits caractéristiques, nous signalerons les analogies et nous nous efforcerons de mettre en lumière l'instinct mystérieux et invincible qui à toutes les époques a entraîné les masses vers le groupement professionnel.

Les Frith Guilds. — Ces ghildes, la forme la plus ancienne de la vie corporative, étaient une alliance fraternelle destinée à s'assurer une protection mutuelle contre toutes les usurpations politiques et industrielles.

Les frith guilds avaient un caractère à la fois religieux, social et économique. Celles de ces associations qui présentent un caractère exclusivement religieux ou exclusivement social s'écartent de la forme primitive des frith guilds.

Mais toutes ces ghildes ont un caractère commun : dans toutes, en effet, les membres s'associent, dans un esprit de fraternité chrétienne, pour remplir les observances religieuses, assister aux cérémonies du culte, distribuer les aumônes et exercer la charité, ou pourvoir à l'instruction de la jeunesse. Ils célèbrent les fêtes en commun, représentent des mystères ou même des pièces profanes, et s'associent dans leurs jeux et leurs récréations. Au moyen de cotisations, de caisses de secours, d'assurances organisées d'une manière toute primitive, ils se prêtent une mutuelle assistance au cas de nécessité. Les mariages, les anniversaires, les naissances les cérémonies funèbres et tous les événements qui atteignaient la corporation ou quelques-uns de ses membres étaient pour les confrères l'occasion de fêtes ou de réunions solennelles. La ghilde était responsable dans une large mesure de la conduite de ses membres, elle exigeait donc d'eux l'obéissance à ses ordonnances, à ses statuts, comme on les appelait déjà. Cette première forme de la ghilde n'était à l'origine qu'une extension du cercle de famille, mais elle se développa rapidement en admettant dans ses rangs non seulement les alliés par le sang, mais aussi les voisins. Dans l'histoire des vieilles communes, la ghilde joue un rôle considérable. C'est elle qui défend les droits de ses membres et les venge dans leurs intérêts lésés. Elle lutte pour leurs privilèges, sauvegarde leurs prérogatives, et exerce une influence bienfaisante et protectrice, à une époque où la force brutale régnait en souveraine et où les lois et les institutions étaient encore dans leur enfance. Quelques-uns des types les plus primitifs de ces corporations sont parvenus jusqu'à nous, sinon dans leur forme originaire, du moins avec leurs caractères essentiels. Nous en retrouvons la trace dans les premières Trade Unions qui leur ont emprunté les cérémonies d'initiation de leurs membres, l'assistance mutuelle, la participation aux frais funéraires et, parfois, les processions religieuses dont, tout dernièrement encore, on a tenté le rétablissement.

Les Town guilds. — A mesure que les villages devenaient des villes, les conditions sociales et économiques se modifièrent ; ni les frith guilds, basées sur les liens de parenté, ni les social guilds qui comprenaient tous les gens d'un même clan ou d'une même tribu ne suffirent plus à donner satisfaction aux besoins du peuple et aux exigences sociales et économiques de l'époque.

En conséquence, on institua les *Town guilds*, composées de freemen, presque tous propriétaires fonciers ou ayant, tout au moins, un intérêt dans le pays. En quelques endroits ces associations sous le nom de *Burgher's guild* (la ghilde des bourgeois) prirent en main le gouvernement de la ville et de la cité. Une foule de circonstances démontrent que le pouvoir suprême était concentré dans la Burgher's guild, mais la plus caractéristique est l'histoire de ce roi que la Town guild de Sleswig enferma dans la ville et qui fut massacré avec ses partisans par les citoyens ameutés au son du beffroy, parce que son fils avait tué le duc Canut, l'alderman de la ghilde. Dans cette période primitive, la Town guild comprenait tous les habitants de la cité, elle exerçait les pouvoirs judiciaires et administratifs, veillait à l'observation de la loi et maintenait l'ordre dans toute sa juridiction. C'est elle qui s'occupait aussi de prévenir les incursions des maraudeurs et d'empêcher les exactions des barons, à une époque où le roi et les cours de justice étaient impuissants à faire respecter les chartes et les lois. A Londres, ces ghildes paraissent avoir atteint un développement considérable, au temps des Anglo-Saxons; sous le règne d'Athelstan (901 à 925), les frith guild se fusionnèrent pour réformer l'administration de la Cité et les ordonnances de cette corporation devinrent obligatoires, même pour les personnes étrangères à la ghilde. Les règlements de la corporation étaient applicables à tous les métiers et professions qui s'exerçaient dans les limites de la commune et quelquefois même au-delà de ces limites. Telle fut l'origine de l'existence des villes érigées en corporations ou communes, par charte royale, et des institutions municipales de notre époque. Sous une forme rudimentaire, la Town guild était une institution représentative, avec des aldermen et des syndics (Wardens) nommés par voie d'élection.

Les ghildes commerciales (*The Merchant guild*). — Lorsque par suite du développement du commerce la distinction se fut établie entre les professions industrielles et les occupations agricoles, les commerçants des villes réclamèrent l'égalité des droits et privilèges avec les propriétaires fonciers. A l'origine ces deux classes se confondaient; le contrat de location d'immeubles n'était pas connu et pour exercer une profession ou un commerce il fallait être propriétaire d'une maison. Mais il devint très vite impossible de cumuler les travaux de l'agriculture avec l'exercice d'une profession. Les commerçants et les artisans formèrent donc une classe distincte et trouvèrent avantageux de constituer une ghilde, la seule forme d'association alors connue, pour s'assurer une mutuelle assistance.

Les propriétaires fonciers s'étaient sans doute montrés d'une tyrannie excessive. Maîtres de l'administration de la commune, ils pouvaient à leur gré faire des ordonnances et réglementer le prix de chaque chose, en sorte qu'ils disposaient des moyens de subsistance et pouvaient couper les vivres aux citadins lorsque ceux-ci se montraient disposés à la révolte. Le conflit ne pouvait tarder à se produire. La possession de la terre donnait à cette époque la suprématie en matière gouvernementale et administrative.

A Canterbury, la ghilde des Thanes avait la préséance sur les deux autres ghildes, les Aldermen étaient choisis dans ses rangs, et ses membres étaient tous propriétaires de domaines dans l'étendue de la juridiction. A Berwich toutes les ghildes établies furent réunies en une seule,par décision des bourgeois, et les patrimoines furent confondus. Toutefois, ceci ne se passa qu'à une date plus récente. La différence entre les premières ghildes et les nouvelles institutions appelée ghildes commerciales, provient surtout de la diversité des institutions municipales,et leur apparition ne constitue pas une période distincte dans l'histoire des corporations.

Dans certains endroits, la Merchant guild apparaît à une époque très reculée, ce qui fait bien voir qu'il y avait dès lors des citoyens ne s'occupant que du commerce et de l'industrie, tandis que les autres s'adonnaient à l'agriculture.Les uns faisaient commerce des produits de leur champ et de leur ferme, fournissaient la nourriture aux habitants, d'autres leur procuraient des produits manufacturés, d'autres, enfin, étaient artisans, maçons, drapiers ou cordonniers. L'apparition d'une nouvelle classe de commerçants excita sans doute quelque jalousie de la part de ceux qui avaient la direction des affaires de la cité; plusieurs de ces nouveaux venus devinrent des citoyens opulents, tout au moins pour l'époque, et eurent autant de titres aux distinctions sociales que les propriétaires fonciers, dont ils réclamèrent les droits en ce qui concernait l'administration de la ghilde et de la commune.

Au reste, chacun était alors propriétaire foncier, et ce n'était qu'une question d'étendue de propriétés ; tous étaient bourgeois de la commune et chacun maître dans sa profession spéciale.

Les artisans salariés n'étaient pas encore connus, et tous ayant appris, suivant les statuts de la ghilde, la profession qui leur était assignée, travaillaient, non seulement sans honte, mais même avec un orgueil viril comme des gens qui remplissent dans la cité une fonction honorable et utile. Ce furent les patriciens qui tentèrent de déconsidérer le commerce en le réputant humiliant et l'établissement des ghildes commerciales fut une protestation contre ces tentatives, en même temps qu'une déclaration en faveur de l'égalité des droits des commerçants, non seulement au libre exercice de leur profession, mais encore à l'administration de la commune. La lutte fut longue et parfois très âpre. Les patriciens voulurent exclure de quelques-unes des ghildes les commerçants et les industriels. Ceux-ci trouvèrent des alliés dans les anciens membres des frith-guilds ou dans leurs descendants qui n'étaient plus admis comme membres dans les town-guilds. Les anciennes frith-guilds, au contraire étaient des corporations ouvertes. La lutte eut un double but: 1° obtenir une part égale dans le gouvernement de la cité, 2° conquérir le droit de réglementer l'industrie. Les industriels avaient déjà été taxés par les propriétaires fonciers, les commerçants prétendaient, à leur tour, faire payer à la terre sa part des taxes locales et des autres charges. Les membres des Town-guilds ne voulaient pas admettre les industriels, ni les commerçants à la participation des revenus du patrimoine corporatif, qui s'enrichissait cependant des travaux de l'industrie. La victoire resta enfin aux merchants-guilds, elles enlevèrent le pouvoir des mains de la classe des propriétaires fonciers, qui prétendaient le détenir exclusivement. Elles obtinrent toutes les prérogatives auxquelles pouvaient prétendre les membres d'une ghilde opulente, elles réglementèrent elles-mêmes leur industrie et établirent enfin des taxes importantes sur les biens fonciers.

Craft guilds (corporations de métiers). — Durant les premières années des ghildes commerciales et tant qu'elles eurent à soutenir des luttes violentes pour conquérir le droit à l'existence, les gens de métier furent tous admis à en faire partie. Il n'y avait pas alors de distinction entre le marchand de drap, le fabricant ou le confectionneur de vêtements; mais bientôt les industriels et les commerçants victorieux prétendirent se réserver les privilèges et les monopoles à l'exclusion de tous autres. L'article 25, par exemple, des statuts de la ghilde de Berwick exigeait de l'artisan, pour qu'il pût être admis dans les rangs de l'association, qu'il eût renoncé à son métier depuis un an et un jour. « Si un boucher fait le commerce de laines et de peaux, il doit renoncer à la hache; si le commerçant en grains cuit du pain, il n'est plus admis à faire partie de la ghilde. »

A mesure que la commune s'agrandit, que la population augmenta, chacun s'adonna à une industrie particulière, à une occupation et à des professions distinctes. Il se forma dans les métiers une classe de maîtres privilégiés, tandis qu'à côté les commerçants se bornaient à vendre les matières premières ou les produits fabriqués; mais bientôt les commerçants devenus puissants prétendirent enlever aux maîtres et aux artisans la réglementation de leur propre métier. Ceux-ci se montrèrent mécontents d'être mis hors la ghilde ou de s'en voir refuser l'admission.

Beaucoup d'entre eux étaient de petits patrons qui fabriquaient eux-mêmes les marchandises qu'ils vendaient ou échangeaient contre des objets de première nécessité. Tous avaient fait l'apprentissage régulier dans leur profession. car c'était alors la seule voie ouverte pour arriver à la maîtrise — sauf le cas de mariage avec la veuve ou la fille d'un maître.

Il ne faudrait donc pas confondre les artisans qui furent les premiers fondateurs des Corporations de métiers et qui étaient tous des maîtres ou des apprentis-maîtres avec les ouvriers salariés qui n'existaient pour ainsi dire pas à cette époque. On les voit apparaître comme une conséquence nécessaire du développement de l'industrie, et c'est à une date bien plus récente qu'ils commenceront, eux aussi, à revendiquer leur indépendance et leur participation aux avantages conférés par la Ghilde. Comme les règlements de la Corporation étaient obligatoires et s'appliquaient à tout ce qui était du ressort de la profession, les travailleurs restés en dehors de l'Association étaient contraints par la nécessité de former des groupements analogues.

Il se produisit alors un conflit plus long et plus aigu que celui qui avait existé entre les *Town Guilds* et les *Merchant Guilds*. Le nombre des craft guilds (Corporations de métiers) s'accrut plus rapidement et elles prirent une importance plus grande que les deux classes de ghildes précitées. Dans les industries textiles, dans l'industrie du bâtiment et dans toutes celles qui se rapportent à l'habillement et à la chaussure, nous trouvons la trace bien constatée de ghildes formées par les maîtres des métiers dès les temps les plus reculés et immédiatement après, on trouve des associations d'ouvriers, de salariés qui, à une date plus récente, forment une section distincte dans la grande ghilde. La plus puissante des Corporations de métiers de cette époque primitive et peut-être la première de toutes par ordre de date est la ghilde *des Tisserands*, dont les membres sous une forme ou sous une autre, ont combattu tous les combats du travail pendant la période corporative et jusqu'aux dernières années du XVIIIe siècle. Celles qui venaient au second rang comme importance, étaient les ghildes des *Maçons* dont les membres furent peut-être les premiers ouvriers travaillant à la journée, humbles artistes qui s'en allaient de ville en ville pour élever des cathédrales et autres édifices sacrés, pour édifier le palais des princes et les châteaux des barons du moyen âge. Dans bien des cas, des conflits soulevés entre les *Town guilds* et les ghildes commerciales ne furent apaisés que par l'admission des gens de métier dans ces ghildes ou par la constitution par les maîtres privilégiés de ghildes de métier. Souvent aussi, la lutte recommença plus restreinte et moins violente au sein de ces Corporations, au sujet de leur administration et de leur gouvernement intérieur. Les simples ouvriers luttaient pour obtenir le droit de participer à l'élection des maîtres et des syndics : quelquefois ils renonçaient à toute prétention quant à l'élection des maîtres, mais ils insistaient pour avoir le droit d'élire les syndics. Parfois la bataille fut si chaude et si prolongée que l'autorité suprême de la cité et même l'autorité royale durent intervenir pour y mettre un terme. Quand cela se produisit l'intervention eut lieu en faveur des maîtres. Mais le résultat général de ces longues évolutions économiques et politiques tourna au profit des ghildes ou Corporations de métier. Elles triomphèrent et soumirent les autres ghildes, et elles obtinrent une telle participation à la direction et à la réglementation des métiers que leurs aspirations furent satisfaites et qu'elles obtinrent le contrôle souverain de leurs propres affaires et l'affermissement de leurs privilèges.

La période comprise dans cette courte esquisse du système corporatif et de la vie économique en Angleterre s'étend depuis une date très reculée, probablement avant l'époque anglo-saxonne jusqu'au règne de Henri VIII et la suppression des monastères. Il nous suffira d'avoir indiqué l'origine des ghildes ou Corporations de métier, leur développement et leur prospérité et les principales modifications apportées dans leur direction et leur administration pendant sept ou huit siècles de l'histoire d'Angleterre. Nous n'avons pas à nous occuper ici du côté politique des premières ni des dernières luttes des ghildes pour arriver à conquérir une place dans l'administration de la cité, ni des disputes entre les différentes ghildes pour obtenir la suprématie et la domination les unes sur les autres ; nous n'avons à les envisager qu'au point de vue de la vie sociale et économique, des règlements des métiers et des revendications des travailleurs. Nous étudions surtout leur organisation intérieure et leur administration comme le prototype des modernes Trade Unions pour y découvrir les germes du principe d'association qui a exercé une si grande influence sur le régime industrie en Angleterre et qui a servi de type à l'organisation de la grande armée des travailleurs dans presque toutes les branches de l'industrie et des métiers. Aujourd'hui le mouvement se produit avec une nouvelle intensité ; on dirait même, que son éclosion a été trop hâtive et si on en juge par l'histoire de ces deux dernières années, il semble qu'il soit en danger d'avorter par suite de trop de précipitation. Les principaux points qui peuvent nous intéresser dans la constitution et le fonctionnement des ghildes parce qu'ils jettent un nouveau jour sur leur histoire et montrent dans quelle mesure elles ont été les précurseurs des Trade Unions sont les suivants :

a) Les ghildes à toutes les époques et quelles qu'elles fussent ont établi, conservé et transmis de génération en génération le droit de s'associer librement pour discuter les griefs des travailleurs et y porter remède, pour s'assister réciproquement en cas de besoin, pour se soutenir dans la résistance à la violence, pour favoriser les intérêts communs et développer le bien-être des membres des différentes ghildes. A l'origine les *Frith guilds* cherchèrent à étendre l'autorité du chef de famille au-delà de son foyer domestique jusqu'à ses parents les plus éloignés ; les sentiments de fraternité qu'elles développèrent s'étendirent ensuite aux voisins et à tous ceux qui avaient un intérêt commun ; plus tard, sous une autre forme, elles associèrent tous ceux que réunissait l'exercice d'une même profession ou qui poursuivaient un même but.

b) Les ghildes tentèrent de réglementer les conditions des industries dans lesquelles leurs membres se trouvaient engagés. Dans les ghildes primitives cela se bornait à certaines restrictions imposées aux confrères dans l'intérêt de tous, la ghilde représentant alors toute la population de la commune ou de la cité. Lorsque la diversité des intérêts naquit par suite du changement des conditions de l'industrie et du commerce, chaque branche d'industrie chercha à limiter le nombre des gens exerçant le métier, au moyen d'un système restrictif d'apprentissage, de règlements s'appliquant à la manière d'exercer les professions et au prix et à la qualité des articles ; plus tard, enfin, on détermina les heures pendant lesquelles le travail devait être exécuté aussi bien en été qu'en hiver.

La réglementation dans bien des cas devint si minutieuse et parfois si oppressive, que des révoltes fréquentes se produisirent et que souvent on dut créer de nouvelles ghildes. En général, les conflits étaient réglés par les maîtres et les syndics, d'autres fois, par l'administration des *Town guilds*, quelquefois enfin, par voie de statut, décret, ordonnance ou charte, par le pouvoir exécutif du pays.

c) L'initiation des membres, l'engagement des apprentis et leur réception dans la ghilde à la fin du terme de leur engagement, les modes de paiement, les secours prévus par les statuts de la ghilde, en cas de maladie, de mort, de chômage ou d'extrême misère, ressemblent par beaucoup de points aux pratiques usitées et aux règlements en vigueur dans les Trade Unions d'aujourd'hui. La cérémonie de l'initiation a été dans une large mesure conservée, mais pour la voir dans tout son éclat, il faut aller dans les grands ordres affiliés des Sociétés de secours mutuels comme les

Forestiers, les Odd Fellows, les Druides, les Old Friends. etc. Quant au mode de paiement, aux cotisations, il y a plus de régularité dans les Trade Unions modernes ; et dans quelques-unes des plus anciennes et des meilleures Unions, les caisses de secours ont été perfectionnées et développées et ont été organisées sur des bases financières très sûres d'après les principes commerciaux. La sépulture des confrères défunts est un point commun à toutes les anciennes ghildes ; et souvent aussi, on faisait dire des messes pour le repos de leurs âmes. Les secours en cas de maladie, l'assistance en cas de détresse étaient en général facultatifs, on y pourvoyait soit au moyen du patrimoine commun, soit par des collectes, au fur et à mesure que les besoins se produisaient et qu'ils étaient connus.

d) Le système corporatif a posé les fondations du gouvernement local et de l'association libre, et a introduit une sorte de discipline sociale qui était nécessaire pour assurer l'accomplissement régulier des devoirs et des fonctions diverses qui constituaient sous des formes variables la vie communale au moyen âge. Il s'est étendu avec le temps du clan à la commune rurale, du groupe des personnes ayant des droits et des privilèges communs à la *cité* et au *district* jusqu'à ce qu'il ait fini par comprendre toute la masse du peuple. Limitées d'abord aux freemen propriétaires fonciers, les ghildes s'étendirent par la suite aux freemen artisans de métier, et ensuite aux affranchis qui avaient été villains sous des *propriétaires féodaux* ou *ecclésiastiques* jusqu'à ce que toutes les classes du peuple y fussent comprises. Dans le cours du temps elles devinrent fermées, c'est-à-dire qu'elles ne comprirent plus que les gens d'une même profession ou d'un même métier.

Sous quelque forme qu'elles aient été instituées ou constituées, les ghildes anglaises durant leur longue période d'action, qui s'étend certainement de la fin du VIIIe siècle au milieu du XVIe, contiennent tous les éléments qui plus tard ont contribué au développement des Trade Unions et ont formé la véritable représentation professionnelle. Ces vieilles ghildes ont puissamment contribué à la création de l'industrie nationale et ont présidé à son développement. Chaque profession était réglementée par les statuts et ordonnances des différentes ghildes. Les maîtres et syndics avaient le contrôle souverain, soumis à l'approbation des membres. La qualité et la nature des matières premières, le mode d'emploi, les lieux et la manière dont ils devaient être vendus et même les prix des matières premières et des produits fabriqués et plus tard les gages et heures de travail, étaient déterminés par les règlements des ghildes. Leurs décisions avaient dans toutes les circonstances la même autorité que la loi écrite. Quand les ghildes furent supprimées, que la législation qui les régissait fut abrogée et que leurs ordonnances ne fussent plus légalement obligatoires, tout le système corporatif — en ce qui concerne l'industrie — se cristallisa dans les coutumes des métiers qui conservèrent force de loi. Elles continuèrent à être en vigueur pendant des siècles et elles continuent à régir indirectement la vie industrielle moderne.

CHAPITRE II

ORGANISATION DU TRAVAIL. — 2e PARTIE.

Seconde période. — La Réglementation par l'Etat.

Le régime corporatif prend fin sous le règne des Tudors. — Effets de ce système sur le commerce, l'industrie manufacturière et le travail. — Révolte des ouvriers contre le régime corporatif. — Réglementation par l'État. — Lois concernant les travailleurs. — Effets de ces lois. — Développement de la législation. — Entraves apportées au travail par les lois, les ordonnances et les coutumes. — Influence de la Réforme protestante en Angleterre. — Nouvelle organisation du travail. — Législation de la reine Elisabeth. — Gages. — Heures de travail, apprentissage. — Contrat de louage. — Contrôle exercé sur la vie industrielle. — Effets de cette législation restrictive sur le capital et le travail. — Intervention législative. — Son caractère et ses effets. — Lois restrictives du commerce promulguées sous les règnes qui suivent celui d'Elisabeth. — Entraves apportées au développement du commerce et à l'industrie par l'abus de la réglementation et ses effets généraux.

L'organisation corporative sur laquelle reposait toute la vie sociale et économique de l'Angleterre, prit fin virtuellement sous le règne de Henri VIII et effectivement sous le règne d'Edouard VI. Les ghildes continuèrent à exister en tant que corporations et compagnies organisées par charte royale et à exercer une influence considérable dans bien des villes, même au point *d'écraser la tête des pauvres.* On en trouve la preuve dans le texte des statuts 2 et 3, Philippe et Marie cc. 11, 12 et 13, et surtout dans le premier statut qui concerne les tisserands. Pendant les règnes suivants l'influence des ghildes est encore sensible dans un certain nombre d'industries qu'elles continuèrent à diriger et à règlementer. Jusqu'à la fin du XVIIIe siècle elles conservèrent, exceptionnellement, il est vrai, certains vestiges de leur pouvoir absolu, dont on retrouve encore les traces de nos jours, dans quelques villes.

Dès le milieu du XIVe siècle, on voit l'État chercher à réagir par des ordonnances et des lois contre l'influence exclusive exercée par les corporations sur la vie commerciale et industrielle de l'Angleterre. Ses efforts tendent tantôt à modifier les réglementations en vigueur, tantôt à abolir certaines coutumes. Tous les gouvernements ont successivement promulgué à ce sujet des proclamations, des ordonnances et des décrets. Dans les ghildes elles-mêmes, des révoltes et des schismes se produisirent, dès les premiers temps, par suite de l'esprit d'exclusivisme de ces corporations et aussi à cause des exactions et des monopoles qu'elles exerçaient. Mais à peine établies les nouvelles ghildes semblent être retombées dans les mêmes errements que les anciennes. Si les règlements de la ghilde pouvaient sembler oppressifs à ses membres, les tiers avaient encore plus à en souffrir et d'une manière générale, il n'était pas possible à des artisans de rester en dehors de ces corporations, car ils n'auraient pu résister aux agressions de toute sorte dont ils auraient été l'objet.

Institution de la réglementation par l'État. — Vers le début du XIVe siècle, la révolte du peuple contre l'absolutisme des ghildes commence à éclater; mais leur organisation était tellement liée à tous les actes de la vie sociale et industrielle et, même à cette époque, à l'organisation politique de l'Angleterre, que leur influence se manifesta toute-puissante pendant plusieurs siècles encore, dans tous les actes législatifs. Le premier statut concernant les ouvriers porte la trace de la domination des ghildes dans toutes les matières relatives au travail. Cette tentative marque pourtant le commencement du déclin de leur autorité ; à partir de cette époque, elles ne peuvent plus faire observer leurs décisions, sans l'aide de la loi. Elle montre que la puissance des ghildes et les exigences croissantes de leurs membres causaient tant d'ombrage aux pouvoirs publics qu'on jugea nécessaire l'intervention de la loi. Si le premier statut concernant les ouvriers avait été limité à la domesticité, c'est-à-dire aux garçons de ferme, aux ouvriers travaillant sur les domaines, ou à ceux attachés aux châteaux, on pourrait soutenir qu'il ne touche pas au système des ghildes, et qu'il laisse complètement en dehors leur législation spéciale, mais ses dispositions n'étaient pas si restreintes.

Le statut 25 Edouard III st Ier (1350-51) était en réalité une ordonnance émanant, à l'origine, du roi et de son conseil et qui fut d'abord enregistrée comme statut 23 Edouard III (1349). Par le statut n° 2 de Richard II (1378), il fut expressément édicté que cette ordonnance aurait force de loi.

Ce statut expose d'abord, dans un préambule, les motifs qui l'ont dicté, et vise une plainte de la commune de Londres, au sujet de la non-observance de l'ordonnance par les compagnons qui refusent de servir si on ne leur donne pas le droit de vote dans la corporation et prétendent recevoir des gages doubles ou triples de ceux payés jusqu'à ce jour. Il contient ensuite des clauses relatives aux gages à l'année et à la journée. Il s'occupe des divers modes de louage et en général de tout ce qui concerne la condition des domestiques. Dans le chapitre III, il traite des artisans appartenant aux industries du bâtiment, charpentiers, maçons, tuiliers et plâtriers et de leurs servants ou manœuvres Dans le chapitre IV il s'occupe des tailleurs, des selliers, des tanneurs, des cordonniers, des orfèvres et autres artisans qui tous faisaient partie des corporations de métier. La mention des droits électoraux et des salaires est la preuve que le statut s'occupait de personnes appartenant à plusieurs corporations.

Le statut visé (25 Edouard III St. Ier) et les autres documents législatifs, relatifs à la classe ouvrière, ou à la réglementation du travail, s'appliquaient à concilier les lois statutaires avec la réglementation des ghildes existantes, et à transformer en loi du royaume la coutume des ateliers. La tranquillité publique semblait intéressée à cette transformation et les conflits qui s'élevaient entre les corporations donnaient à la tentative des chances de succès. Le gouvernement de la nation commençait à s'affermir, et chaque commune n'était plus maîtresse de faire elle-même ses lois. Il s'était créé de nouvelles industries en dehors du cercle des ghildes bien que cependant celles-ci eussent la prétention de les réglementer toutes dès qu'elles prenaient naissance. Si à cette époque l'Écosse avait été réunie à l'Angleterre et si elle avait pu être représentée, dans le Parlement, par le plus clairvoyant de ses fils, l'illustre auteur de la Richesse des nations, on eût peut-être évité à la postérité, par l'établissement de lois efficaces, les crises industrielles survenues plus tard, et on lui eût épargné ces hérésies économiques qu'il a fallu modifier et, en fin de compte, abroger plusieurs siècles après.

Extension de la réglementation par l'État. — Une fois entré dans la voie de la réglementation par l'État, il était tout naturel d'y recourir, en toute occasion, à mesure que les conditions du travail subissaient des modifications, ou que de nouvelles complications se présentaient. Le statut des travailleurs devint ainsi, en quelque sorte, le père de toute une lignée de lois qui se multiplia à l'excès de siècle en siècle. Sous les règnes suivants, un nouveau statut réglementant le travail fut suivi d'une ordonnance de Richard II qui demandait aux ghildes de fournir des rapports, indiquant leur organisation, leur but, leurs statuts et leurs moyens d'action. Une enquête partielle avait déjà été faite, dans ce sens, sous le règne d'Édouard II, vers l'année 1321, à la suite d'abus signalés dans la ghilde des tisserands de Londres. En 1436-37, une loi intervint (15, Henri VI, c. 6)

« pour la réglementation des statuts des ghildes, confréries et compagnies ». Elle tendait à en prévenir les abus et exigeait que leurs règlements fussent approuvés et enregistrés devant les juges de paix ; ceux-ci avaient le droit de les annuler s'ils n'étaient pas *loyaux et raisonnables*.

Durant les règnes qui suivirent, c'est-à-dire pendant une période de cent soixante années environ, l'organisation du travail fut soumise à la double autorité et au contrôle des ghildes et du législateur ; ces deux grandes forces, en opposition constante, eurent de dangereux effets pour la liberté du travail. Partout où elles étaient maîtresses, les ghildes prétendaient imposer leurs règlements et leurs statuts, tandis que de son côté le législateur cherchait à amoindrir leur autorité. Les juges de paix, qui avaient plein pouvoir pour s'interposer et faire appliquer la loi, faisaient souvent cause commune avec les ghildes ; aussi, dans maints endroits, elles étaient, non seulement respectées, mais encore [soutenues et protégées. Dans certaines villes elles conservèrent toute leur puissance, les autorités locales étant trop intimement unies aux membres de la corporation pour pouvoir les contrôler. Lorsque des discussions s'élevaient entre des ghildes différentes on évitait, au moyen de concessions réciproques, parfois même par une sorte de fusion, le danger d'une suppression. Mais sous quelque forme que l'autorité fût exercée, il y a un fait bien établi, c'est que, soit qu'il s'agît des règlements ou des statuts de ghildes, soit qu'il s'agît de prescriptions légales, les coutumes d'atelier, les conditions du contrat de louage, les heures de travail, les salaires et même les prix de vente restaient soumis aux règles édictées par les ghildes anglaises et que les multiples opérations auxquelles le commerce donne lieu tombaient sous leur juridiction exclusive. Dans la lutte inégale qu'il soutenait. le travail, à proprement parler, avait toujours le désavantage. L'influence dominante des ghildes avait été et restait aux mains des maîtres du métier ; il existait d'ailleurs peu d'ouvriers salariés, cette catégorie de travailleurs ne devant apparaître que dans une phase de développement plus avancée de l'industrie manufacturière.

Les conflits auxquels nous avons fait allusion se produisaient donc entre les petits patrons, membres des ghildes, ils s'élevèrent surtout quand l'industrie fut à un degré assez avancé pour nécessiter, dans leur esprit, un système de protection de la profession, ayant pour but de limiter les différentes opérations de l'industrie et de les attribuer aux uns à l'exclusion des autres.

Effets de la réforme protestante sur le travail. — La réforme en Angleterre et la suppression des monastères et des autres maisons religieuses qui en fut la conséquence, produisit, vers la fin du règne de Henri VIII, deux résultats affectant directement les conditions du travail et en entraîna d'autres qui, bien que d'une manière plus indirecte, exercèrent également une influence sur l'industrie. Jusqu'à cette date, les indigents étaient secourus et patronés par les autorités ecclésiastiques, dans leurs paroisses respectives, ainsi que par les couvents, les monastères et autres institutions de l'Eglise romaine. La réforme mit fin à ce système de bienfaisance et nécessita l'établissement de *Lois des pauvres.* (Poor Laws) et de toute une réglementation de secours distribués par la paroisse. D'autre part, les artisans les plus pauvres étaient soutenus par leurs ghildes respectives, avec des fonds provenant de dons ou autres sources; on leur partageait le produit des legs de propriétés faits par des confrères décédés ou des dons volontaires faits par les membres les plus riches de leur vivant même. Les donations et les legs étaient fréquents en ces temps éloignés, les établissements religieux n'étaient pas les seuls à en recevoir et les ghildes des métiers, elles aussi, avaient leur part de ces largesses. Ce mode de secours se trouva, par suite de la Réforme et des confiscations qui suivirent, presque complètement supprimé ou réduit dans de telles proportions qu'il fallut recourir à d'autres moyens. D'un autre côté, la réglementation des ghildes et leurs coutumes, ayant perdu leur vigueur, devinrent sans effet dans beaucoup d'industries, tandis que dans toutes elles étaient amoindries par l'intervention directe de la législation, et par la décadence que la Réforme et les divisions intestines amenèrent promptement dans ces corporations. Avec le temps il s'était formé une nouvelle classe d'artisans : c'était celle des ouvriers ou hommes à la journée, qui ne pouvaient plus prétendre à la maîtrise et étaient employés, au jour le jour, comme travailleurs salariés. Ce changement dans les conditions du travail amena des modifications dans la législation. Les ghildes de métiers elles-mêmes étaient devenues, pour la plupart, des corporations fermées, et les salariés n'avaient à attendre que peu de secours des ghildes représentant leur industrie. La richesse augmentait, le commerce et l'industrie se développaient, les manufactures devenaient une source de richesse, mais les travailleurs n'avaient plus de chance désormais d'obtenir leur part de cette prospérité.

Substitution de la réglementation par la loi à la législation des ghildes. — Le règne d'Elisabeth marque une phase nouvelle dans l'histoire du travail. Les règlements et autorité des ghildes furent définitivement abolis, et on y substitua un code de dispositions légales applicables à presque toutes les industries existant alors dans le pays. Le statut 5 Elisabeth c. 4 (1562-63) fut une première tentative et une tentative heureuse de codification des lois existantes, se rapportant aux questions traitées dans ce recueil. Le préambule expose qu'« il y a en vigueur un très grand nombre de lois et de statuts concernant l'engagement, le renvoi, les salaires et les obligations des apprentis, des compagnons et des hommes de service (tant de ceux attachés à la domesticité, que de ceux affectés aux arts et manufactures), mais que, soit par les lacunes et les contradictions qui se rencontrent dans la plupart des dites lois, soit surtout parce que les gages et salaires taxés et tarifés dans ces statuts sont devenus insuffisants pour beaucoup de villes et ne répondent plus aux besoins du temps, en présence du renchérissement des objets de première nécessité, les dites lois ne peuvent plus, sans de graves inconvénients et dures charges pour les travailleurs pauvres et salariés, être mises en bonne et fidèle exécution et que, les dits actes et statuts ayant paru, lors de leur confection, être bons et utiles pour le bien général de ce royaume (plusieurs le sont en réalité), il est nécessaire, tout en les conservant en substance, de les condenser et de les résumer dans une seule loi et dans un seul statut donnant, dans un ordre uniforme, les tarifs des salaires des apprentis et ouvriers, des serviteurs ou compagnons; ceci fait, il y a tout lieu d'espérer que cette loi aura des effets salutaires et que sa stricte exécution, en bannissant l'oisiveté, rendra les familles prospères et maintiendra les salaires aux époques de disette comme à celles d'abondance ».

La section 2 de ce statut abroge les dispositions des 8 statuts qui existaient alors et qui commençaient avec le 25 d'Edouard III St Ier (1349) et finissaient avec le statut 21, Henri VIII, c. 16 (1529). Ce statut était destiné à assurer un traitement équitable aux artisans et journaliers qui s'y trouvaient assujettis. Cela ressort du fait que les statuts 2 et 3, Philippe et Marie, c. 11 (1555) intitulés Acte concernant les tisserands, ne sont pas compris parmi les statuts abrogés parce que les dispositions en sont très favorables aux ouvriers des industries textiles. La section 4 énumère les sciences, métiers et arts visés par le dit statut qui comprend toutes les industries de l'époque : les sections suivantes traitent des domestiques de maison et de ceux qui exercent des professions similaires. Les rédacteurs des dispositions de cet important statut ont voulu faire plus qu'une compilation des lois existantes ; ils se sont efforcés de condenser dans un code toutes les coutumes d'ateliers et tous les règlements des ghildes, autant du moins que cela pouvait se faire, et, ans les cas où il n'était pas possible au législateur d'intervenir comme par exemple dans le cas de Norwich et de Goldalming, il a introduit des clauses restrictives relatives aux franchises de ces villes, aux chartes et aux libertés des « villes corporatives ». L'acte règle les conditions du service, les heures de travail, la fixation des gages par les juges de paix, la durée de l'apprentissage, la proportion des apprentis par rapport aux ouvriers, les motifs de renvoi, la conduite du maître ou de la maîtresse à l'égard des apprentis et réciproquement, et tout ce qui est relatif à l'emploi et au travail journalier. Si on veut bien tenir compte de l'époque et de l'influence toujours exercée par les ghildes, leurs ordonnances et leurs règlements, de la législation en vigueur et des conditions générales de l'industrie à ce moment de notre histoire, c'était un excellent code des lois ouvrières protégeant à la fois les ouvriers salariés, les apprentis et les maîtres qui les employaient ; ses défauts étaient naturels et inhérents à l'époque. Mais la loi outrepassait ses attributions ; elle cherchait à réglementer et à contrôler les conditions toujours variables de la vie industrielle, et en le faisant, elle a légué aux générations à venir tout un héritage d'injustices dont les maux sont encore sensibles dans notre régime industriel. Ces actes sont pour la plupart actuellement abrogés, mais quelques-unes de leurs conséquences continuent à jeter leur ombre sur l'ouvrier dans son pénible pélerinage à travers la vie.

L'acte d'Elisabeth fut le résultat inévitable de la législation inaugurée par le statut des travailleurs édicté sous le règne d'Edouard III, et les statuts suivants abrogés par cet acte. Le statut 5 d'Elisabeth devint le père de nombreuses lois édictées dans les règnes suivants pendant une période de plus de deux cent cinquante ans.

L'État s'étant engagé dans la voie de vouloir réglementer

l'initiative privée dans la recherche de son propre bien-être, il lui fut impossible de s'y arrêter, et à mesure que l'industrie se développait, il fallait des lois nouvelles. Chaque découverte ou invention dut être plus ou moins « handicappée » dans ses applications à l'industrie. Le capital se trouva alors entravé, les travailleurs furent harassés et persécutés, et l'essor des industries se trouva arrêté. Ce qui fut pis encore c'est que de telles lois n'accordaient qu'une protection bien insuffisante aux travailleurs. Il arrivera cependant que les ouvriers voudront les perpétuer, en redoutant que leur abrogation ne rende leur sort plus misérable et leur situation plus précaire. Les capitalistes et les patrons, au contraire, demanderont leur abrogation et pendant deux siècles la lutte sera des plus violentes entre les deux partis. Un des côtés les plus fâcheux de cette loi fut qu'elle fut mal interprétée en ce qui concernait la protection accordée aux ouvriers, ou qu'elle semblait tout au moins leur accorder. Il faut reconnaître cependant que quelques-uns des derniers actes furent plus défavorables encore au travail que ceux d'Elisabeth, ceux antérieurs de Philippe et Marie et celui plus récent de Jacques Ier. A tout prendre cette époque est une des plus sombres périodes de l'histoire du travail. Les ouvriers prirent pendant de longs siècles l'habitude de la réglementation, d'abord sous le système des ghildes puis sous le régime des statuts. Cette réglementation fut maintenue dans ce qu'elle avait de profitable aux patrons ou à quelques-uns d'entre eux, tandis qu'on supprima les dispositions qui étaient à l'avantage des ouvriers. On leur enseigna un nouvel axiome de géométrie, « que la partie est plus grande que le tout » et pour un temps ils semblèrent avoir accepté la proposition et croire à sa justesse.

Législation ultérieure relative au travail. — Une législation ayant des visées aussi considérables demandait à être sans cesse retouchée. Il fallait à tous moments ajouter un contrefort, une arcade et même parfois reprendre les fondations.

Enfin il fallut étendre les proportions du plan primitif pour comprendre de nouvelles sections. Durant une période de deux cent quarante à deux cent cinquante ans, les meilleurs « architectes législatifs » furent appelés, on consulta des experts et on fit usage de remèdes empiriques pour consolider l'édifice et en corriger les défauts. Il n'entra pas alors dans l'idée de ceux qui furent consultés que les fondations étaient radicalement mauvaises, et que l'édifice lui-même était un non-sens sans valeur, qui n'était susceptible d'aucune restauration. Mais les constructeurs législatifs, à partir de la première partie du règne d'Elisabeth et sous les règnes suivants, procédèrent à leur œuvre, en se conformant aux plans fournis par les architectes les plus en faveur à cette époque. Tantôt on adopta un style, tantôt un autre, suivant les goûts de la mode et sans aucun autre guide que le caprice du moment.

Le statut d'Elisabeth porte du moins la trace d'un plan symétrique et d'une appropriation juste qui montre qu'il est dû à un dessinateur habile. C'était une sorte de gothique grossier sans ornementation aucune, mais parfaitement adapté aux besoins qu'il était destiné à remplir. Il présente certainement dans tous les cas une certaine homogénéité, il a de l'unité, il est complet et, tout en contestant sa valeur, on ne peut s'empêcher de l'admirer. Dans les règnes suivants, on trouve des additions et des altérations faites par des mains inhabiles ayant peu de souci des détails sculpturaux et des sévères principes du style architectural. Le normand, le gothique flamboyant, le gothique bâtard, style de la reine Anne, toutes ces sortes de styles et même l'absence de tout style se retrouvent dans les additions faites au monument primitif, suivant le goût du siècle, les changements de la mode ou les circonstances, et l'ensemble devint une horrible construction du temps de George III, bonne seulement à obstruer et à encombrer la voie publique et devenue dangereuse à cause de son état de vétusté.

Le statut d'Elisabeth s'appliquait à toutes les professions et à toutes les industries de l'époque. Ses dispositions furent étendues à toutes les professions et à toutes les industries nouvelles, au fur et à mesure de leur apparition ou de leur modification. Durant le règne des Stuarts, Jacques Ier, Charles Ier, Charles II et Jacques II, on édicta des lois nombreuses qui prouvent encore sinon la sagesse, tout au moins l'activité du législateur. Guillaume II ne pouvait échapper à la contagion ; sous son règne on promulga de nouvelles lois ou on compléta les lois existantes. Sous le règne de la reine Anne on continua à légiférer, et on publia une demi-douzaine de statuts relatifs à la réglementation du travail. L'édifice législatif était déjà imposant et énorme, il écrasait le travail sous prétexte de le réglementer, mais il était tout à fait impossible de s'arrêter dans cette voie, on ne pouvait écrire le mot Fin au bas d'aucun chapitre, il restait toujours des pages blanches à remplir. Sous les trois George, on redoubla d'activité pour remplir le volume, et ces règnes se distinguent par d'étonnants spécimens de la science des hommes d'État, en matière de législation du travail. Certaines dispositions furent abrogées, certains changements furent introduits, on ajouta de nouvelles lois et de nouveaux articles. L'industrie gémit alors sous le poids des règlements, des restrictions et des contrôles. Des révoltes se produisirent tantôt de la part des patrons, tantôt de la part des ouvriers, suivant le tempérament des gens et les crises que traversait l'industrie. A un certain moment, on put croire que toute l'activité commerciale du pays serait étouffée par le poids de la législation, et cela n'eût pas manqué d'arriver si les autres nations n'eussent été assez déraisonnables pour adopter la même législation ou tout au moins pour légiférer dans un sens analogue. Les patrons de l'époque croyaient que le seul moyen d'échapper à la ruine était d'avoir des lois répressives contre les ouvriers. Ces lois furent appliquées sous le règne de George III, ainsi que nous le verrons plus loin. Nos ancêtres ne soupçonnaient pas la liberté de l'industrie, ni celle du travail ; ils ne connaissaient comme remèdes aux maux de l'époque que la réglementation et la répression.

Nous avons déjà dit que le statut d'Elisabeth s'appliquait à toutes les industries et professions connues et que, sous les règnes suivants, on fit d'autres lois pour la réglementation des industries nouvelles. A la fin du siècle dernier on eût trouvé difficilement une industrie de quelque importance qui ne fût pas soumise à la tutelle et à la réglementation de l'État. Parmi les industries réglementées par des lois spéciales, il nous faut citer les industries textiles, telles que l'industrie de la laine, de la soie, du coton, du lin et de la toile, la confection des vêtements et les filatures de chanvre, la cordonnerie et en général toutes les industries qui emploient le cuir, soit qu'il s'agisse de la préparation des peaux, soit qu'il s'agisse de leur mise en œuvre ; la fabrication des bonnets et chapeaux, celle des gants, des objets de toilette et d'ameublement.

L'industrie du bâtiment dans toutes ses branches avait une réglementation particulière qui s'occupait également des manœuvres occupés à servir les ouvriers. Les boulangers, les bouchers, les marchands étaient soumis à une législation générale et beaucoup d'entre eux étaient astreints à des mesures vexatoires sous forme de droits de douane, de licence ou autres dispositions prohibitives.

On prétend aujourd'hui revenir à ce système quand on demande la réduction à huit heures de la durée du travail par des mesures législatives. Dans une correspondance sur cette question publiée dans le *Star*, un des écrivains insiste sur la nécessité de fixer un maximum de huit heures de travail, un maximum pour le salaire et un prix maximum pour les objets d'alimentation. S'il y a un moyen de guérir de ce mal dangereux, c'est par l'étude attentive de la législation qui existait au commencement de ce siècle, et par la constatation des résultats qu'elle a produits ; elle a failli tuer notre industrie et causer la mort du peuple par la disette. Les mêmes résultats ne manqueraient pas de se produire si on revenait à une réglementation semblable (1).

(1) Voir la « Discussion des 8 heures dans le journal le *Star*, 22 novembre 1890, et la réponse publiée dans le numéro du 25 du même mois.

CHAPITRE III

ORIGINE ET PROGRÈS DES ASSOCIATIONS OUVRIÈRES.

Nécessité des Associations. — Louage de travail, maîtres et salariés. — Les premières coalitions dans l'industrie manufacturière. — Effet de la législation du travail sur la condition des travailleurs. Augmentation du nombre des ouvriers salariés par suite du développement du commerce et de l'augmentation de la richesse publique. — Conséquences de la réglementation par l'Etat. — Restrictions apportées à la liberté d'association. — Législation contre les coalitions d'ouvriers; contre la liberté du commerce. — Nature et portée des lois restrictives. — Efforts tentés pour faire abroger l'ancienne législation. — L'aurore du XIXe siècle. — Etat de la nation. — Progrès de l'esprit d'association. — Agitation en dehors de toute idée politique. — Menées politiques. — Abrogation des lois contre les coalitions.

La nécessité fit naître les associations entre ouvriers. Elles furent le résultat de la situation nouvelle créée par le développement de l'industrie, l'extension du commerce, et les progrès de la civilisation, et aussi des conditions anormales dues au régime corporatif et aux lois statutaires. Quand l'artisan était son propre maître, qu'il n'avait qu'un ou deux apprentis pour l'assister dans son travail, la ghilde à laquelle il appartenait exerçait une influence restrictive pour arrêter la concurrence, et empêcher les confrères de chercher à prendre avantage sur lui ou à accroître leur production à son détriment. Naturellement cela ne pouvait se faire sans lui imposer quelques sacrifices personnels et même lui causer sous certains rapports un véritable préjudice parce que toute émulation légitime se trouvait presque entièrement supprimée. Ce fut la principale cause des schismes qui se produisirent dans les ghildes et qui entraînèrent la création de nouvelles corporations représentant d'autres intérêts. Mais ces nouvelles ghildes se formaient d'après l'ancien moule et devenaient également exclusives. Le monopole était le but que tous poursuivaient et chaque corporation luttait pour le maintien de ses privilèges.

Quand les progrès de l'industrie nécessitèrent une plus grande division du travail dans le but d'augmenter la production et que la richesse accrue des maîtres leur permît de louer le travail des autres, quand il se créa une classe de travailleurs salariés, ces travailleurs salariés reconnurent le besoin de former une association qui pût servir de tampon entre eux et les maîtres, dont l'autorité était soutenue par la loi et par les règlements des ghildes. Les premiers essais d'association furent naturellement de la nature la plus élémentaire ; ce n'étaient guère que des expédients momentanés auxquels on avait recours suivant les circonstances, et qui étaient abandonnés en général, une fois la crise passée. Mais beaucoup des ouvriers de cette époque devaient avoir quelque idée de la puissance de l'association, car ils en voyaient l'exemple dans le système des ghildes. De tout temps l'imitation est naturelle, aussi il est probable que les premiers prolétaires ont cherché une protection mutuelle contre les maîtres du métier, en s'associant entre eux toutes les fois qu'ils trouvaient dans la même profession un nombre suffisant d'ouvriers désireux de s'unir ou disposés à le tenter. De plus, beaucoup de ces prolétaires faisaient partie des ghildes, bien qu'ils eussent graduellement perdu leur qualité de maîtres et se trouvassent exclus de toute participation et de toute influence dans la direction de la corporation. L'instinct de la conservation et le désir de sauvegarder les intérêts de la nouvelle classe des prolétaires donna naissance à ces associations, comme ces mêmes instincts et ce même besoin avaient déjà produit les corporations de métiers.

Origine et objet des Associations. — Ces associations se formèrent d'abord dans les industries qui, les premières, s'organisèrent en manufactures assez importantes pour réunir et employer un grand nombre d'ouvriers salariés. Elles eurent pour objet la protection mutuelle de cette classe d'ouvriers contre la violation des coutumes et privilèges du métier tels qu'ils avaient été établis par les règlements des ghildes ou la résistance aux exactions des patrons sous toutes les formes, soit qu'il s'agît des heures de travail, soit qu'il s'agît de la quantité et de la qualité du travail à exécuter, soit qu'il s'agît de la réduction des salaires ou prix payés pour l'exécution de ce travail ou des autres conditions de l'engagement. La première association dont nous trouvions une trace authentique semble avoir été organisée dans l'industrie de la laine : les ouvriers y fondèrent une corporation à eux spéciale. Les maçons furent sans doute aussi dans les premiers à établir une corporation d'ouvriers. Il est à peu près certain que les cordonniers, les tailleurs, les tanneurs, les charpentiers, les tuiliers, les corroyeurs, les maréchaux-ferrants, les selliers et les orfèvres, s'unirent vers la même époque, soit sous forme de corporations de métiers, soit par des compagnonnages ou associations de mutuel secours. Toutes ces professions et d'autres encore sont mentionnées dans le *statutum de servientibus* ou statut des travailleurs d'Edouard III (1349). Sans aucun doute, ces associations primitives, sous leur forme rudimentaire, furent fondées et constituées comme une protection et parfois une menace contre les ghildes existantes, qui avaient trop souvent dégénéré en coteries au profit des classes privilégiées de cette époque. Il est même probable que le statut des travailleurs fut inspiré et réclamé par les ghildes, ou, du moins, par quelques-unes d'entre elles pour réprimer les velléités d'indépendance des travailleurs libres des villes. Ce fut à la fois une déclaration de guerre et la disqualification de l'une des parties en lutte.

Il y a deux circonstances très curieuses qui se rattachent à la rédaction et à la promulgation du Statut des Travailleurs, et qui, toutes deux, ont échappé jusqu'ici aux observateurs ou auxquelles ils n'ont pas accordé une attention suffisante. On croit généralement que ce statut fut rendu à cause du taux élevé des salaires que les ouvriers réclamèrent pendant et après la grande peste. Si tel avait été le cas, on pourrait invoquer en faveur des ouvriers les principes mêmes de l'économie politique moderne : la rareté amène la hausse, l'abondance amène la baisse ; quand deux patrons se disputent un ouvrier la main-d'œuvre renchérit nécessairement, et, *vice versâ*, elle devient bon marché quand la main-d'œuvre ne trouve pas son emploi. Mais le fait est que bien avant la peste, la richesse s'était tellement accrue et la demande de marchandises et d'objets de luxe de toute nature avait augmenté dans une telle proportion que la main-d'œuvre était partout recherchée, et que les salaires et les prix, qui en sont la rémunération, n'avaient cesser d'aller en s'élevant. A cette époque bien des gens considérèrent la peste comme une punition du ciel méritée par l'excès de luxe et de jouissances et par l'âpreté que le peuple mettait à acquérir des richesses.

En second lieu on ne tient pas compte des réductions et des altérations subies à cette époque par la monnaie anglaise, qu'on voulait faire passer pour sa valeur primitive, malgré la diminution de son poids. On frappa aussi de nouvelles monnaies auxquelles on voulut donner la même valeur qu'à la monnaie courante, ce qui eut pour effet de rehausser le prix des denrées et des vivres, qui s'élèvent ordinairement suivant l'abondance ou la pénurie de l'argent, et ce qui obligea les serviteurs, artisans et ouvriers à demander une augmentation de gages. Le statut des travailleurs ramena leurs gages au taux existant avant la grande peste (1). La peste produisit sans doute une certaine rareté de la main-d'œuvre et amena les ouvriers à réclamer des gages plus élevés, mais elle amena

(1) Voir l'histoire Parlementaire, vol. I, p. 292. — Kennet, p. 221. Pour la situation du Royaume, consulter la Nouvelle Histoire impartiale de l'Angleterre, par Spencer, Bernard et autres, p. 185.

aussi une véritable disette de toutes les choses nécessaires à la vie et, par conséquent, une grande cherté. Au point de vue économique la chose était inévitable. Mais le statut ne vise que le travail, la main-d'œuvre, bien que les vendeurs de victuailles au détail, les aubergistes et les hoteliers fussent compris dans ses dispositions. Si le statut avait été un simple expédient temporaire destiné à empêcher des exigences injustes dans un moment de grand péril et de calamité et s'appliquant aux manufacturiers, aux marchands d'objets d'alimentation, aux commerçants de tout ordre et aux ouvriers de toute sorte, on pourrait le justifier. Mais c'était un premier coup donné par le pouvoir législatif aux associations que les ouvriers cherchaient à former. Les vieilles ghildes, se trouvant avoir le dessous dans le conflit, demandèrent le concours de l'État et du législateur ; la loi mit fin à la lutte en frappant à la fois les ghildes et les associations ouvrières.

La situation exacte de la classe des ouvriers à cette époque pouvait se résumer ainsi. Le nombre des salariés augmentait énormément en proportion du nombre de ceux qui travaillaient à leur compte et qui faisaient partie des ghildes de métiers ; ces salariés se trouvaient en dehors de la ghilde, ou, du moins, ils s'y trouvaient en si petit nombre que, même quand ils en faisaient partie, ils se trouvaient exclus de toutes les fonctions et privés de toute participation à la direction et aux affaires. La prodigieuse extension du commerce et l'incroyable afflux des richesses qui se produisit à suite de guerres heureuses donnèrent à l'industrie manufacturière et au commerce intérieur un élan sans précédent et aussi grand que soudain. Les ouvriers cherchèrent naturellement à participer à l'augmentation de la richesse et de la prospérité publiques ; les ghildes représentant les maîtres des métiers résistèrent ; le pouvoir législatif fut appelé à leur aide pour obliger les ouvriers à obéir à des ordonnances et des règlements que les événements rendaient injustes ou surannés.

Les ouvriers eurent donc à lutter contre deux pouvoirs presque tout-puissants : les ghildes et l'Etat. Les premières avaient beaucoup perdu pendant cette période de leur puissance et de leur influence, et elles étaient condamnées à disparaître à bref délai ; tandis que le dernier contenait le germe d'un énorme accroissement de force et devait produire un mal incalculable pendant les siècles et les générations à venir. Même pendant le règne d'Edouard III, on vit surgir une quantité de lois et de statuts, dérivant du *statutum de serventibus*. Par exemple dans la 37e année de son règne les prix de la volaille sont fixés par statut ; les commerçants ne doivent pas accaparer les marchandises pour augmenter leur prix et ne doivent en avoir que d'une seule nature ; les artisans (exerçant des métiers mécaniques de différentes sortes) ne doivent user que d'un seul procédé, mais les ouvrières peuvent continuer à travailler comme elles le font déjà ; on fit des lois spéciales pour règlementer l'art et les procédés de fabrique des orfèvres ; le régime et l'habillement des domestiques ; pour fixer également le régime et l'habillement des autres ouvriers et enfin pour règlementer la dimension, la façon et le prix du drap. Beaucoup d'autres statuts furent promulgués durant ce règne sur le travail et la production, le commerce et l'industrie ; l'ordonnance concernant les travailleurs fut confirmée par le statut 42 Edouard III c. 6 (1368) qui édicta que les juges de paix auraient qualité pour entendre et juger toutes les affaires se rapportant au travail. Un rapport fait au Parlement sur l'ensemble des lois, des ordonnances et des proclamations concernant les ouvriers et s'occupant de la réglementation des gages, des prix, des heures de travail, des conditions de travail, des modes de fabrication et de la vente des marchandises, guérirait peut-être beaucoup de gens de la manie de l'intervention du législateur, manie si commune en ce moment.

L'énumération incomplète que nous venons de faire des

lois qui réglementaient le travail et l'industrie manufacturière indique dans une certaine mesure la nature des luttes qu'eurent à supporter les ouvriers de l'ancien temps et des difficultés qu'ils durent surmonter en dehors de celles qui résultaient du système corporatif trop souvent faussé à leur détriment. Les ouvriers cherchèrent par l'association à diminuer les mauvais effets de la législation et à obtenir la justice de ceux qui étaient chargés de l'appliquer. On les voit parfois soutenir l'action des lois qui restreignent la puissance des ghildes; d'autres fois ils soutenaient les ghildes contre les lois. Leur influence fut tour à tour recherchée et exploitée par les défenseurs des deux systèmes, lorsque cela pouvait servir leurs desseins. On trouve parfois des choses bien curieuses dans les récits de ces longues et rudes luttes. Quand on sait les lire ils enseignent la prudence et la circonspection. Mais nous arrivons à la partie la plus déplorable de cette histoire.

Effets de la Réglementation par l'État. — Les effets de la réglementation et de la tutelle de l'industrie par les ghildes ou par la législation, soit qu'elles opérassent de concert, soit isolement dans la limite respective de leurs attributions et des professions spéciales, finirent par paraître aux ouvriers en antagonisme avec leurs intérêts et désastreux dans leurs résultats. Mais le combat était par trop inégal. Lors de la lutte entre les précédents systèmes c'était la lutte d'une association contre une autre et les corporations de métiers avaient fini par triompher malgré la richesse et la puissance de leurs adversaires, les ghildes municipales ou les ghildes commerciales. Maintenant il fallait lutter contre l'autorité « constitutionnelle », autant qu'on peut donner ce nom à un Parlement qui était loin d'être représentatif. Les lois avaient été faites; on devait les respecter tant qu'elles ne seraient pas abrogées. On les appliquait d'une manière mauvaise, partiale, souvent inique, toujours malfaisante, mais il n'y avait pas de remède. Les ouvriers n'avaient qu'une seule ressource, l'association, mais une association qui avait pour but de combattre les dispositions de la loi devint une conspiration, puis une sédition et enfin un crime de haute-trahison. La loi existait, il fallait la respecter; on ne pouvait que recourir aux juges de paix, ou faire appel de leurs décisions si elles semblaient injustes. La loi elle-même était dirigée contre les intérêts des travailleurs ; elle était appliquée par une classe d'hommes très hostiles aux ouvriers, et les transformations de l'industrie devaient contribuer à augmenter encore l'antagonisme des classes.

Les forces qui s'opposaient aux associations semblaient invincibles, insurmontables, écrasantes; elles étaient certainement formidables. Les premiers essais n'auraient pu aboutir si la situation du travail à cette époque n'avait rendu absolument indispensable l'association sous une forme quelconque ; et il se trouva des gens prêts à tout sacrifier, même leur liberté, même leur vie, pour défendre le droit de s'associer librement pour la défense commune. Les salaires ayant été arbitrairement fixés par la loi, il avait été aussi décidé légalement que personne ne pourrait exiger plus que le tarif établi par la loi ou fixé par les juges de paix, même lorsqu'il y avait eu convention formelle ; et que les patrons ne devraient pas payer ou promettre plus que les gages déterminés par l'État pour cette classe d'industrie. Des lois semblables dans l'esprit de leurs auteurs étaient une barrière insurmontable opposée à l'association, mais elles devaient également finir par la rendre nécessaire et par la faire naître.

Statuts restrictifs du Travail et de l'Industrie. — Il y eut ensuite une série de statuts dirigés spécialement contre les associations de travailleurs. On en fit aussi qui tendaient au même but comme les lois sur les oisifs, vauriens et vagabonds. « Le premier statut qui vise les associations ou coalitions d'ouvriers semble être le statut 34, Édouard III, chapitre IX (1360-61), loi dans laquelle le statut des travailleurs est confirmé, amendé et renforcé. » Après avoir un peu adouci les peines qui frappaient les travailleurs, cet acte décrète que toutes les alliances et coalitions de maçons et charpentiers sont interdites et annulées et ordonne que chaque artisan sera forcé de servir son maître et d'accomplir le travail qui lui incombe. Le chapitre X de la même année et du même règne (1360-61) va plus loin en ce qui concerne les ouvriers et artisans et donne aux shériffs le droit de poursuivre et de saisir ceux qui quittent leur service pour aller dans une autre ville ou une autre contrée et de mettre au ban de la loi ceux qui n'auront pu être arrêtés. Après cette mise hors la loi, ceux qui étaient retrouvés étaient mis en prison et y restaient jusqu'à ce qu'ils eussent obéi à la loi et donné satisfaction à leur maître; en cas de fraude on les marquait au front avec un fer rouge ayant la forme de la lettre F et qui signifiait Fausseté. Mais cette dernière cruauté ne pouvait être commise qu'avec l'avis et le consentement du juge de paix qui accordait un répit dans le cas d'une première faute. Le statut décidait aussi que les gages ne seraient pas dus pour les jours fériés, ce qui entraînait une forte réduction dans les salaires, car à cette époque les jours fériés étaient plus nombreux qu'ils ne sont aujourd'hui, même en tenant compte des jours fériés de la Banque.

Les dernières années du règne d'Édouard III furent fécondes en lois restreignant la liberté de l'industrie, la liberté des travailleurs et la liberté du travail. Les règnes suivants ne le furent guère moins jusqu'à l'événement de la reine Elizabeth (1). Durant ce dernier règne la politique économique se modifia quelque peu tout en restant fidèle aux anciens principes. La réglementation augmenta et on l'étendit aux industries qui se créaient. La réglementation par l'État demande l'obli-

(1) *Note de l'auteur.*— Les lois restrictives du travail et du commerce sont trop nombreuses pour être énumérées en détail mais la liste ci-dessous en indique un certain nombre, les unes dirigées contre les pa-

gation et la contrainte légales et de là vient que nous trouvons la répression employée à empêcher les plaintes et les associations faites en vue d'obtenir le redressement de certains abus, ainsi que la suppression par la loi et par des décrets des associations que les ouvriers osaient faire au risque d'encourir les pénalités édictées. Les ouvriers se trouvaient dans la situation suivante. Le travail, c'est-à-dire les salaires, les heures, les conditions de l'engagement, le mode de travail et même la profession que les hommes devaient exercer continuaient à être régis par les lois et par les règlements et coutumes des ghildes bien que toutes les conditions économiques de la production eussent subi un grand changement; et néanmoins on interdisait aux ouvriers de recourir aux mesures qu'ils jugeaient propres à améliorer leur situation, faire hausser leurs salaires, ou modifier les règles inflexibles et brutales que la loi imposait pour le louage de services. Leur seule chance de salut c'était l'association en vue d'une protection mutuelle et on prétendait la leur interdire. Mais en dépit de la loi et de tous les obstacles, ils devaient s'associer et ils le faisaient, et il en résulta que les lois pénales furent corroborées et étendues pour étouffer le mécontentement et résister à tous

trons, les autres contre les ouvriers et toutes contraires à la liberté des transactions :

25 Edouard III, st. 1.
34 Edouard III, c. 10.
37 Edouard III, cc. 5, 6, 7, 8, 9, 10 11, 12, 13, 14 et 15.
38 Edouard III, c. 2.
42 Edouard III, c. 6.
50 et 51 Edouard III, cc. 6 et 7.
12 Richard II, c. 3, 4, 5, 6, 7, 8, 9, 10 et 14.
13 Richard II, st. 1, cc. 8, 10. 11, et 12.
14 Richard II, cc. 4,5 et 14.
17 Richard II, cc. 8.
21 Richard II confirmant les précédents.
4 Henri IV, cc. 14, 35.
7 Henri IV, c. 17.
2 Henri V, c. 4.
2 Henri VI, c. 7.
6 Henri VI, c. 3.
8 Henri IV, c. 8.
11 Henri VII, c. 22.
12 Henri VII, cc. 13 et 4.
14 et 15 Henri VIII, c. 2.
21 Henri VIII, st. 16.
33 Henri VIII, st. 1, c. 9.
2 et 3 Edouard VI, c. 15.
1 Marie, st. II, cc. 11 et 12.
1 Marie, st. III, cc. 7 et 8.
1 et 2 Philippe et Marie, cc. 7, 14.
2 et 3 Philippe et Marie, cc. 11, 12, 13 et et 16.
4 et 5 Philippe et Marie, c. 5.

les efforts faits pour obtenir un adoucissement à ces lois oppressives ; on amenda successivement toutes celles qui semblaient être conçues en faveur des ouvriers. En outre on exécuta rigoureusement toutes les lois faites contre le travail, tandis que celles qui lui étaient favorables étaient peu appliquées.

Lois prohibant les associations. — Le nombre et la nature des lois spécialement dirigées contre les associations et connues plus tard sous le nom de lois sur les coalitions pourra être apprécié à la suite d'une simple énumération sommaire.

En premier lieu, le statut 33 Édouard Ier, st. 1 (1305), fut rendu pour déclarer coupables de conspiration « tous ceux qui se confédèrent ou se lient par un serment, une convention ou une autre alliance, ce qui comprend les associations ou coalitions d'ouvriers ou d'autres personnes tendant à obtenir une augmentation de salaires, à en fixer le taux, à diminuer les heures ou la durée du travail, à diminuer la quantité du travail ou à régler et contrôler les conditions des fabriques, industries, commerces de toute nature ou leur administration et à entraver les ouvriers dans leur travail ». Il faut citer encore le statut 3, Henri VI, chapitre 1 (1425) qui vise les réunions annuelles faites par les maçons qui s'assemblent dans leurs chapitres généraux ; le statut 33, Henri VIII, st. 1 chapitre 9 (1541-42), intitulé : loi réglant les gages des serviteurs et applicable à l'Irlande ; les statuts 2 et 3, Edouard VI (1548), qui s'occupe des marchands de victuailles et des artisans ; le statut de Jacques Ier, d'Écosse (1411), qui règle les salaires des ouvriers et le prix de leur travail ; un autre acte relatif aux gages des ouvriers qui est fait en vue de l'Écosse ; et un autre acte encore sur la même question, mais qui s'occupe des maçons et autres ouvriers du bâtiment.

Le prix de la main-d'œuvre pour l'industrie de la soie fut

fixé par un acte 7 de Jacques Ier (1413). L'acte 5 de Marie Stuart (1547) pour l'Écosse détermina le prix du travail des artisans et aussi les prix de la nourriture et de la boisson dans les tavernes. La dimension et les prix des étoffes furent réglés par Jacques IV d'Écosse, (1574), et la filature de soie fut réglementée par les actes 13 et 14 de Charles II (1662). A une date plus rapprochée, les tailleurs furent réglementés par le statut 7 de Georges Ier (1720). En 1725 un acte destiné à empêcher les associations illégales des ouvriers employés dans les manufactures de laine en vue d'obtenir un meilleur paiement de leurs salaires, fut promulgué : 12, Georges Ier (1725). Il fut suivit dans cette voie par Georges II (1730), loi destinée à empêcher les associations illégales des ouvriers de toutes professions en Irlande et par le statut 22 du même Georges II (1748-49), étendant l'act 12 de Georges Ier qui fut encore complété par Georges II (1755). Sous le règne de Georges III on promulgua 15 ou 16 autres actes antérieurs à 1800, époque à laquelle on fit une nouvelle loi destinée à empêcher les coalitions illégales des ouvriers, 39 et 40, Georges III c. 106 (1799-1800). La simple existence de ces actes et d'autres que nous ne pouvons énumérer montre bien que les associations se produisaient quand même et que les lois étaient impuissantes à les détruire ou à les empêcher. Les amendes, les mutilations et la prison ne soulagaient pas les misères et ne faisaient pas disparaître les causes de mécontentement.

Révolte contre les lois sur les coalitions. — Vers la fin du siècle dernier et au début de ce siècle on fit des efforts très énergiques et très résolus pour constituer des associations pour la protection des travailleurs et l'amélioration du travail. Quelques hommes osèrent s'associer ouvertement, d'autres le firent en secret. Dans beaucoup de professions les tentatives furent faites avec persistance, parfois d'une manière continue, mais le plus souvent d'une manière intermittente ; la loi pénale fut souvent employée pour circonvenir et empêcher l'exécution des plans de ces hommes, pour écraser les organisations naissantes, et punir les audacieux novateurs qui cherchaient à s'associer au mépris des lois. Ces tentatives entraînèrent des émeutes, des agitations et souvent l'effusion du sang ; mais les ouvriers s'obstinèrent. On dit que « l'amour parfait ne connaît pas la crainte » ; dans ce cas c'était la détresse et la misère noire, occasionnées par des gages insuffisants, la cherté des vivres et le manque d'ouvrage qui bannissaient la peur. Quand ils ne pouvaient pas s'associer ouvertement, les ouvriers avaient recours à la violence, aux émeutes, à l'incendie des meules de grains ou fourrages, à la destruction des machines, au sac des maisons des patrons et des maîtres — ou au pillage des usines. — Il y eut des procès, lorsque les délinquants purent être arrêtés et des peines sévères furent infligées à ceux qui furent convaincus d'avoir pris part à ces désordres. Mais dans beaucoup de cas il fut impossible de découvrir les auteurs de ces actes, personne ne voulant trahir ceux qui avaient commis ces délits, parce que c'était l'injustice qu'ils avaient subie qui les avait entraînés à les commettre. Le mécontentement et la révolte existaient partout et le mal fut aggravé par la disette qui vint à se produire. Mais le seul résultat de cette crise fut d'entraîner de nouvelles répressions; les lois sur les coalitions ayant manqué leur but ou se trouvant inefficaces dans les conditions nouvelles, on recourut à d'autres lois et en particulier à des lois faites dans un but purement politique comme les *Sedition Acts*, la loi sur les sociétés affiliées et les lois relatives à la haute trahison. Il n'y avait pas d'excuse à cette extension donnée aux lois dans le but d'atteindre les ouvriers, car en général leurs réunions n'avaient rien de politique du moins au début, mais elles prirent ce caractère quand il devint manifeste qu'ils n'avaient à espérer aucune réforme.

Situation de l'Angleterre à l'aurore du XIXe *siècle.* — On dit que dans l'ordre naturel, l'heure la plus sombre est celle qui précède l'aurore ; il en est de même dans l'histoire des nations. La dernière année du XVIIIe siècle débuta de la manière la plus sombre et la plus triste pour le peuple. La corporation des boulangers de Londres, en venant devant le Lord Maire pour établir la taxe du pain, déclara que le prix moyen du froment était de 96 shillings 1 3/4 d par quarter, et le prix de la farine 88 shillings 10 d par sac ; en conséquence, le Lord Maire consacra aux boulangers toute une séance, à la suite de laquelle le prix du pain (*quartern loaf*) fut fixé à 1 shilling 3 d à partir du 1er janvier 1800. Le comité de la Chambre des communes, dans son rapport sur les approvisionnements et les prix du blé et du pain, émit le vœu qu'on obligeât les boulangers à ne vendre leur pain que vingt-quatre heures après la cuisson. On vota immédiatement une résolution, interdisant à tous les boulangers, ou à toute personne se trouvant dans les limites de la métropole, après le 26 février et à tous les boulangers, ou particuliers de la Grande-Bretagne, après le 4 mars, de vendre, d'offrir ou d'exposer en vente du pain qui n'aurait pas été cuit au moins vingt-quatre heures d'avance. Le 20 février 1800, la Chambre des Pairs, sur la proposition de Sa Grâce, l'archevêque de Canterbury, vota une résolution relative à la disette des grains ; et la grande majorité de la Haute Chambre signa un règlement, ne permettant de consommer dans les familles, pour chaque personne, qu'un seul pain par semaine. La Chambre des communes se rallia avec beaucoup d'empressement à cette décision. On dut même cesser de faire usage de pâtisserie jusqu'au 10 octobre 1800. On conseilla de mêler à la farine des pommes de terre, du riz et d'autres ingrédients destinés à en diminuer le prix. Mais la famine continuant la taxe du pain dut être relevée à 1 shilling 5 1/4. Quand la famille royale eut interdit l'usage de la pâtisserie dans la maison royale, le prix fut élevé à 1 shilling 6 deniers ; le prix du charbon à Londres était de 4 livres sterling la mesure. Toutes les autres substances nécessaires à la vie étaient surélevées dans la même proportion, et les lois contre les revendeurs et les regrattiers étaient rigoureusement appliquées dans toutes les parties du royaume. Pour comble de misère, on souffrait du manque d'ouvrage et les gages de ceux qui trouvaient à s'employer étaient excessivement bas. Il en résulta naturellement des tumultes et des émeutes; les maisons des boulangers et des marchands de vivres furent attaquées, et la force armée dispersa la foule sans faire aucun quartier. Puis la Cour du Common Council soutint qu'il se serait produit une baisse sur les cours des grains et des farines, si l'accès du marché des grains n'avait pas été intercepté d'une manière factice.

Pour compléter ce tableau, voici un extrait des journaux de l'année 1800 : « Des journaliers appartenant à différentes professions ont conspiré pour obtenir une augmentation de salaires, mais les maîtres s'y sont très justement refusés et cette tentative a été réprimée par les magistrats... Plusieurs délinquants ont été traduits aux assises des quarter sessions. En général, nous ne croyons pas que le haut prix des provisions se fasse assez cruellement sentir à cette classe d'individus pour autoriser même une plainte dans leur bouche. Ils ne font que supporter leur part de la gêne commune, et si tous ceux qui sentent le poids de ce temps viennent à se révolter contre la situation et à cesser leur travail, la Société se trouvera immédiatement désorganisée. » A cette époque, quand le peuple était à demi mort de faim, on calcula que les chevaux employés au service de la poste et des voitures particulières consommaient assez de grain pour donner, à un million de personnes, un pain par semaine et par tête. Le 9 novembre on fit une proclamation pour interdire un meeting public d'ouvriers, d'artisans, de mécaniciens et de gens de métier, qui avaient projeté de faire adopter et d'aller porter au Roi et au Parlement, une pétition relative au prix élevé des vivres. Cette proclamation fut suivie d'une autre, qui recommandait « la plus grande frugalité possible, dans la consommation des grains de toute nature ». Les émeutes et les séditions qui éclatèrent cette année-là furent presque toutes causées par le manque de pain et la politique n'y joua qu'un bien faible rôle. Trois hommes furent enfermés dans la prison de Coldbath Fields, par sir William Addington pour avoir sifflé Sa Majesté lorsqu'elle se rendait à la Chambre des Pairs. Deux d'entre eux étaient des cordonniers. A Twickenham, un vannier fut mis dans la prison de Bridewell Tothill Fields, pour avoir employé des expressions irrespectueuses contre Sa Majesté et le gouvernement du pays. Mais le mécontentement n'existait pas seulement à Londres. Partout dans le pays il régnait une misère effroyable et une révolte sociale. Cette période a été ainsi décrite par un écrivain, qui a lu plus de 1.000 journaux publiés en 1800 : « Les lois étaient cruelles, le commerce était arrêté par des mesures restrictives, la traite des noirs florissait, la presse pour les marins et soldats était en plein fonctionnement, le pilori était souvent usité, les bandits et les voleurs de grand chemin à cheval étaient nombreux, le duel et l'ivrognerie étaient à la mode.

Agitations ouvrières et mouvements politiques. — Jusqu'à la fin du siècle dernier, les agitations ouvrières et les associations industrielles furent toujours distinctes et séparées des mouvements politiques ; ce n'était que très occasionnellement que les deux forces s'unissaient et se coalisaient. Le fait est que les ouvriers en général n'étaient pas électeurs et que, par conséquent, ils ne jouaient aucun rôle dans la politique. Dans certaines cités, les freemen avaient droit de vote, et en temps d'élections on leur faisait la cour, sauf à les négliger, sinon les mépriser après l'élection. Il ne pouvait pas en être autrement, car leurs votes étaient achetés à tant par tête et ceux qui les avaient achetés trouvaient moyen de les revendre avec bénéfice d'une autre manière. La masse des ouvriers privée de tous droits électoraux avait conscience de ce marchandage et en concevait un profond ressentiment. Par degrés, les ouvriers, ne voyant aucun moyen d'échapper à la tyrannie des industriels se joignirent aux mécontents politiques, pour demander une réforme du Parlement, l'abolition des abus et l'abrogation des lois sur les coalitions.

Il n'est pas bien constaté dans quelle mesure les factions politiques s'associèrent réellement aux demandes des ouvriers réclamant la réforme sociale. Mais les ouvriers virent tout de suite, ce qu'ils pouvaient gagner à cette alliance. Durant le premier quart de ce siècle, nous voyons l'élément politique et l'élément social prendre part ensemble à beaucoup de manifestations publiques, et le résultat pour les deux fut qu'ils commencèrent à recueillir beaucoup d'avantages partiels. Avant la fin du XVIIIe siècle, on commença à légiférer en faveur des Sociétés de secours mutuels ; puis vint la première loi sur les fabriques, le Factory Act de 1801 à 1802. Les ouvriers devinrent plus hardis en matière d'association, et les tisseurs, charpentiers de navires, cordonniers, tailleurs, compositeurs et autres prirent la tête du mouvement.

Les grèves commencèrent aussi à se produire comme le prouvent les rapports et les enquêtes relatives à la nature et au développement des associations. Il y eut de nombreux procès, aboutissant à des amendes et à la prison, qui tous accrurent plutôt le mécontentement qu'ils ne le calmèrent. On prétendait que la loi était la même pour les patrons et pour les ouvriers, mais il n'y pas d'exemple d'une poursuite, ou d'un procès pour coalition ayant réussi contre les patrons, quoiqu'il fût interdit de s'entendre pour réduire les salaires aussi bien que pour les augmenter.

Abrogation des lois sur les coalitions. — Déjà l'aurore d'une période meilleure commençait à jeter ses rayons sur ce sombre tableau. Le sommet des plus hautes collines se teintait de nuances rosées. Des cœurs généreux avaient entendu les cris des ouvriers opprimés, et la corde qu'ils avaient touchée vibrait à travers la nation. Peut-être quelques-uns regardaient-ils les ouvriers non affranchis, comme un levier pour aider à l'élévation des princes du commerce qui commençaient à surgir dans différentes parties du pays et cherchaient à se mettre sur le même niveau au point de vue de l'autorité et du pouvoir, que cette aristocratie foncière qui était alors la classe privilégiée de la société. Mais quel que fût le motif, le résultat fut obtenu. Les enquêtes qui eurent lieu en 1817-1818 et en 1824, et les attentats qui furent commis dans ces années attirèrent l'attention sur ces questions et finirent par entraîner l'abrogation des lois sur les coalitions qui eut lieu en 1824. Une nouvelle enquête parlementaire fut ordonnée en 1825, elle aboutit à l'abrogation de la loi de 1824 et au vote d'une loi qui lui fut substituée.

Le travail ne fut pas complètement délivré de ses entraves par le st. 5, Georges IV (1824), ni par celui qui le remplaça 6, Georges IV (1825). On n'avait pas l'intention d'en faire une charte complète des droits des ouvriers. M. Wallace, en présentant ce bill, déclara que le principe était de déclarer illégales toutes les associations, sauf « celles qui avaient pour but de fixer le montant des gages de manière à assurer aux travailleurs une équitable rémunération ». Quel que fût son objet et malgré les restrictions mentales de ceux qui avaient rédigé cette proposition, l'acte donna une plus grande liberté d'action aux ouvriers et leur permit de s'associer, pour augmenter leur bien-être, à leur guise, à la seule condition de ne pas user de violences, de menaces ou d'intimidation pour atteindre leur but. Pour la première fois (1) depuis cinq siècles, la loi leur reconnut le droit de combattre pour leur

(1) *Note de l'auteur.* — Les lois connues sous le nom de « *Laws of Master and Servant* » furent suspendues provisoirement en 1867, mais elles ne furent définitivement abrogées qu'en 1875.

propre liberté, au moins dans une certaine mesure. La loi des maîtres et des serviteurs existait encore et, en principe, elle était en opposition avec le St. 6 de Georges IV ; mais en fait l'abrogation des lois sur les coalitions permit aux ouvriers de créer des associations légales, pour leur protection mutuelle et l'amélioration de leur sort et ils ne tardèrent pas à utiliser le pouvoir que loi leur donnait sous ce rapport.

CHAPITRE IV

LES TRADE UNIONS

Leur origine. — Leurs développements et leurs progrès.

Les Trade Unions sont les successeurs des vieilles ghildes anglaises — La trace de leur filiation se retrouve dans leur constitution, leurs cérémonies, leurs méthodes et leur stratégie. — Difficultés à l'origine. — La loi et la coutume favorisant le capital au détriment du travail. — Apparition de la classe des ouvriers salariés. — Premières Trade Unions. — Développement de l'esprit d'association. — Sociétés de secours mutuels et d'assistance fraternelle. — Réminiscences du régime corporatif. — Apprentissage. — Associations ouvrières existant à la fin du XVIIIe siècle et pendant les premières années du XIXe siècle. — Abrogation des lois sur les coalitions en 1824. — Effets immédiats de cette mesure sur la condition des travailleurs. — Extension donnée aux associations. — Fédérations du travail. — Institution de types plus modernes et meilleurs de Trade Unions. — Société des mécaniciens réunis. — Modèles qui ont servi à l'organisation des Unions les plus récentes. — Progrès des Trade Unions de 1851 à 1870. — Progrès ultérieurs de 1870 à 1880. — Modifications apportées dans le régime du travail. — Reconnaissance légale des Trade Unions. — Protection accordée à leurs capitaux. — Crise terrible traversée par les Unions de 1875 à 1880. — Crise industrielle. — Epreuve de la force de résistance des Unions dans les moments de crise industrielle. — Nouveaux progrès des Trade Unions de 1881 à 1890. — Renaissance du Trade Unionisme. — Augmentation du nombre d'adhérents et du patrimoine corporatif. — Fédération. — L'Union des ouvriers des docks et la grève. — Congrès des Trade Unions. — Congrès de Dundee et de Liverpool. — Les Trade Unions et la politique. — La situation présente, la puissance et l'influence des Trade Unions.

Tout le monde reconnaît aujourd'hui que les Trade Unions sont les héritiers directs des vieilles ghildes. Les parents étaient en pleine décadence avant la naissance de ces derniers rejetons et on peut craindre que les enfants n'aient gardé quelque trace de cette dégénérescence. Les maladies se transmettent plus facilement que la santé et les germes morbides se développent plus rapidement que les autres ou du moins frappent davantage l'œil de l'observateur. Dans la circonstance, le nouveau-né fut mal accueilli, et son développement se fit dans les conditions les plus défavorables.

Cependant les Trade Unions, surtout dans leurs premières manifestations ont bien conservé les traits distinctifs de la famille. Quand on étudie l'organisation et le cérémonial des Trade Unions, leurs règlements, leur méthode et l'esprit qui les inspire on y retrouve partout la preuve qu'elles dérivent des anciennes corporations. Dans certains cas elles ont rejeté ce qui était défectueux dans l'ancien système pour ne conserver que ce qu'il y avait de bon et d'utile, dans d'autres cas on pourrait craindre que le contraire ne se soit produit et qu'elles ne soient demeurées que trop fidèles aux traditions les plus mauvaises ; c'est malheureusement une des conséquences de la perversité inhérente à notre pauvre nature humaine. Les Unions peuvent d'ailleurs invoquer bien des excuses. Dès leur berceau tout a été mis en œuvre pour les étrangler. Les ghildes les ont désavouées et ont conjuré leur perte ; la loi leur a refusé sa protection et les a traitées en proscrits ; on a légiféré contre elles et tenté de faire disparaître jusqu'à la trace de leur existence. On les a élevées secrètement et elles ont grandi avec des révoltés. Il n'est donc pas étonnant qu'en grandissant elles soient devenues des Ismaël dans le désert, ennemis de tous les autres hommes et en butte à l'inimitié de tous. L'injustice dont elles ont eu à souffrir a aigri leur caractère et réagi sur leur conduite. Les premières impressions s'effacent rarement chez les individus et dans les institutions et quelquefois elles deviennent héréditaires.

Dans les précédents chapitres, nous avons décrit l'organisation du travail durant la période corporative et réglementaire et nous avons vu les ouvriers cherchant à se protéger par des coalitions. Le germe naissant des Trade Unions apparaît à une période déjà lointaine dans quelques-unes des coalitions, des confédérations ou des alliances ainsi formées. Mais dans la plupart, l'esprit de l'ancienne ghilde prévaut encore. Les ouvriers ne sont pas encore soustraits à la tutelle, ils ont confiance dans les antiques institutions et cherchent à s'abriter derrière les vieux remparts. Ils avaient été trop longtemps paralysés par les entraves et ne pouvaient marcher dans une voie nouvelle. La loi et la coutume les enserraient de tous côtés, et on leur avait appris à y croire. Quand ils eurent perdu leur confiance dans les institutions établies, la loi les empêcha d'en édifier de nouvelles, qui par leur création auraient pu épargner au monde des siècles de souffrance et d'oppression. Si les ouvriers, qui dans les derniers temps de l'existence des maîtrises tendaient rapidement à former une classe distincte et assez nombreuse pour avoir des associations indépendantes, avaient eu dès cette époque la liberté d'association et de coalition, s'ils avaient pu, dans certaines industries spéciales, s'associer légalement et pacifiquement, l'industrie anglaise aurait pu avoir une organisation parfaite depuis des siècles. On en sentit cruellement la nécessité et on en comprit le besoin quand le nouveau système industriel prit naissance et que le louage des prolétaires devint une des conséquences de l'extension des manufactures se substituant partout à la forme primitive de l'atelier domestique. Les gages, les prix, les heures de travail, les conditions de l'engagement auraient pu de cette manière se régler de façon à laisser le libre jeu des lois économiques. Mais, dans l'état des choses, toutes les lois et les coutumes furent faites en faveur du capital et contre le travail : le premier affirmant ses droits, sans tenir compte de ses devoirs et de ses responsabilités ; tandis que le second, obligé de subir tous les devoirs et toutes les responsabilités, voyait méconnaître ses droits légitimes, sans aucun moyen pour les faire respecter.

Institution des Trade Unions. — La création d'Unions

remplaçant au point de vue des ouvriers les anciennes corporations rencontra des obstacles sans nombre. Alors même que la loi n'y eût pas mis obstacle, il se fût présenté une grave difficulté, car le louage d'ouvrage tel que nous le comprenons aujourd'hui n'était pratiqué que dans une très faible mesure jusqu'à la fin du XVIIIe siècle. Les gages n'étaient payés qu'en partie seulement en argent, le logement et la nourriture constituaient le plus souvent une partie de la rémunération du travail et l'ouvrier lui-même n'avait pas pour unique ressource le salaire de son travail professionnel, mais il exerçait ordinairement quelque petite industrie, surtout dans les petites villes et dans presque tous les villages. Le produit du jardin, une part dans le pâturage commun ou une pièce de terre, aidaient à faire vivre les ouvriers employés par l'industrie domestique qui leur laissait quelques jours de loisir, surtout en été. Cet état de choses s'appliquait aux gens de métier, maçons, charpentiers, forgerons et autres qui travaillaient sur toute la surface du pays. A un moindre degré, les tisserands, les cordonniers, les tailleurs et les chapeliers prenaient aussi leur part des travaux du jardinage et de l'agriculture. Ce n'était que lorsqu'il se trouvait un certain nombre d'ouvriers salariés, employés dans la même industrie et agglomérés dans la même ville ou dans une circonscription de médiocre étendue qu'on pouvait songer à former une union. En pareil cas, il se produisait des coalitions, mais, en général, il résulte de tous les témoignages que ces coalitions n'étaient que passagères et prenaient fin dès qu'on avait obtenu le résultat en vue duquel elles avaient été formées. Souvent même les ouvriers y renonçaient sur la simple promesse des patrons de faire les concessions demandées.

On pourrait citer très peu de cas d'associations de travailleurs ayant un caractère de permanence. La loi était pour beaucoup dans cet état de choses; mais la coutume et l'influence d'une ancienne organisation dont les vestiges subsistaient encore dans beaucoup d'endroits expliquaient l'hésitation des ouvriers à s'embarquer sur ce nouvel océan gros de tempêtes et qui les conduisait vers un but inconnu.

Quelques-unes des premières associations présentent cependant bien des rapports avec l'organisation d'une Union, mais elles se ressentaient toujours du type primitif des ghildes. Par exemple, nous retrouvons la trace de l'existence d'une organisation du travail chez les ouvriers tisseurs au métier de 1710 à 1725, organisation qui prit un caractère politique à partir de 1778. Les compositeurs et autres ouvriers travaillant à l'imprimerie firent également preuve d'activité en 1775-1785 et 1792. En 1798, cinq membres furent poursuivis pour coalition sous le chef de s'être réunis illégalement pour porter atteinte à la liberté du travail et nuire aux intérêts des maîtres imprimeurs. Les chapeliers s'occupaient des questions du travail dès 1792. Les charpentiers de navires de Liverpool constituaient une force politique par suite de leur organisation en l'année 1790. Mais leur association était une ghilde composée de freemen et jouissant de la franchise parlementaire. Sheffield s'enorgueillissait de son organisation des métiers avant la fin du dernier siècle, car nous y trouvons de chaudes discussions entre les différents métiers et nous voyons les maîtres d'un côté et les ouvriers de l'autre s'associer dans un but déterminé. Au premier rang des ouvriers se trouvaient : les couteliers en 1790; les repasseurs de ciseaux en 1791; et les forgerons en ciseaux en 1792. Dans l'industrie cotonnière, nous entendons parler d'une Union des imprimeurs de coton dès l'année 1790. Mais peut-être l'association qui ressemble le plus à une véritable Trade Union telles qu'elles existent de nos jours fut l'institution établie à Halifax en 1796 et celle qui fut fondée à Leeds vers la même époque par les ouvriers en drap du Yorkshire. Cependant ces institutions elles-mêmes furent créées sur le modèle des anciennes corporations de métiers, car les maîtres pouvaient en faire partie aussi bien que les ouvriers. Il résulte de plusieurs témoignages contemporains que les tisseurs furent dans les premiers à former des associations de ce genre, car en 1775 un statut 2, Georges Ier, leur défendit expressément de continuer ces associations. La cotisation de l'Institution d'Halifax était de 3 pence par semaine, les ouvriers des villages contribuaient aussi bien que ceux des villes.

Probablement ce qui fait que nous entendons parler davantage des associations ouvrières vers la fin du XVIIIe siècle et le commencement de ce siècle, c'est que l'assistance mutuelle fut préconisée et reconnue par la loi. Les clubs des Sociétés de secours mutuels furent reconnus comme des institutions d'utilité publique et une loi fut votée en 1793 pour les encourager et leur venir en aide ; cette loi fut amendée et étendue en 1795. Les ouvriers de certaines professions se servirent de cette législation et s'associèrent sous le couvert des Sociétés de Secours mutuels. La Société « de la Bonne Volonté » des tisseurs de soie, fondée en 1806, est un exemple de cette forme d'association. Mais les efforts des travailleurs pour améliorer leur situation et pour corriger les maux causés par l'ancienne législation étaient encore entravés de tous côtés. La liberté d'association leur était refusée, il fut sans doute formé un certain nombre de sociétés secrètes ; mais, les raisons qui leur faisaient désirer le secret n'avaient rien de criminel ; elles ne provenaient pas du but illicite de la Société qui ne tendait qu'à adoucir les maux causés par la législation en vigueur, c'était le seul fait de l'association qui constituait le fait délictueux. L'association était une violation de la loi, et on devenait criminel en cherchant à se soustraire à ces dispositions injustes et restrictives qui obligeaient les sociétés à dissimuler leur existence, tandis que la résistance ouverte mettait les délinquants sous le coup des lois spécialement dirigées contre la sédition, la haute trahison et les conspirations. Avant 1824 on ne pouvait établir légalement une association professionnelle. Jusqu'à cette date, ces associations étaient considérées comme des sociétés illicites portant atteinte à la liberté du travail et tombant sous le coup de quelque fiction légale. Mais même avant le st. 5 de Georges IV leur croissance et leur vitalité étaient indéniables. Beaucoup de ceux qui avaient à l'origine demandé l'abrogation de cet acte arrivèrent à croire, en voyant l'énorme développement des associations ouvrières qui se produisit immédiatement après que c'était cette loi qui leur avait donné naissance. Il n'en était rien. Ces associations étaient nées et avaient grandi en secret; la liberté qui leur fut donnée par cet acte les amena au grand jour et les mit en relief. Les ouvriers furent délivrés de tout danger, mais ils se montrèrent à la hauteur des lourdes responsabilités qu'ils avaient assumées et quand on tenta de revenir en arrière, la mesure échoua manifestement. La loi fut de nouveau votée en 1825, après une enquête sur ses résultats et son fonctionnement.

Caractère des premières Unions. — Toutes les associations existant à cette époque furent fondées plus ou moins sur les dernières formes de système des vieilles ghildes anglaises c'est-à-dire qu'elles s'inspirèrent des ordonnances et règlements des corporations de métiers. Elles n'avaient pas d'autre modèle pour établir leurs statuts et leur constitution. Elles différaient souvent les unes des autres par le but qu'elles poursuivaient et par les moyens mis en œuvre pour l'atteindre, mais elles avaient toutes le même terrain commun, la défense des intérêts des travailleurs. Beaucoup désiraient faire revivre le système corportif. Elles furent souvent soutenues par les petits patrons et par les confréries de freemen établies dans les villes de corporations.

Beaucoup d'ouvriers cherchaient à faire maintenir les lois et les coutumes, croyant dans leur naïveté que les lois restrictives étaient le boulevard de la liberté. Quelques-uns pensaient que ces deux objets étaient bons, mais que les circonstances demandaient une revision de la loi et une modification du système des ghildes. Très peu étaient assez clairvoyants pour s'apercevoir que la liberté valait mieux que tout le reste et que les associations et l'union des efforts leur permettraient mieux de travailler à leur propre rédemption. Tous semblaient être d'accord pour trouver que la limitation du nombre des apprentis avait du bon et tous cherchaient à perpétuer cette coutume. Sur ce point, patrons et ouvriers n'étaient pas d'accord, et le système ancien de l'apprentissage finit par être aboli en ce qui concernait la loi restrictive. Quelques-uns trouvaient utile la fixation des gages et des heures de travail et la défendaient, pensant que leurs maux venaient de ce que l'administration avait négligé de faire observer les dispositions statutaires. Ils ne pouvaient pas renoncer à l'intervention législative, l'idée était incrustée dans leur nature même ; ils y avaient été habitués. En matière d'association, leurs méthodes étaient simples et transitoires. Sauf quelques exceptions, les contributions consistaient en souscriptions faites en vue des nécessités du moment. Les membres associés devaient s'assister les uns les autres dans les conflits industriels dans la mesure du possible et s'assurer des secours temporaires en cas de maladie ou de grande misère. La seule institution de prévoyance qui fût établie dans toutes les Unions, c'est le paiement des frais funéraires destinés à assurer aux membres décédés une sépulture décente. En cas de poursuite les adhérents étaient défendus devant les cours et tribunaux et quelquefois l'Union venait en aide aux femmes et aux familles des condamnés et des prisonniers.

Trade Unions modernes. — Au point de vue pratique les Trade Unions modernes ont commencé leur carrière en 1824. Avant cette date presque tout était incubation et enfance. Très peu d'Unions établies à cette période primitive ont survécu jusqu'à ce jour; mais la plupart ont été réorganisées. La Société consolidée des relieurs fut fondée en 1792 ; celle des compositeurs en 1801 ; celle des fondeurs en fer en 1809 ; quelques-unes des branches de l'Union des des ouvriers fabricants de machines en 1823 et 1824 ; les charpentiers en 1825 ; les fabricants de bouteilles de verre en 1827 ; toutes ont survécu jusqu'à ce jour. Depuis l'abrogation définitive des lois sur les coalitions, en 1825 ; l'œuvre de vraie réorganisation commença. Durant les dernières trente-cinq années, il y eut une grande activité industrielle, dans toutes les branches et sous toutes les formes. Il y eut aussi une grande activité politique et l'énergie des pionniers des Unions s'appliqua à des mouvements comme la Réforme Parlementaire et à d'autres agitations du même genre. Tel fut spécialement le cas lors du vote de l'acte de Réforme en 1832. Alors commença pour tout de bon l'organisation des Unions du travail sur une base plus stable. En 1833 et 1834 nous les trouvons formant un pouvoir politique distinct disposant du nombre et de capitaux importants. Les politiciens leur font la cour et les soutiennent. Elles comptent parmi leurs amis le Dr Wade, M. Francis Place, le Rev. M. Bull, Joseph Hume, M. P. Thomas Attwood. M. P., et autres hommes publics bien connus. Ces deux années présentent une grande analogie avec 1889 et 1890, en ce qui regarde le mouvement social. Si on en juge par les rapports publiés par le journal *Le Pionnier*, un des organes des Unions, presque toutes les professions existant dans le pays avaient leurs Unions, et les grèves éclataient non seulement parmi les hommes, mais parmi les femmes. Parmi ces dernières nous trouvons des Unions de blanchisseuses, de modistes, d'ouvrières employées dans les industries textiles et bien d'autres. Les boutiquiers de Londres étaient aussi associés et les clercs d'avoué menaçaient de se syndiquer. A la tête des hommes des Unions se trouvaient les maçons, les charpentiers, les briquetiers, les plâtriers, les ébénistes, les forgerons, les cordonniers, les tailleurs, les imprimeurs et compositeurs, les chaisiers, les potiers, les serruriers, les mécaniciens, les ouvriers tisseurs, les fondeurs en cuivre, les ouvriers du gaz, les scieurs de long, les selliers carrossiers, les fabricants de poêles, les ouvriers couteliers de Sheffield, les cloutiers, les ouvriers agricoles, etc.

Le parallèle est encore complet sous d'autres rapports. On rêvait déjà cette séduisante utopie d'une grande Union Nationale des Trade Unions fédérées, et aussi de la grande ghilde nationale des ouvriers de bâtiment, et en outre de la Grande Bourse nationale du Travail à Londres. Les grèves éclataient dans beaucoup d'industries, et les Unions donnaient généralement aide et assistance aux grévistes. Le procès des six ouvriers de Dorchester fut le signal d'une action générale et suscita un enthousiasme sans borne et sans précédents.

Mais les constitutions et les règlements des Unions ne contenaient pas encore assez d'éléments de stabilité pour pouvoir résister longtemps. Après une période d'activité et de vigoureux efforts, la majorité des Unions disparut, tandis que celles qui avaient traversé l'orage et qui y avaient résisté eurent beaucoup à faire pour consolider leur organisation et se placer sur une base permanente. La cause de l'Unionisme fit cependant des progrès, et vers l'année 1838, les associations ouvrières acquirent un tel développement qu'il fallut ordonner une nouvelle enquête sur leur but et leur organisation. Mais il ne sortit rien de cette enquête, pas même un rapport, on se borna seulement à publier les dépositions recueillies. En 1846-47, il y eut un renouveau de l'Unionisme, beaucoup de grèves éclatèrent, on poursuivit les meneurs et la fédération devint encore le principal sujet des conversations du jour. Les ouvriers cherchaient patiemment à édifier sur une base solide des institutions destinées à exercer une prédominante influence sur toutes les questions relatives au capital et au travail, aussi bien dans le présent que dans l'avenir. Jusqu'alors les Unions n'avaient été que de simples machines de guerre, établies sur des fondations insuffisantes. Quelquefois ces fondations cédaient et tout le mécanisme cessait de fonctionner ; souvent les désastres qui se produisaient lors des conflits, résultaient plus du mauvais usage des armes du travail que de la grosse artillerie du capital. Les leaders des Unions, pour la plupart, étaient encore novices ; ils n'avaient pas encore appris l'art de manier des masses d'hommes et de diriger un feu soutenu sur les remparts de l'ennemi.

Institutions de Prévoyance et Trade Unions. — En 1850, il arriva un événement qui a laissé et laissera sa trace sur tout le mouvement des Trade Unions. Jusqu'à cette date, les différentes branches des industries mécaniques avaient chacune leur Union spéciale. Mais elles trouvèrent qu'elles « étaient trop isolées et que par conséquent elles ne pouvaient pas exercer l'influence a laquelle elles avaient droit ». Après quelques conférences, une réunion de délégués eut lieu à Birmingham, en septembre 1850, et on y décida la fusion de toutes les Sociétés séparées dans une seule Union sous le titre de « La Société des mécaniciens, des fabricants de machines, des ajusteurs, des forgerons et des modeleurs unis ». Dans ce meeting on discuta les questions des heures supplémentaires et du travail à la pièce, et des motions furent faites pour faire abolir ces pratiques dans toutes les usines, sauf dans les cas d'absolue nécessité, à tolérer les heures supplémentaires, mais en les faisant payer le double. Depuis 1836, on avait toujours payé un supplément pour les heures supplémentaires, mais la coutume n'était pas générale, et beaucoup de grèves se produisirent par suite du défaut d'uniformité dans la pratique, surtout dans le Lancashire. L'initiative prise ainsi en 1850 amena la grande grève des mécaniciens. Mais nous n'avons pas à nous occuper en ce moment de ce côté de la question. L'événement capital, c'est la base sur laquelle s'opéra la fusion dans les statuts de la

Société et l'introduction de caisses de prévoyance pour tous les membres de l'Union. C'est ce mélange de prévoyance et d'union pour la défense des intérêts, qu'on appelle ordinairement le vieux Trade Unionisme, bien que ce système ne date que de quarante ans. Il est vrai que déjà dans deux ou trois des premières Unions, il existait des institutions de prévoyance. La Société des fondeurs en fer, par exemple, avait déjà inauguré des caisses de prévoyance, trente-cinq ans auparavant ; la Société des constructeurs de machines à vapeur, vingt-cinq ans auparavant ; d'autres Unions avaient déjà introduit dans leurs statuts, à une date très ancienne, des institutions du même genre. Mais c'est en 1850 que ces caisses devinrent partie intégrante du système et qu'elles firent partie de la Constitution des Unions et entrèrent dans leur économie intérieure. On préleva des cotisations mensuelles pour subvenir aux institutions de prévoyance de toute nature, sans renoncer aux contributions extraordinaires votées par les Assemblées générales dans les cas de grande nécessité ou pour subvenir à des besoins spéciaux.

La Constitution et les règlements de la Société des Mécaniciens Unis sont devenus le modèle de beaucoup d'Unions plus récentes.

Quelques-unes de celles qui avaient été fondées avant 1850, se réorganisèrent dans la suite, sur les mêmes bases que les mécaniciens. Plusieurs n'ont pas pu organiser toutes les institutions de prévoyance, quelques-unes ont tenu à conserver une séparation entre la caisse des institutions de prévoyance et la caisse de la Trade Union proprement dite, mais toutes ont cherché autant que possible à se rapprocher du type créé par les mécaniciens. Parmi les sociétés qui atteignent, presque sous tous les rapports, l'idéal d'une union de métiers, on peut citer les chaudronniers et les constructeurs de navires en fer, les fondeurs en fer, les constructeurs de machines à vapeur, les mouleurs d'Écosse, les charpentiers et menuisiers, les ouvriers briquetiers, les compositeurs, les tailleurs, les ouvriers de chemin de fer et quelques autres.

Progrès des Trade Unions.— Le Trade Unionisme a fait des progrès rapides entre 1850 et 1866, mais il ne s'est produit aucune modification dans l'organisation des sociétés. Les comptes rendus publiés que nous avons pu nous procurer, semblent indiquer que les différentes professions ont poursuivi tranquillement leur œuvre d'organisation. Cette période fut aussi marquée par plusieurs grandes grèves, notamment la grève de Preston en 1853 ; la grande grève des mineurs du Yorskshire en 1858 ; la grève des bottiers et cordonniers en 1857, 1858 et 1859 ; les grèves et lock-out qui se produisirent dans l'industrie du bâtiment en 1859 et 1860 ; les grèves des ouvriers en cristaux en 1859-1860, et celle des chaisiers en 1859-1860. Ces conflits et les incidents auxquels ils donnèrent lieu attirèrent l'attention publique sur la question de l'organisation du travail et des grèves. On fit à différentes reprises des efforts pour créer des conseils d'arbitrage et de conciliation, pour régler à l'amiable ces questions, mais sans aucun succès. Les patrons s'irritaient de toute intervention étrangère et les ouvriers ne semblaient pas avoir confiance dans l'impartialité des arbitres. Les efforts de M. Mackinnon et de Lord St. Leonards dans ce sens, furent presque inutiles ; mais la législation qu'ils inaugurèrent reste dans nos codes comme une preuve de leur zèle éclairé.

Durant la décade suivante, de 1871 à 1880, l'organisation du travail fit de nouveaux progrès et les Trade Unions prirent un grand développement. Pendant quatre ou cinq ans, la Grande-Bretagne jouit d'un essor commercial et d'une prospérité qui n'avait jamais été atteinte ni même approchée. Le prix des choses nécessaires à la vie et de toutes les marchandises s'éleva dans une énorme proportion, et toutes les industries du royaume firent des bénéfices considérables. Naturellement les ouvriers cherchèrent à participer aux avantages et aux bénéfices de cette poussée commerciale. Le résultat fut le développement des organisations du travail; de nouvelles sociétés prirent naissance, celles qui existaient eurent une sorte de renouveau, et on fit sur une grande échelle des fédérations nationales. Des grèves éclatèrent dans toutes les professions, dans quelques-unes les salaires dépassèrent un taux qui n'avait jamais été atteint et tous les ouvriers semblèrent avoir fait un nouveau pas vers une meilleure rémunération du travail, et de meilleures conditions du travail. Durant cette période, quoique les conflits du travail fussent fréquents, et presque universels, un fait domine, qui est à l'honneur des ouvriers et des patrons, c'est que l'ancienne animosité avait beaucoup diminué. On se battait avec vigueur, persistance et même entêtement, mais presque toujours loyalement. En général, d'un côté on s'abstint d'avoir recours à la violence, et de l'autre on renonca à faire appel à la force militaire. Jusqu'alors on avait coutume, au début d'une grande grève, et surtout dans les districts où se trouvent les industries houillères et métallurgiques, de réclamer le secours de la troupe ; on cessa de croire cette intervention nécessaire. La presse se montrait très sévère dans ses appréciations sur les actes des Unions et les désordres causés par leurs adhérents. On se moquait agréablement des mineurs en leur reprochant leur goût prétendu pour le champagne et pour les pianos, et on leur servait ordinairement des homélies sur la ruine et la disparition de l'industrie nationale par suite de leurs exigences au point de vue de l'élévation de salaires, de la réduction des heures de travail, de leurs autres réclamations, ainsi que sur leur soi-disant négligence dans leur travail et leur paresse dans l'accomplissement de leurs devoirs.

Nouveaux progrès. Changements apportés dans la législation. — Il est hors de doute que l'amélioration des relations entre le capital et le travail, est due en partie à l'action du législateur qui, en 1871 vota le Trade Union Act. Jusqu'à cette date les Trade Unions étaient hors la loi. L'abrogation des lois sur les coalitions donnait aux ouvriers la liberté de s'associer ; mais les associations tendant à restreindre la liberté du travail restaient illicites. Les associations ouvrières, qui étaient constituées dans ce but, n'étaient pas reconnues comme sociétés légales et, par conséquent, leur patrimoine n'était pas protégé. Un dignitaire des Unions, ayant le maniement des fonds, pouvait les détourner impunément. Heureusement, il y en eut très peu à le faire ou à tenter de le faire ; mais ceux qui furent poursuivis devant les tribunaux pour l'avoir fait furent acquittés et il fut acquis, dans la pratique, qu'on pouvait voler les Trade Unions sans avoir à craindre aucune répression légale. Les Unions se voyaient donc privées de la protection que la loi accorde à toutes les autres sociétés pour la conservation de leur propriété. Le Trade Union Act porta remède à cet état de choses. Il donna aussi d'autres avantages aux associations ouvrières en les reconnaissant comme des corporations légales, *capables de posséder des biens* et pouvant obtenir le droit d'ester en justice par la simple formalité de l'enregistrement. Sous certains rapports, le législateur se montra timide. Une partie même du projet de loi primitif était une sorte de retour en arrière; on le vota à part, sous le nom de Criminal Law Amendment Act. Une agitation commença immédiatement pour obtenir le retrait de cette fâcheuse mesure et, en 1875, après une courte enquête sur les effets de cette loi et des autres lois ouvrières, ces mesures furent abrogées par les Labour Laws 1875. Elles furent suivies, en 1876, par un amendement au Trade Union Act, qui donnait satisfaction à toutes les demandes des unionistes.

La législation se trouva désormais complétée. Le travail fut affranchi des lois restrictives et les Trade Unions furent placées sur le pied d'égalité avec les autres associations ;

elles purent sans crainte poursuivre leur carrière et atteindre leur but. A partir de ce jour, toutes eurent également la liberté sans cesser de jouir de la dose de protection qui est nécessaire pour empêcher que la liberté individuelle ne soit violée.

La seconde partie de la décade ne fut pas aussi prospère. Les affaires se ralentirent, les prix tombèrent et les gages furent réduits. Les Unions essayèrent autant que possible de résister à ces réductions. Il en résulta de grandes grèves dans plusieurs industries, grèves qui, dans bien des cas, n'eurent pour résultat que des désastres, des souffrances et la ruine presque complète de beaucoup d'anciennes Unions. Mais rien ne put empêcher la réduction des salaires qui, dans certaines professions, retombèrent aussi bas qu'ils étaient cinq ans avant l'ère de grande prospérité. Heureusement les concessions faites au sujet des heures de travail furent maintenues dans une très large mesure, certaines professions les conservèrent en partie, les autres intégralement. L'épreuve fut terrible pour les Unions; celles qui avaient été édifiées sur des bases solides furent ébranlées de fond en comble; les autres tombèrent comme des châteaux de cartes. La grande fédération des mineurs, appelée Association nationale, fut mise en pièces et, jusqu'à ce jour, elle n'a pas pu se reconstituer sur le même pied.

A la fin de 1879, l'épuisement des ressources des plus grandes et des plus riches des Unions était tel que beaucoup n'auraient pu continuer longtemps. Ce furent des années de grandes épreuves; elles servirent à éprouver les principes sur lesquels l'institution était fondée et à indiquer la forme d'association qui, seule, était capable de traverser les orages et de résister aux tempêtes qui se produisent lorsque les crises économiques se prolongent pendant trop longtemps. Il suffit de connaître même superficiellement l'histoire de ces dernières années et les annales des associations ouvrières pendant la même période, pour pouvoir se faire une opinion sur la valeur relative des différents genres de Trade Unions et leur aptitude à vivre au milieu des crises industrielles. Celles qui furent fondées sur le modèle des Mécaniciens unis furent ébranlées et éprouvées, mais elles purent rentrer au port sans avoir souffert d'avaries majeures. La Société des maçons, qui se rapprochait sous certains rapports de celle des mécaniciens, ne se comporta pas aussi bien; beaucoup d'autres furent très mal traitées, quelques-unes ne purent se relever, plusieurs durent changer leurs statuts pour être à même de résister, dans l'avenir, aux crises semblables qu'elles pourraient avoir à traverser. Ce côté de la question mérite d'être étudié par tous ceux qui désirent se rendre compte de la valeur comparative du nouveau et du vieux trade unionisme.

La décade qui va finir, 1881 à 1890, a vu se produire bien des changements, moins dans l'organisation et le fonctionnement des Unions que dans la manière dont les ouvriers les ont envisagées. Pour le plus grand nombre, cette période a été une période de progrès. Le trade unionisme a triomphé des préventions dont il était l'objet. Le public a fini par reconnaître que les Unions représentaient une grande force économique et sociale et les politiciens ont reconnu en elles une grande puissance politique. Elles ont acquis droit de cité, même dans les milieux où on les avait le plus injuriées et proscrites. Si l'imitation est une forme de la flatterie, les Unions ont été flattées à leur cœur content. Est-ce que son Altesse Royale, le prince de Galles, n'a pas reçu et fêté leurs représentants à Sandringham ? N'ont-ils pas été complimentés par la Commission royale, dans laquelle siègent quelques-uns de leurs représentants les plus respectés? N'ont-elles pas été présentées par un Comité de pairs du royaume comme une panacée pour les misères sociales? La royauté, dans la personne de l'empereur d'Allemagne, n'a-t-elle pas invité les délégués des Trade Unions à venir au Congrès de Berlin? N'a-t-elle pas quelques-uns de ses chefs membres respectés de la Chambre des communes? D'autres n'ont-ils pas été nommés juges de paix dans quelques-uns des plus grands centres industriels. D'autres ne siègent-ils pas dans les assemblées municipales, dans les conseils de comté, dans les commissions scolaires et autres assemblées locales? Ce qui vaut peut-être mieux encore au point de vue industriel, les représentants des Unions ne sont-ils pas officiellement reconnus par les chefs d'industrie et les grands capitalistes qui les jugent dignes de siéger avec eux dans les conseils d'arbitrage et de conciliation sur un pied de parfaite égalité pour discuter et régler les questions ouvrières sans recourir aux utites brutales d'autrefois? Tout cela, et plus encore, avait eu lieu avant l'aurore de 1889, bien que quelques-uns cherchent à le méconnaître et que d'autres se plaisent à cacher ou à dénaturer les faits. On peut bien torturer l'histoire, mais on ne la supprime pas et la vérité finit par triompher en dépit du mensonge, des dénaturations et des suppressions.

Renaissance et nouvelles fondations. — Durant les deux dernières années, il s'est produit pour le trade unionisme, une renaissance singulière et presque sans précédents. Les constructeurs de navires commencèrent le mouvement en 1889, à la faveur de l'énorme élan donné aux affaires dans toutes les branches de cette importante industrie. Les autres branches de l'industrie du fer eurent le même sort et, de tous côtés, on réclama des gages plus élevés. Puis vinrent les mineurs, et surtout les mineurs employés dans les houillères, qui conquirent vite une augmentation très sensible de salaires. Dans quelques districts, les Unions des mineurs se développèrent énormément comme nombre et, plus tard, on forma une gigantesque fédération nationale semblable, sinon identique, à celle qui existait en 1873, 1878 et 1879. Ces mouvements, et d'autres encore que nous pourrions citer préparèrent la voie à l'Union des dockers, fondée en 1887 et enregistrée en 1888. Tout d'abord, et pendant assez longtemps, le succès ne fut pas grand. Le nombre de ses membres s'était élevé à 2.500 au début, il tomba bientôt au chiffre de 300; à l'époque de la grande grève, elle ne comptait que 800 membres payants. Au commencement cette union ne fit pas d'aussi rapides progrès que l'Union des ouvriers agricoles, fondée en 1872, qui, dit-on, atteignit le chiffre énorme de 73.300 membres pour les trois branches établies à cette époque. La grève des dockers, cependant, donna tout de suite un grand élan à cet Union et le recrutement se fit avec une facilité inusitée. Jamais grève n'excita plus de sympathies. L'opinion publique y était préparée et était prédisposée en sa faveur par la publication du journal *Bitter Cry* et de nombreux articles et rapports publiés par la presse. L'assistance ne fit pas défaut aux grévistes et les secours vinrent en abondance. Le public contribua directement par envois par la poste ou autrement pour la somme £ 13.730, 2 sh., 4 d., en y comprenant les souscriptions recueillies par divers journaux ; les Trade Unions contribuèrent pour £ 4.473, 11 sh., 7 d. ; les colonies envoyèrent £ 30.423, 15 sh., provenant surtout de l'Australie, et les pays étrangers £ 108, 14 sh., 7 d. Dans presque tous les conflits du travail qui avaient eu lieu précédemment, les ouvriers n'avaient pu compter que sur les ressources des seules unions ; la sympathie publique leur faisait défaut et ils ne recevaient aucun secours du dehors. Même les secours accordés aux pauvres en cas d'extrême misère étaient souvent refusés aux familles des ouvriers grévistes, tant la classe des patrons et le monde officiel étaient amèrement hostiles aux grèves. Le changement fut remarquable et la situation toute nouvelle. Le public manifesta des dispositions extrêmement favorables en faveur de ces ouvriers que leur pauvreté rendait si dignes d'intérêt.

Les Congrès des Unions. — Les vingt dernières années furent aussi témoins des progrès d'une institution qui se rapporte au trade unionisme, si même elle n'en fait pas partie intégrante — nous voulons parler des Congrès des Trade Unions. — Commencés en 1868, ces congrès faillirent périr prématurément en 1870, année dans laquelle aucun congrès ne se réunit. Depuis 1870, cependant, il y a eu tous les ans un congrès; le dernier, celui de septembre 1890, fut le plus grand qu'on ait jamais vu. Cette institution est entièrement soutenue par toutes les Trade Unions, tout concours extérieur étant non seulement refusé, mais formellement interdit. Le Comité parlementaire, qui est le corps dirigeant élu par le Congrès, a la mission de veiller à l'exécution des résolutions votées par la réunion annuelle, surtout en ce qui regarde l'action législative et les mesures qui doivent être transformées en propositions de loi. Depuis que ces congrès existent, toutes les mesures qui affectent les intérêts des ouvriers et le bien-être des travailleurs ont été étudiées avec un soin scrupuleux et beaucoup d'entre elles ont été soumises au vote du Parlement et sanctionnées par lui l'instigation du Congrès. En règle générale, les Congrès et la Commission de permanence ont écarté les questions purement politiques ayant l'estampille d'un parti, mais ils n'ont pas su toujours les éviter. Les questions qui soulèvent trop de controverses sont, en général, ou ajournées ou traitées avec une grande réserve. Cette ligne de conduite a permis de maintenir les congrès. Pour les mesures législatives, il faut qu'il y ait accord d'opinion. Il n'est pas nécessaire qu'il y ait unanimité absolue, mais on tient compte de l'opinion même d'une forte minorité. En agissant ainsi, le Congrès a pu mener à bien beaucoup d'importantes réformes et à en faire approuver un très grand nombre par le gouvernement ou par les corps électifs. Peut-être la sagesse et la prudence, qui ont caractérisé les agissements et les travaux législatifs du Congrès et de son corps représentatif, le Comité parlementaire, ont-elles beaucoup contribué à désarmer l'opposition qui était faite au mouvement des Trade Unions. Ses membres ont fait preuve de remarquables qualités d'hommes d'État à la fois dans le choix des sujets qu'ils ont soumis à l'étude du Parlement et dans la manière dont ces questions ont été étudiées par eux et présentées dans les débats parlementaire. Ce qui le prouve, c'est que presque toutes les propositions faites par eux ont été converties en lois, quoïque la rédaction ait parfois été un peu différente de celle qu'ils proposaient.

Les deux derniers Congrès ont dévié de cette ligne de conduite. Celui de septembre 1890 a voté des résolutions et a essayé d'en faire accepter d'autres qui ont eu pour effet de produire un schisme et même des démissions dont le résultat ne saurait encore être prévu. Nous discuterons, dans un autre chapitre, la plus importante de ces résolutions ; qu'il nous suffise de dire ici qu'il n'y a eu rien moins que l'unanimité dans ces discussions ou dans les votes du Congrès. Le grand nombre des assistants, au lieu d'ajouter à leur force, amène un élément de faiblesse et de divisions. Les discussions se sont concentrées presque exclusivement sur un seul objet et ce fut une des principales causes des divisions qui ont suivi. Ce fut le dada sur lequel se fit l'élection du secrétaire général et des candidats pour le Comité parlementaire, bien que dans une des occasions les plus importantes, plus d'un quart des délégués s'abstint de voter. La fêlure de la flûte peut avoir été comparativement légère, mais le son en est changé. Au lieu d'harmonie, il y a une dissonance qui blesse les oreilles des exécutants et des auditeurs.

Les Trade Unions et la politique. — On s'aperçoit aussi qu'il s'est produit un changement dans beaucoup de Trade Unions. Elles tendent de plus en plus à faire de l'agitation politique, en tant que corps industriels. Si les trade unionistes, comme citoyens, prenaient une part plus active aux mouvements politiques, le pays y gagnerait à la longue; mais faire des unions des machines politiques au profit d'un parti, c'est vouloir à la fois détruire leur vraie signification et leur utilité au point de vue économique et éparpiller leur influence dans des aventures électorales. On commence par les courtiser et les cajoler, on finira par les corrompre pour en faire l'appoint des partis et, une fois leur autorité diminuée par la corruption ou par les divisions intestines, on les chassera à coups de pied. L'ivraie a été semée avec beaucoup d'habileté et elle a une tendance à croître plus vite que le froment. Mais le vrai cultivateur sait faire la distinction entre les deux ; si on laisse la première venir à maturité, elle étouffera le bon grain et détruira la moisson. Il faut agir avant que le mal soit fait; plus tard ce serait une cruelle dérision, de vouloir entreprendre de l'arracher au temps de la moisson.

Les Trade Unions de notre pays ont traversé bien des vicissitudes et bien des épreuves, ont subi bien des attaques, ont éprouvé des difficultés sans nombre, mais elles ont fait d'énormes progrès, malgré tous les obstacles qu'elles ont eu à surmonter. Elles sont maintenant, dans l'an de grâce 1891, dans toute la plénitude de leur puissance, fortes par leur nombre, riches en argent et en ressources, puissantes par leur action politique et jouissant d'une grande influence sociale sur les masses et d'une force dominante dans le monde industriel. Tout cela a été accompli au milieu de difficultés qui semblaient insurmontables, en dépit d'une opposition formidable et de dispositions législatives écrasantes par leur multiplicité et par leur esprit restrictif. Mais les anciens unionistes étaient des gens qui voyaient loin devant eux; ils avaient une indomptable énergie; ils marchaient à la conquête de la liberté en s'inspirant de ces grands principes pour lesquels Sidney est mort sur l'échafaud et Hampden a versé son sang sur les champs de bataille. Les anciennes Unions luttaient surtout pour la liberté d'association et pour la reconnaissance des droits du travail et elles ont remporté la victoire. Les Unions sauront-elles conserver l'influence qu'elles ont acquise? Cela dépendra de la direction qui leur sera donnée et de leur attitude dans l'avenir. Après avoir triomphé des persécutions se montreront-elles capables de vivre comme force dominante et de diriger les destinées du travail ?

CHAPITRE V

LE VIEUX TRADE UNIONISME. — 1re PARTIE.

Constitution et Administration.

L'expression « Vieux Trade Unionisme » est un contre-sens. — Les Unions modernes datent en réalité de 1850. — Origine des institutions d'assistance et de prévoyance. — Caractères essentiels des Trade Unions. — Associations libres. — Toute obligation légale est incompatible avec leur organisation et leur but. — Objectif des Trade Unions. — La protection des privilèges professionnels. — Le maintien et l'élévation du taux des salaires. — La réduction des heures de travail. — L'abolition des heures supplémentaires. — La réglementation du travail à la pièce. — Le marchandage. — Le Butty système. — L'apprentissage. — Le refus de travail avec des ouvriers non-unionistes. — Autres objectifs ayant un caractère général ou local. — Moyens employés par les Unions pour atteindre leur but. — La tactique et la direction générale des Unions ne doivent pas être jugées sur des faits isolés mais par les résultats généraux qu'elles ont produits. — Constitution et administration des Trade Unions. — Leur caractère démocratique. — Le reproche qui leur est fait de porter atteinte à la liberté du travail. — Statuts et règlements intérieurs. — Egalité absolue en matière de vote sur toutes les questions de direction ou d'administration. — La représentation des intérêts et le vote direct. — Les dignitaires et leur indemnité. — Délégations. Pouvoir exécutif central. — Office du travail. — Rapports officiels. — Rapports annuels et bilans. — Les Trade Unions sont des corps constitués qui dans leur organisation et leur direction ont le caractère représentatif.

L'expression *Old Trade Unionism* (les vieilles Trade Unions) est un contre-sens qui frise l'impertinence. En effet les associations qu'on désigne sous ce nom ont à peine quarante ans d'existence, le système ne s'étant généralisé que vers le milieu de ce siècle. Les éléments de ce système se retrouvent du reste dans certaines Unions de date toute récente, et par contre nous avons déjà démontré dans les chapitres précédents que le principe des institutions d'assistance mutuelle et de prévoyance avait déjà été appliqué dans un certain nombre d'associations ouvrières dès la fin du siècle dernier bien que sous une forme encore rudimentaire. C'est vers 1824 à 1834 que ces institutions commencent à pénétrer dans les Trade Unions, mais elles ne figurent encore comme partie intégrante des statuts que dans un très petit nombre de Sociétés. Parmi celles qui cherchèrent les premières à combiner un système de prévoyance et d'assistance mutuelle avec la défense des intérêts professionnels, on peut citer les constructeurs de machines à vapeur, les fondeurs en fer et quelques autres encore. Nous possédons encore aujourd'hui l'historique de ces tentatives. Mais ces institutions étaient encore très limitées et se bornaient à deux ou trois objets. Nous en avons retrouvé les premiers germes dans l'organisation des ghildes primitives. Les funérailles décentes assurées aux membres décédés étaient une des charges des anciennes ghildes, et depuis l'époque la plus lointaine jusqu'à la disparition des corporations, toutes les associations ouvrières ayant un caractère permanent, ont conservé et maintenu cette tradition. L'assistance en cas de maladie ou de détresse entrait aussi dans leur économie intérieure, mais en règle générale, il y était pourvu par des cotisations volontaires, suivant les besoins du moment. L'assistance en cas de lutte contre les patrons ne vint que beaucoup plus tard et seulement lorsque les ouvriers loués à la journée formèrent une classe distincte, et pendant très longtemps ce ne fut qu'un expédient tout passager s'appliquant aux temps de grèves. Le système des contributions prélevées pour subvenir à des besoins déterminés ne remonte guère qu'à une centaine d'années. Pendant la première moitié du siècle, les associations n'eurent en vue que les grèves, la défense des ouvriers poursuivis pour faits de coalition et l'assurance des funérailles. Plus tard au fur et à mesure que les Unions progressèrent et se développèrent, l'assurance s'appliqua à d'autres objets et elles reconnurent l'importance qu'il y avait pour elles à consolider leur pouvoir, tout en réservant leur énergie pour les grands conflits industriels qu'elles étaient destinées à affronter.

Il est probable que beaucoup de raisons individuelles et générales ont déterminé les premières Unions à adopter un système d'assurance mutuelle comme partie intégrante ou comme complément de leur organisation. En premier lieu, les Sociétés de secours mutuels étaient reconnues par la loi et encouragées dans les dernières années du XVIIIe siècle, elles offraient ainsi une sorte d'abri pour l'association naissante. En second lieu l'assistance mutuelle étant de l'essence des Trade Unions, rien de plus naturel que d'inscrire dans leurs statuts certaines mesures de prévoyance contre les accidents ordinaires de l'existence des travailleurs, tels que la maladie et le chômage. En troisième lieu les premières Unions avaient beaucoup de peine à maintenir leurs associés ; le lien était faible et insuffisant. Les membres se retiraient lorsque les événements qui avaient provoqué la création de l'Union avaient pris fin. La plupart des Unions en ont fait l'expépérience et le fait se produit encore dans beaucoup d'associations ouvrières.

En quatrième lieu les fonds appartenant aux Unions n'étaient pas protégés, tandis que ceux des Sociétés de secours mutuels étaient garantis légalement. Cette dernière considération avait une grande force il y a cinquante ou soixante ans ; elle a persisté jusqu'en 1867 et même jusqu'en 1870.

D'autres causes et d'autres raisons peuvent également avoir influencé les pionniers des Trade Unions. Les premiers fondateurs de la Société des mécaniciens William Newton et William Allan étaient des hommes d'une haute portée intellectuelle. Leur vision ne se bornait pas à l'horizon rétréci du présent ; ils entrevoyaient l'avenir et savaient qu'ils créaient une institution destinée à supporter l'épreuve du temps, florir et se développer bien après eux, et à devenir la forteresse de la liberté commerciale et un refuge inexpugnable pour tous leurs adhérents, aussi longtemps que durerait le système industriel actuel. Pendant quarante ans l'Union qu'ils ont fondée a résisté à l'épreuve, ses exemples ont excité l'émulation des autres sociétés ; sa constitution et sa direction ont contribué à dissiper les préjugés, à désarmer l'opposition et à apaiser les craintes de toutes sortes qu'excitaient les Unions. Le pays tout entier, et particulièrement les membres des Trade Unions, ont contracté une dette de reconnaissance envers les fondateurs de cette société et envers cette société elle-même, pour l'œuvre merveilleuse qu'elle a accomplie durant ces quarante dernières années.

Nous allons décrire les traits essentiels et caractéristiques, l'objet, la constitution et le fonctionnement des Trade Unions, en écartant tout ce qui est éphémère, accidentel ou temporaire, sauf dans le cas où il est nécessaire d'indiquer certains détails ou certaines phases pour bien faire saisir l'organisation et le mécanisme.

Nous éviterons tout soupçon de partialité, et nous n'essaierons pas de dissimuler ce qui est mal. Une institution qui ne peut supporter le grand jour serait indigne de la plume d'un historien, à moins qu'il ne se donne pour objectif d'en dévoiler les difformités ou d'en faire ressortir les pernicieux effets.

Associations volontaires. — Les Trade Unions sont par essence des associations volontaires fondées en vue de la protection et de l'assistance mutuelle. Nominalement les anciennes ghildes étaient volontaires, mais dans leurs développements successifs elles devinrent de plus en plus restrictives dans leurs actes et arbitraires dans leurs méthodes. Les dernières ghildes étaient surtout remarquables par leur exclusivisme, elles finirent par dégénérer en pures coteries, et ce fut le signal de leur décadence et de leur chute. Les premières Trade Unions furent nécessairement volontaires en raison des restrictions des lois sur les coalitions. Dans tous les mouvements, les agitations et les demandes des premiers unionistes, le seul droit qui fût réclamé, était le droit de se coaliser, de s'associer librement pour leur protection et assistance mutuelles. Dans le recrutement des membres, ce principe est complètement reconnu et appliqué. Le candidat qui demande son admission se présente devant la loge ou la section; au moment de son initiation on lui pose différentes questions : d'abord s'il consent à devenir membre de l'Union, et ensuite s'il consent à se soumettre aux statuts de l'Union, dont une copie est mise entre ses mains. Mais pour qu'il n'y ait pas d'erreur, on lui lit en pleine loge certains articles des statuts, et on lui demande s'il s'engage à les observer. Ceci se retrouve dans la pratique de toutes les Unions. Les Unions ne sauraient avoir d'autres principes. L'obligation est toujours une tyrannie sous quelque nom sonore qu'on la déguise. Le fait est reconnu partout par les gens de sens et d'expérience.

Toutes les premières batailles du parti du travail furent dirigées contre l'obligation telle qu'elle était pratiquée par les ghildes, par la loi et par les patrons.La compulsion ainsi exercée était contre le travail et contre la liberté commerciale. Les ouvriers luttaient pour la liberté d'association; la loi défendait l'association. Les patrons prenant avantage de la loi, essayaient d'écraser toutes les tentatives d'union. La société en général et l'opinion publique soutenaient les lois prohibitives et les capitalistes, manufacturiers, négociants et commerçants s'unissaient pour étouffer tous les efforts des associations formées par les ouvriers pour la défense de leurs intérêts communs. Même depuis l'abrogation des lois sur les coalitions et jusqu'à ces jours derniers, les patrons ont cherché à empêcher leurs ouvriers d'appartenir à une Union. Plusieurs des batailles les plus acharnées et les plus opiniâtrement disputées ont eu pour cause le droit à l'association.

Le public et l'État maintenaient énergiquement la prohibition et usaient de violence et de châtiments. Les Trade Unionistes de leur côté luttaient pour la liberté, mais non pour la liberté de contraindre les autres. L'homme ou les hommes qui recherchent le pouvoir pour contraindre les autres, violent la charte même des Unions, mais certaines personnes ne savent apparemment pas distinguer entre le droit et la liberté, entre la contrainte et la coercition. Les patrons qui refusent de reconnaître le droit d'association et les hommes qui refusent de reconnaître aux autres le droit de ne pas s'associer, sont également dans leur tort. Ils semblent désirer la liberté pour eux-mêmes avec le pouvoir de contraindre les autres. Les deux choses sont incompatibles. Une telle dualité ne peut exister dans un État libre. Heureusement maintenant la loi a complètement tranché la question. Le droit de libre association est concédé; et les limites de la pression sociale sont définies. En somme l'équité de la loi est indiscutable; dans son interprétation et son administration il peut y avoir eu dans certains cas des dénis de justice, mais depuis dix ans il n'y a pas d'exemples bien sérieux d'atteintes portées à la liberté d'association.

Des cas de ce genre trouveraient immédiatement un écho à la Chambre des communes et tout grief sérieux serait certainement redressé. Les patrons et les ouvriers feraient donc bien de se conformer à l'esprit de la loi et de ne pas chercher à l'étendre d'un côté et à la violer de l'autre.

But des Trade Unions. — Le but principal d'une Union est la défense des intérêts professionnels de ses membres Les Trade Unions ont été faites pour cela. La manière dont elle cherche à atteindre ce but dépend de la nature de la profession, des événements et des circonstances.

I. — Toutes les Unions sont d'accord sur un point: c'est de porter et de maintenir les salaires au taux le plus élevé que l'industrie semble pouvoir comporter. En cherchant à obtenir ce taux, il est rare que les membres se donnent la peine de s'informer du taux des salaires payés dans d'autres industries; ils trouvent des différences déjà établies, différences souvent arbitraires et injustes, mais ni eux ni leurs patrons n'en sont absolument responsables. Ils cherchent à obtenir une augmentation sur la base des salaires payés, quelle que puisse être cette base ; et de même ils résistent à toute diminution. Ils n'insistent pas pour l'unification des salaires quoiqu'il y ait tendance à les unifier dans certains districts pour des travaux de même nature. Dans les branches de métier appartenant à ce qu'on peut appeler la même nature d'industrie, les hommes appartenant aux différentes branches cherchent du moins à réaliser l'uniformité des salaires. Par exemple dans les constructions mécaniques, les ouvriers des différentes catégories ont à peu près les mêmes salaires se rapprochant du taux minimum qui est en réalité le taux moyen; mais les salaires varient suivant les différentes villes. Londres est ordinairement en tête de liste, avec les plus hauts prix ; tandis que des villes comme Liverpool, Manchester, Leeds et Birmingham peuvent présenter des différences sensibles dans les prix payés à des hommes de même habileté professionnelle exécutant absolument le même genre d'ouvrage. Dans l'industrie du bâtiment il y a une certaine apparence d'unification des salaires dans les différents districts; mais il ne s'ensuit pas que les maçons, les briquetiers, les charpentiers, les plâtriers et les peintres gagnent le même salaire par heure, ce qui est le mode ordinaire de paiement. La société dans chaque cas agit par elle-même et pour elle-même dans l'intéret de ses membres. Il se produit par moment une entente entre les sections appartenant à des industries connexes parce qu'une augmentation ou une réduction réagirait sur les autres. Cependant presque toujours chaque Union conserve son indépendance et agit exclusivement en faveur de la profession qu'elle représente et dans l'intérêt de ses membres.

II. — En ce qui concerne les heures de travail il y a plus d'uniformité qu'en matière de gages. Ce qu'on appelle la durée normale de la journée devient la journée obligatoire pour tous ceux qui font partie de la même profession, quoiqu'il ne faille pas en conclure que le nombre d'heures soit le même dans toutes les localités. Cependant il y a une tendance marquée à l'unification. Par exemple la journée de dix heures était autrefois généralement adoptée dans toutes les branches de l'industrie du bâtiment, maintenant la durée du travail est fixée à cinquante deux heures et demie par semaine d'une manière à peu près générale. Les manœuvres travaillent le même nombre d'heures que les ouvriers de métier. Quand la journée de neuf heures a été adoptée par une profession comme durée normale de la journée de travail, l'usage tend à se généraliser; mais certaines villes ou certains districts conservent un maximum ou un minimum qui leur est particulier. Les heures de travail ne sont pas uniformes dans toutes les localités, même dans les professions les mieux organisées; mais dans l'industrie des constructions mécaniques cinquante-quatre heures par semaine ont été presque universellement adoptées et on regarde ce chiffre comme l'équivalent de la journée de neuf heures. Récemment dans le nord les ouvriers ont obtenu la réduction d'une heure le samedi. La principale raison de l'opiniâtreté avec laquelle les patrons se sont opposés à la réduction des heures de travail, plus encore qu'à l'augmentation des salaires c'est cette tendance à l'unification de la journée de travail. Les salaires peuvent s'élever, mais ils peuvent aussi être réduits, tandis qu'une réduction des heures de travail ne peut guère être modifiée. La concession de quatre heures de travail le samedi une fois obtenue n'a jamais été sérieusement attaquée depuis. Le « demi-congé du samedi » une fois donné a toujours été respecté. Les « neuf heures » ont été menacées, mais elles ont triomphé dans la pratique. Il s'attachait une sorte de fétichisme aux dix heures de travail, il semblait que la nature eût décrété que tous les salariés devaient travailler ce laps de temps. Il n'y a aucune vertu particulière dans le chiffre de dix, neuf ou même huit heures. Les nécessités de l'industrie, les besoins de la communauté, la santé et le confort des ouvriers, le taux des salaires toutes ces considérations, et bien d'autres encore peuvent et doivent régler la durée de la journée de travail. Le préjugé et l'habitude contribuent aujourd'hui à déterminer la durée de la journée de travail, et les Unions cherchent à conquérir les sympathies du public et à catéchiser leurs membres en faveur de la réduction des heures. Grâce aux efforts des Unions dans toutes les professions qui exigent des ouvriers de métier, la durée du travail a été réduite de huit à dix heures par semaine. Le désir d'obtenir une nouvelle diminution est indiscutable et il est naturel.

III. — La question des heures supplémentaires ne semble pas aussi mûre pour une solution. Dans la plupart des cas les dignitaires et les meneurs des Unions sont en avance sur les désirs de leurs membres. Il y a eu pendant longtemps un sentiment indéfini en faveur de la suppression des heures supplémentaires et on pensait que la demande d'un salaire extra pour les heures faites en dehors de la journée réglementaire les ferait disparaître. Au lieu de cela ce supplément de salaires a, dans beaucoup de cas, amené les ouvriers des différentes professions à les désirer. Il est parfaitement certain que les Unions n'ont pu réussir à supprimer cette pratique, quoique des tentatives aient encore été faites récemment par la Société des chaudronniers et des constructeurs en fer. Les Unions ont sagement borné leurs efforts à supprimer l'emploi systématique des heures supplémentaires tout en admettant les heures supplémentaires faites en cas d'urgence. Le blâme de l'emploi des heures supplémentaires doit retomber aussi bien sur les ouvriers que sur les patrons Si ce n'est pas un malheur pour tous deux, c'est certainement peu avantageux. Tout travail fait après la journée normale est coûteux, même sans tenir compte du salaire extra. Il est naturel qu'il en soit ainsi ; sans vouloir accuser les ouvriers de flâner systématiquement dans leur travail, la quantité et la qualité ne peuvent pas, en règle générale, soutenir la comparaison avec le travail exécuté pendant les heures de la journée normale et à la longue les ouvriers ne profitent guère des suppléments de salaires. Naturellement il y a des exceptions, mais la plupart des ouvriers conviennent que ceux qui font des heures supplémentaires d'une manière systématique n'en retirent aucun avantage permanent. Il peut être impossible d'abolir complètement cette pratique, mais il faut la restreindre dans ses limites les plus étroites et tout le monde y gagnera.

Toutes les fois que neuf ou dix hommes font une heure de supplément ils enlèvent le travail à un autre ouvrier. Grâce à une action commune et à une surveillance réciproque les ouvriers et les patrons pourront opérer cette réforme sans inconvénient pour personne et ce sera un pas de plus vers la solution du grand problème du travail.

IV.— L'ouvrage à la pièce à été longtemps le sujet d'un long débat dans les Unions et en dehors des Unions. Il y a une sorte d'erreur populaire qui a couru à ce sujet. On croit, surtout sur le continent, que les Trade Unions sont absolument opposées à ce mode de travail. Cela n'est pas exact. Dans beaucoup de professions le travail à la journée est inconnu, et toute la fabrication se fait à la pièce. Dans d'autres professions le travail à la journée est la règle, le travail à la pièce est inconnu. On ne peut pas connaître exactement dans quelle proportion les deux systèmes sont pratiqués, mais on estime que dans les Unions les ouvriers travaillant à la pièce sont en majorité. En général les ouvriers qui travaillant ainsi seraient très mécontents d'une intervention relative au mode de paiement, tandis que les ouvriers qui travaillent à la journée repoussent l'introduction du travail à la pièce dans leur profession. Les deux systèmes présentent des avantages. Chaque profession doit décider ce qui lui est plus convenable et plus avantageux et il importe de laisser à chacun la plus grande latitude afin d'éviter des froissements regrettables. Dans le cas du travail à la journée, les salaires sont établis à tant par heure ou à tant par semaine suivant le nombre d'heures. La réglementation des gages dans ces professions est comparativement une chose aisée. Mais dans le cas du travail à la pièce il se produit des difficultés dans certaines professions, par suite des grandes différences que présentent la qualité et la nature des matériaux. Dans quelques-unes de ces professions on a établi des tarifs très étudiés, d'un caractère technique, pour la réglementation des prix. Ces tarifs sont souvent matière à dispute. Un léger changement dans la mode, dans le choix des matériaux ou dans les procédés de fabrication change complètement le travail de l'ouvrier — dans certains cas le travail augmentant, on devrait augmenter les prix; dans d'autres le travail diminuant les prix devraient diminuer. Dans toutes les professions où on travaille dans ces conditions il devrait y avoir un conseil de conciliation pour juger les innombrables difficultés de détail qui se produisent. Heureusement ces conseils fonctionnent déjà dans beaucoup d'industries ; dans les autres ils sont en voie de formation ou tout au moins on se préoccupe du moyen de les établir.

V. — Le système du marchandage ou *butty system* a un caractère tout différend. Les Trade Unions en règle générale sont extrêmement opposées à ce mode de travail. Dans un petit nombre de cas il semble s'imposer, mais pas d'une manière aussi générale que précédemment. On peut discuter pour savoir si le système peut être pratiqué sur une large échelle sans une injustice positive. Si un homme s'absente de l'escouade pour une cause ou pour une autre, tous les autres auront à en souffrir. Il peut cependant y avoir des cas et il y en a où ce système fonctionne mieux que tout autre. Mais les maux qu'il entraîne dans la pratique ont beaucoup restreint son application depuis quelques années. Outre le désavantage inhérent à ce mode de travail, les individus faisant partie d'une escouade se voient, en cas de discussion, privés du moyen légal qui est mis si facilement à la portée des autres journaliers pour le recouvrement de leurs gages. Dans ce dernier cas le magistrat le plus proche peut se saisir de la question et ordonner le paiement ; dans le premier l'ouvrier doit recourir à la cour du comté et à un procès devant les tribunaux civils. A la vérité ceci s'applique aussi au travail à la pièce. L'ouvrier dans une usine où est établi le travail à la pièce est élevé à la dignité de contractant. Si une discussion s'élève pour 20 centimes ou 30 centimes, il doit plaider, tandis que son compagnon, plus heureux, travaillant à la même usine va trouver le magistrat le plus voisin qui lui fait obtenir son paiement quelle que soit la somme qui lui est due.

VI. — *Le Task system* (travail à la tâche) est très différent de ce qu'il était il y a vingt-cinq ou trente ans, et cela grâce à l'action des Unions. Autrefois on avait l'habitude de donner à un ou deux ouvriers de tête 60 centimes ou plus de supplément par jour pour entraîner les autres ouvriers chargés du même genre de travail. Naturellement on choisissait les plus forts et les plus agiles. Les autres, sans aucun supplément de salaires, devaient suivre le train où étaient bientôt remplacés par d'autres hommes. La tâche ou, comme on l'appelle quelquefois, le « stint » est encore en usage dans certaines fabriques. Le seul fait de son existence, sous quelque forme que ce soit, montre qu'il y a quelque chose de défectueux dans notre système industriel. Il est l'indice ou de trop d'avidité de la part du patron, ou d'un relâchement moral de la part de l'ouvrier ; il prouve que tous deux sont déchus au point de chercher à se tromper bassement l'un l'autre.

VII. — *La question de l'apprentissage* a été longtemps une pomme de discorde dans beaucoup de professions. A présent les discussions sont moins fréquentes, mais il s'en produit encore de temps en temps. C'est un héritage légué aux Unions par la loi et la coutume. Ce contrat issu des anciennes ghildes, a duré autant qu'elles et leur a survécu jusqu'à notre époque dans certaines villes municipales. La coutume fut dès le début transformée en loi et constitue un des premiers articles du statut d'Élisabeth ; des siècles se sont écoulés sans diminuer la rigueur de la loi, et il a fallu encore de longues années pour en faire abroger les dispositions. Les Unions ont généralement cherché à perpétuer la loi et la coutume de l'apprentissage dans la pensée que ce système assurait des ouvriers capables et qu'il règlait l'offre du travail dans chaque profession. Le premier objectif était bon et l'est encore. Chacun reconnaîtra l'intérêt d'une disposition ou d'un règlement qui aidera à procurer des ouvriers compétents et habiles. Mais quant au second objectif il y a bien des différences d'opinions, la tendance étant, dans toutes les professions, d'étendre la liberté et non de la limiter. Les Unions peuvent cependant invoquer en leur faveur la loi et la coutume ; elles ne méritent pas les critiques sévères qu'on a adressées à la politique purement restrictive qu'elles poursuivent. Un des grands objectifs des Unions est de maintenir une certaine moyenne de productivité. Le candidat qui sollicite son admission doit être capable de gagner le salaire moyen établi dans le district ou fixé par les tarifs qui régissent la profession. Les salaires tendent toujours à baisser. Cette tendance s'accroît quand il arrive dans une branche de la production une grande quantité d'ouvriers n'ayant pas une grande habileté professionnelle ; elle s'accroît aussi par une division de plus en plus grande du travail qui exige de chaque ouvrier moins d'habileté ou une dose d'habileté qui peut être acquise en très peu de temps. Il est donc naturel que les Unions qui représentent la plus grande somme de valeur professionnelle dans chaque branche de la production cherchent à conserver les règles de l'apprentissage afin de maintenir le niveau du savoir professionnel et le niveau des salaires. La perfection du travail assure le triomphe de notre industrie dans le monde; la camelotte et les malfaçons la ruineraient. La nation qui produit les meilleures marchandises est prospère; celle qui ne fabrique que des produits inférieurs périclitera. Les produits frelatés ne peuvent réussir que pendant une période aussi courte que la floraison d'un laurier rose.

VIII. — L'habitude de refuser de travailler avec des ouvriers n'appartenant pas aux Unions, est également un legs des anciens temps — c'était une règle édictée par les ghildes qui a survécu comme coutume après leur disparition. La loi n'a jamais sanctionné cette coutume, et, au contraire, les lois contre les coalitions étaient dirigées contre elle. Au début de ce chapitre nous avons déjà traité le côté légal de la question, nous aurons à y revenir dans les chapitres suivants. Si on ne considère que le côté purement social, on peut alléguer des motifs nombreux pour autoriser la plus extrême pression exercée sur les ouvriers pour les faire enrôler dans les Unions. Ceux qui persistent à se tenir à l'écart négligent un véritable devoir, le devoir de lutter virilement pour maintenir le taux des salaires et le maximum de la journée de travail. Les non-unionistes sont toujours prêts à recueillir les fruits du travail des autres; il serait juste de les contraindre à prendre part aux travaux préparatoires de la récolte, à l'ensemencement, au labourage aussi bien qu'aux soins à donner à la moisson, tandis qu'ils viennent seulement pour glaner et récolter. Ce n'est pas le seul grief qu'on puisse invoquer contre eux : ils sont comme des traînards à la suite de l'armée du travail, et en temps de grève, ils viennent prendre la place des hommes qui luttent non seulement dans leur propre intérêt, mais dans l'intérêt de tous les membres de la profession. La loi militaire est sévère pour les déserteurs ; l'homme qui s'en va dans le camp ennemi pour se battre contre ses camarades mérite d'être fusillé sans merci. On peut donner toutes ces raisons pour excuser l'animosité que les Unions déploient contre ceux qu'on appelle « black legs ». Néanmoins sans traiter le côté légal de la question, on peut dire qu'au point de vue de la justice distributrive cette conduite est au moins discutable. Une organisation efficace est le vrai remède. Que les ouvriers appartenant aux Unions se conduisent de telle sorte que les patrons les recherchent de préférence aux autres ouvriers et la question sera résolue. En outre, il faut rendre les Unions si désirables par suite de l'assistance et des avantages qu'elles procurent que les hommes qui se soustraient aux devoirs et aux responsabilités viendront d'eux-mêmes rechercher leur protection et se soumettre à leurs règles sinon par choix du moins par nécessité.

Nous venons de passer en revue le principaux objectifs des Unions dans les questions industrielles. Naturellement il s'élève de temps à autre bien des questions nouvelles relativement au mode d'engagement et aux licenciements, au mode de paiement, aux règlements locaux des ateliers et autres questions qui se produisent dans nos grandes industries sans cesse en voie de transformation et qui appellent l'attention et l'intervention des Unions. Leur action doit être jugée non sur des actes isolés ou à propos de certaines grèves, mais dans son ensemble, comme on doit le faire pour toutes autres institutions. L'Église anglicane s'est montrée aussi sévère que l'État lui-même vis-à-vis des Unions. Mais si on voulait juger cette Église sur des faits isolés, comme certains de ses membres l'ont fait pour les Trade Unions, elle aurait peut-être à en souffrir, et ne sortirait pas intacte de cette épreuve. L'imperfection est le sort de l'humanité aussi bien pour les individus que pour les associations ; il eût été prodigieux que les Unions aient pu y échapper. L'État lui-même, qui devrait représenter la perfection de la sagesse humaine, n'a pas toujours atteint et conservé cette perfection. Les anarchistes l'ont soumis à leurs balances et déclarent qu'il y manque quelque chose. Ils ne cessent de s'écrier : « Il faut en finir. Il faut tout détruire et faire table rase. » Quelques-uns de ceux qui jugent avec le plus de faveur le but poursuivi par les Trade Unions critiquent les moyens qu'elles mettent en œuvre pour l'atteindre. Il est vrai que là encore on peut invoquer en leur faveur les circonstances atténuantes. Les moyens ont dû être improvisés au fur et à mesure que les événements se produisaient. Elles n'ont pas toujours pu choisir la meilleure tactique, car elles avaient à triompher avant tout des obstacles acccumulés sur leur route ; mais à mesure que les années se sont écoulées et que les obstacles légaux ou autres ont disparu, les Unions ont amélioré leur méthode et elles ne cessent de l'améliorer dans beaucoup de cas. C'est un exemple de l'évolution des formes les plus primitives aux formes les plus hautes de la vie sociale.

A mesure que leur expérience se formait et qu'elles se développaient sous l'influence de la liberté et de la loi elles se sont débarrassées peu à peu des entraves qui avaient nui à leurs progrès et retardé leur croissance. Elles sont sorties de l'état de barbarie; elles n'y peuvent plus rentrer désormais.

Constitution et gouvernement des Trade Unions. — Par leur constitution et la forme de leur gouvernement, les Trade Unions sont essentiellement démocratiques. Une fois initiés, leurs membres reçoivent un exemplaire des statuts qui doivent les régir. Après cela, ils se trouvent placés sur un pied d'égalité absolue avec tous les autres membres de l'association, pour toutes les questions d'administration, la revision des statuts, le vote sur toutes les questions et la décision de toutes les affaires soumises au jugement de la corporation. Jadis on croyait généralement que les statuts publiés par les Unions n'étaient qu'un trompe-l'œil destiné à cacher leurs véritables desseins et le but de la Société. On croyait et on disait couramment que le réel gouvernement des Unions résidait dans un comité, qui par sa nature ressemblait plus ou moins à un conclave secret et que les membres des Unions étaient soumis à un règlement intérieur qui était tel qu'on n'osait le rendre public. Il n'y a jamais eu aucun fondement dans ces affirmations si formellement et si souvent produites. Ce qui a pu y donner prétexte c'est que les statuts des mécaniciens avaient été rédigés de telle manière qu'aucun terme n'indiquait explicitement que l'association avait pour but d'intervenir dans les questions du travail. Cela fut fait pour obtenir la sécurité de leur patrimoine et les statuts furent remis au Chief Registrar des sociétés de secours mutuels. Le modèle de ces statuts fut soumis à M. Cockburn, devenu plus tard chief-justice qui était alors le conseil de l'Union. Mais tout le monde savait d'ailleurs quel était le véritable objet de l'Union. Bien que les statuts ne continssent ni le mot *grèves* ni l'expression *conflit* et que les cotisations fussent exigées sous une autre dénomination, tout le monde était dans le secret, aussi bien le Registrar que les juges de paix, le gouvernement et le public, et l'autorisation fut donnée en connaissance de cause. Il fallut recourir à cet expédient à cause des lois absurdes et injustes qui refusaient à ces sociétés la protection légale accordée à toutes les autres corporations ou associations.

Il fallut établir des règlements intérieurs lorsque les Unions se développèrent et ne furent plus des associations purement locales. De même nous voyons les États-Unis avec la constitution et les lois fédérales, et la constitution et la législation particulières à chacun des États composant l'Union. Mais les règlements intérieurs ne sont pas plus en contradiction avec les statuts que la constitution du Massachusetts n'est en contradiction avec la constitution fédérale. Dans la première période de la fédération, si ce terme peut être appliqué à cette organisation, les Unions locales avaient plus de liberté individuelle qu'elles n'en ont aujourd'hui; mais dans tous les cas les membres des Unions locales avaient un droit égal à délibérer et à voter. Ordinairement, les règlements intérieurs n'étaient que le règlement de la loge ou branche pour l'expédition des affaires courantes, rien de plus et rien de moins. Dans quelques cas les sections locales ou loges conservaient ce qu'on appelait la schedule, c'est-à-dire le recueil des coutumes locales relatives aux salaires, aux heures de travail, aux heures de repos et dans deux ou trois localités, ce qu'on appelait l'*heure de l'eau*, c'est-à-dire un arrêt de quelques instants dans l'après-midi pour faire le thé ou prendre quelqu'autre rafraîchissement. Presque toutes les Unions ont des règlements intérieurs. Par exemple toutes les *chapelles* des compositeurs d'imprimerie ont leur règlement particulier, même lorsqu'elles emploient des ouvriers non unionistes. Mais il serait difficile, même aux adversaires les plus acharnés des Unions, de trouver quelqu'un voulant ou pouvant justifier les calomnies lancées contre elles jusqu'à l'époque où parut l'ouvrage intitulé : Les *Conflits du Capital et du Travail*, qui fit justice de ces allégations. Un très grand nombre d'Unions ont aujourd'hui leurs statuts enregistrés conformément aux Trade Unions Acts de 1871 et 1876, et leurs règlements ont été revisés avec soin pour les mettre en parfaite conformité avec la loi. Mais ce qui prouve bien que tout ce qui pouvait être critiquable dans leur organisation a été supprimé ou réformé depuis vingt-cinq ans, c'est que l'enquête sur l'organisation et les statuts des Trade Unions, faite en 1867 par la Commission royale, n'a rien trouvé qui pût avoir un caractère compromettant pour la sécurité publique, sauf le reproche théorique de violer une loi économique en portant atteinte à la liberté du travail.

Dans l'administration intérieure des Unions, toutes les questions étaient résolues autrefois et encore le plus souvent aujourd'hui, par le vote à main levée en assemblée générale ; tous ceux qui sont présents peuvent prendre part à la discussion et au vote. Depuis quelques années, on vote souvent par bulletin et dans toutes les questions d'intérêt général, quand on appelle à voter toutes les sections d'une grande société, on envoie des bulletins de vote à tous les membres. Même la question des grèves est maintenant soumise au vote de tous les membres dans un grand nombre d'Unions. Dans certains cas, lorsqu'un patron porte atteinte aux statuts reconnus de la société, au taux général des salaires, à la durée normale du travail, la section a le droit de résister, mais toute action doit être au préalable soumise à l'approbation du Pouvoir exécutif ou du Conseil. Dans toutes les Unions bien réglementées, le pouvoir et l'autorité résident dans les membres : le comité directeur ne peut agir sans leur sanction, soit que leur volonté résulte des statuts déposés, soit qu'elle ait été exprimée par un vote spécial. Dans les Unions bien constituées il n'y a pas d'anarchie. Les sociétaires de Lincoln-Inn, le comité directeur du Temple, héritier des traditions des anciens templiers, ne gouvernent pas avec plus de respect de la loi constitutionnelle et des usages reconnus que les Unions modernes, qu'on affuble aujourd'hui de l'épithète de « Vieux Trade Unionisme ». Les Unions savent que l'ordre est la loi du progrès et elles agissent en toute circonstance en vertu de ce principe avec une ténacité conservatrice. Les « anarchistes », nom qu'aiment à se donner quelques rêveurs dangereux, auront à compter avec l'organisation du travail de la Grande-Bretagne avant de pouvoir porter atteinte à la constitution anglaise. Les hommes d'État anglais et la nation tout entière commencent à comprendre qu'il y a une énorme force de conservation dans les Trade Unions. Si danger il y a, c'est le danger de les voir devenir trop conservatrices et de retenir le pays politiquement et industriellement dans l'ornière de la réaction, en revenant à des précédents dangereux en législation, en politique financière et économique.

L'administration des Unions est confiée à des dignitaires, et à un comité élu par tous les membres. C'est une institution représentative plus parfaite dans son principe et dans son fonctionnement que toutes les formes de gouvernement qui existent dans le monde. Le premier dignitaire est presque toujours le *secrétaire*, qu'on appelle quelquefois le *secrétaire général*, ou le *secrétaire correspondant* dans les Unions Fédérées, c'est-à-dire dans les sociétés qui se composent de sections existant dans les différents districts. Le secrétaire est élu tous les ans par les membres qui déterminent également par un vote le chiffre de l'indemnité qui lui est allouée. Bien que certaines Unions soient colossales, l'indemnité allouée au secrétaire dépasse rarement 200 livres sterling par an, soit environ 5.000 francs. Beaucoup touchent une indemnité moindre, quelques-uns seulement atteignent 208 livres sterling, soit 5.200 francs, un seul est payé 250 livres, soit 6.250 francs. Il n'y a qu'un ou deux exemples de présidents ou de trésoriers recevant une indemnité. Le Conseil ou Comité exécutif est également élu, l'indemnité allouée à ses membres est fixée par les statuts, elle consiste ordinairement en un jeton de présence. On avait coutume, il y a quelques années, de désigner les dignitaires et les délégués des Unions comme des *ventrus* (bloated officials) et d'insinuer qu'ils étaient surpayés, gorgés de tout et occupaient de véritables sinécures, mais en 1878 il a été démontré que c'était une basse calomnie et on y a renoncé. Il était réservé à un des plus célèbres meneurs du Néo-Trade Unionisme de la faire revivre et de parler de ses collègues dans un récent congrès des Trade Unions, comme de personnages posant pour les aldermen et trônant avec des chapeaux à haute forme. Il faudra sans doute à l'avenir regarder un chapeau à haute forme comme incompatible avec les principes des Unions, et désigner au mépris public l'homme qui osera paraître dans un congrès des Trade Unions, une assemblée ou un meeting, avec le couvre-chef universellement porté dans ce pays. Le public et les patrons ont fait à cet égard plus de progrès. Ils ont abandonné les vieux préjugés et les vieilles calomnies. Les dignitaires des Trade Unions sont reçus et traités avec le respect dû à leur caractère représentatif et on est arrivé à établir dans d'excellents termes les relations entre le capital et le travail.

Le Comité exécutif ou le Conseil d'une Union constitue son véritable organe de gouvernement. Il interprète les statuts dans le silence des textes comme une Cour de justice interprète un acte du Parlement. Cette interprétation est ordinairement soumise à appel, soit devant ce qu'on appelle le Conseil général, soit devant une réunion de délégués, soit devant les membres réunis en assemblée générale. Le Comité fait les affaires de l'association, dirige le secrétaire, règls toutes les questions financières et veille à l'exécution dee règlements. Les fonctions administratives de ce corps sont nombreuses et souvent très étendues. Dans les Unions comme celles des Mécaniciens réunis, des Charpentiers réunis, et autres sociétés semblables, l'autorité du Comité ne s'étend pas seulement sur l'ensemble du Royaume Uni, mais encore aux États-Unis, aux colonies et à l'étranger. Le travail est grand, souvent compliqué, mais il est accompli avec une régularité, une force et une promptitude qui étonneraient le Foreign-Office, le Colonial Office, le Local Government Board ou le Board of Trade. Elles feraient honte au Ministère de la Guerre et à l'Amirauté, avec toute leur cire rouge et leurs circonlocutions. Les membres du Comité accomplissent ordinairement leur tâche après le travail de la journée.

Outre l'accomplissement de leurs devoirs ordinaires, compliqués d'un système très complet de comptabilité, d'une correspondance énorme, de difficultés de la nature la plus délicate, relatives aux questions d'ateliers, de salaires et d'heures de travail qu'il faut régler entre patrons et employés, beaucoup de secrétaires des Unions ont à publier des rapports mensuels, quelques-uns même des rapports bimensuels, qui sont de véritables revues. Dans ces publications, on donne la situation de l'industrie l'état résumé des recettes et des dépenses; et on rapporte, en les commentant, les différends qui ont pu s'élever, on y trouve encore le compte rendu des réunions d'anniversaires, les morts et les admissions de membres, les votes émis par les membres sur les différentes questions et les progrès de la Société. Chaque membre, moyennant le paiement d'une somme insignifiante, a droit à un exemplaire de ces rapports qui le tient au courant de ce qui s'est fait et lui donne un aperçu de ce qui doit se faire dans l'avenir.

Les rapports annuels de beaucoup d'Unions sont de véritables merveilles par leurs dimensions, les renseignements qu'ils contiennent et les détails si complets qu'ils fournissent. Certains d'entre eux sont si complets que chaque membre peut vérifier lui-même l'exactitude de la partie financière sans avoir besoin de l'aide de personne. Dans ces rapports annuels, chaque section est l'objet d'un rapport détaillé et les comptes rendus du pouvoir exécutif et du Comité sont souvent très minutieux. Les sommaires et les tableaux qui montrent les progrès et le fonctionnement des Unions, soit depuis leur établissement, soit pendant une série de plusieurs années, sont des plus complets et feraient honneur même à la Société royale de statistique. Il est regrettable que toutes les Unions ne publient pas un rapport annuel et des comptes détaillés comme ceux que donnent les mécaniciens, les fondeurs, les charpentiers et menuisiers, les chaudronniers, les constructeurs de navires en fer, et autres Unions du même genre. Quelques-unes croient que la publicité peut leur être nuisible, et cependant les progrès faits par les Unions qui usent d'une large publicité et ne craignent pas d'appeler le contrôle de l'opinion publique, prouvent que cette idée n'est pas fondée. Il ne s'ensuit pas que ces Unions ne donnent pas à leurs membres, ou tout au moins aux sections et loges des feuilles de compte et des états annuels de situation. Au contraire, toutes les Unions enregistrées doivent envoyer un rapport annuel au Registrar des sociétés de secours mutuels; mais pour la plupart, les rapports annuels envoyés à cette administration sont très sommaires et ils sont envoyés si longtemps après leur date qu'ils deviennent inutiles dans la pratique et ne donnent que des renseignements historiques. Les chiffres que nous donnons dans le chapitre suivant sont en avance sur les rapports du Registrar, grâce à la lenteur que met cette administration à faire ses publications. Le rapport du Labour Correspondant au Board of Trade pour l'année 1889, n'est pas encore publié à l'heure où nous écrivons (janvier 1891), quoiqu'il paraisse ordinairement avant le rapport du Registrar. Il devient de plus en plus nécessaire d'avoir tous les ans un rapport complet et développé sur le fonctionnement des Unions, et ce rapport devrait être publié à la date la plus rapprochée possible, alors même que la dépense devrait être un peu plus forte.

On voit par ce qui précède que les Trade Unions sont des institutions essentiellement représentatives, dans leur constitution et leur fonctionnement, et que les principales ne reculent pas devant la publicité. Si elles ne sont pas toujours également constitutionnelles dans leur organisation et dans leurs opérations, la faute en est au gouvernement qui leur a si longtemps refusé une place parmi les institutions légales du pays. Quand on force des hommes à faire en secret ce qu'ils devraient avoir le droit de faire ouvertement, c'est ajouter l'insulte à l'injustice, que de traiter leurs associations de sociétés secrètes. Cependant ce fut la situation des Trade Unions pendant les vingt-cinq premières années de ce siècle. Pendant soixante-quinze ans elles ont joui d'une liberté partielle, et c'est seulement depuis 1875, c'est-à-dire depuis quinze ans à peine, qu'elles ont obtenu la liberté complète dont elles jouissent aujourd'hui. La période qui s'est écoulée depuis leur émancipation a été à peine suffisante pour persuader à la masse des ouvriers anglais qu'ils sont libres, et que la loi tient sa balance égale entre les patrons et les employés. Ceux qui se sont donné la mission de les instruire par la voie de la Presse, ne le savent pas toujours. Par exemple, il a paru récemment dans le journal le *Star* un article à sensation, relatif à un procès jugé par les Law Courts, dans lequel la Société des charpentiers et menuisiers réunis plaidait que la loi ne pouvait s'appliquer à l'espèce particulière qui était en cause (1). L'écrivain en tirait cette conclusion qu'il y avait déni de justice et que les Unions étaient toujours sous le coup d'une incapacité légale d'ester en justice, alors qu'en réalité le point de droit visé était plutôt un privilège accordé aux Unions lors du vote de la loi, pour les dispenser d'une procédure coûteuse devant les Courts of Law. On pourrait citer d'autres exemples d'une semblable ignorance dans l'appréciation de la situation légale des Unions ou des changements opérés depuis quelques années dans les dispositions des lois relatives au travail. Il ne faut pas s'étonner si les ouvriers eux-mêmes ne comprennent pas très bien combien il y a de changement dans leur situation au point de vue légal, politique et industriel. Mais le changement est évident ; il apparaît surtout dans l'organisation de plus en plus complète du travail et dans l'amélioration du sort des travailleurs. Il apparaît

(1) *Note de l'auteur.* — Haute Cour de Justice. Division du Queen's Bench Division, Affaire de Old contre Robson plaidée devant M. Baron Pollock et M. Justice Wills (18 janvier 1890).

aussi dans les tendances et la constitution des Unions qui représentent les ouvriers de métiers, associations qui ont résisté à l'épreuve du temps et qui ont conquis pour leurs membres des avantages qu'on aurait à peine osé rêver il y a un demi-siècle.

CHAPITRE VI

LE VIEUX TRADE UNIONISME. — 2e PARTIE.

Les Institutions de Prévoyance et la Caisse des Grèves.

Utilité des Institutions de Prévoyance. — Elles sont attaquées actuellement par les nouveaux Unionistes. — Appréciation mesquine du but et de la valeur de ces institutions — *Secours funeraires.* — Secours payés au décès d'un membre ou de sa femme. — Total des versements effectués en 1869, 1879 et 1889. — Récapitulation générale, permettant d'apprécier l'importance des services rendus. — *Caisse des maladies,* son origine. — Progrès de ces caisses. — Concurrence faite aux Friendly Societies. — Secours hebdomadaires, payés par les Trade Unions. — Total des versements effectués en 1869-1879 et 1889. — Effets et influence de ces Caisses. — Récapitulation générale pendant une série d'années. — Enormes services rendus par ces Caisses. — *Caisses des retraites.* — Age auquel s'établit le droit à la retraite et montant de ces retraites. — Attaques dirigées dans le passé contre ces caisses par les adversaires des Unions et dans le présent par de prétendus amis. — Crise traversée par les Unions. — Fonctionnement régulier de ces Caisses. — Progrès en 1869, 1879 et 1889. — Récapitulation générale. — Immenses avantages de ces Caisses. — *Caisses d'accidents.* — Création plus récente. — Application moins générale. — Sommes versées. — Total des versements effectués en 1869, 1879 et 1889. — Récapitulation. — La loi sur la responsabilité des patrons et ses résultats. — *Caisses de chômage.* — Secours à domicile et secours de route. — Secours donnés aux ouvriers voyageant en quête de travail. — Secours hebdomadaire aux ouvriers sans ouvrage. — Versements effectués en 1869-1879 et 1889. — Enormes dépenses de l'année 1879. — Récapitulation générale. — Utilité de ces Caisses. — Avantages généraux et avantages particuliers. — *Autres institutions d'assistance.* — Secours donnés à des membres dans la misère. — Perte d'outils par suite d'incendie. — Emigration. — Subventions données aux autres Unions. — Ces institutions sont la gloire du vieux Trade Unionisme. — *Défense des privilèges professionnels.* — Leur défense est le plus ancien et le principal objet de toutes les Trade Unions. — Cet objectif n'est pas suffisant pour la création d'institutions permanentes. — Les premières Unions manquaient de stabilité. Les Unions formées uniquement en vue des grèves, ne sont que des Institutions rudimentaires. — L'adjonction des caisses d'assistance et de prévoyance a été le résultat du progrès et de l'expérience. — Machines de guerre insuffisantes dans la situation actuelle de l'industrie. — Les Unions diffèrent par leur tactique et non par leurs armes. — La nouvelle tactique est plus humaine, plus éclairée et plus efficace. — Les Unions n'ont jamais succombé par l'effet de la surcharge causée par ces institutions ; beaucoup ont péri par manque de lest. Secours hebdomadaires fournis par les Trade Unions. — Ressources exceptionnelles résultant des souscriptions et de dons volontaires. — Sommes versées en 1869, 1879 et 1889.— Chiffres incomplets, explication. — Récapitulation générale. — Pourquoi on a hésité à publier des comptes rendus complets. — Secours donné aux autres Unions. Les vieilles Unions ont donné généreusement. — Elles ont seulement exigé qu'on leur adressât une demande, en justifiant la nécessité d'une subvention et excipant des sacrifices déjà faits. — Exemples de libéralité. — Mécaniciens, fondeurs en fer, etc. — Les travailleurs ont été assistés sans lésinerie. — Des dons généreux ont été accordés dans les moments de crise. — Récapitulation générale des dépenses des Institutions d'assistance et de Prévoyance pendant les 40 dernières années. — L'Union des employés des chemins de fer.

Il est assez singulier que les institutions d'assistance mutuelle constituées par les Trade Unions soient devenues le point de mire des attaques des apôtres du soi-disant Neo-Trade-Unionisme. C'est par là cependant que les Unions ont dans le passé conquis les sympathies du public et des hommes d'État anglais, rendu possible l'abrogation des lois restrictives qui pesaient sur les associations ouvrières et la suppression des incapacités légales qui mettaient obstacle à leur développement et qu'elles sont parvenues à se faire une place parmi les institutions reconnues par les lois de ce pays. Quelques-uns de ces nouveaux meneurs semblent en proie à une sorte d'hallucination, qui leur fait croire que dans le monde du travail, il n'y avait que des ténèbres planant sur les eaux, jusqu'à la date du 14 août 1889. « L'obscurité de minuit fait place à la lueur grise de l'aube », a dit, il y a deux ans un des chefs des ouvriers des docks. Ils voudraient nous faire croire que (The Bird of Freedom) « l'oiseau de la liberté », s'il n'est pas éclos à ce moment, a du moins attendu leur avènement pour déployer ses ailes sur la surface désolée du chaos. Mahomet croyait probablement aussi lui, qu'aucune lueur n'avait encore brillé en Asie avant sa venue et qu'il était venu seul apporter la lumière aux Arabes du désert. Il est également possible que Joe Smith ait cru qu'il n'existait pas de civilisation aux Etats-Unis avant qu'il eût arboré à Utah le drapeau des Mormons. De même, il y a, dans ce pays, des gens qui voudraient nous persuader que, jusqu'à ces dernières années, l'Angleterre industrielle était frappée d'aveuglement. Ces erreurs, comme toutes les erreurs, seront vite dissipées, mais ce qui nous étonne, c'est qu'elles ait pu se soutenir pendant vingt-quatre heures. Nous avons, dans le précédent chapitre, décrit l'organisation et le fonctionnement des vieilles Trade Unions; dans ce chapitre nous allons exposer brièvement les institutions d'assistance qui s'y rattachent. Nous ne pouvons entrer dans de longs détails et nous devons, par conséquent, prendre seulement comme types, un petit nombre d'Unions choisies parmi les plus nombreuses et les mieux organisées. Les exemples donnés seront ceux qui se rapprochent le plus du prototype, de ce qu'on appelle le vieux Trade Unionisme, c'est-à-dire l'Union des mécaniciens.

I. — *Frais funéraires.* — Cette assurance est celle qui a été la première établie dans les Unions; elle remonte aux formes les plus primitives des associations de travailleurs. Elle existait dans les premières ghildes et s'est perpétuée à travers les âges. Au temps du catholicisme, les confrères de la ghilde faisaient dire des messes pour le repos de l'âme des confrères décédés, et le cierge romain faisait partie du cérémonial payé aux frais de la corporation. L'assurance des frais funéraires a été prévue même dans des associations qui avaient pour unique objet la défense des privilèges de la corporation. Il serait difficile de trouver une union professionnelle, soit dans le passé, soit dans le présent, qui ne contienne pas quelque disposition pour assurer à ses membres une sépulture chrétienne décente. L'institution a survécu jusqu'à ce jour. Il y a un an ou deux, on n'aurait pas pu citer une seule Union dont les statuts n'eussent pas une clause de ce genre. C'est probablement par suite de ce trait commun à l'origine à toutes les Unions qu'on s'est imaginé que les Sociétés de secours mutuels avaient servi de base aux Trade Unions, et que c'était que plus tard qu'elles s'étaient perverties ou détournées de leur objectif primitif, en s'attachant à la défense des intérêts professionnels et en faisant une partie intégrale de leurs fonctions. Cette erreur a été longtemps accréditée bien qu'elle soit un peu oubliée aujourd'hui; mais à en juger par certains articles à effet et certains discours d'il y a vingt ans, c'était chose acceptée couramment. Des gens peu au courant de l'histoire économique tombent maintenant dans l'excès opposé et déclarent que les Unions ont été détournées de leur but et sont devenues de simples clubs, dans lesquels on s'occupe d'assistance mutuelle. Il n'y a pas plus de vérité dans cette légende que dans l'autre. Le mot de société amicale (friendly society) a effectivement servi à désigner quelques Unions qui datent du commencement de ce siècle. Par exemple, la Société amicale des tailleurs de pierre, la Société amicale des fondeurs de fer et quelques autres ; mais ce mot société amicale a été souvent employé pour désigner l'assistance mutuelle, dans le sens d'une protection mutuelle et d'une assistance réciproque sous quelque forme qu'elles fussent données. Il est également possible que la protection accordée par les premiers actes promulgués en faveur des sociétés amicales de secours mutuels ait engagé certains ouvriers à se servir de ce titre, pour couvrir une coalition ou association faite en vue d'arriver à la défense des intérêts professionnels ; mais toujours l'assistance mutuelle sous une forme quelconque existait dans les associations faites jusqu'à présent par les travailleurs, à moins qu'il ne s'agît d'une simple coalition en vue d'obtenir un avantage temporaire.

Les sommes versées au moment du décès varient suivant les Sociétés. Presque toutes paient les frais funéraires, aussi bien pour la femme de l'associé, que pour l'associé lui-même.

C'est la Société des compositeurs d'imprimerie de Londres qui paie le plus cher. elle donne 15 livres sterling [*375 francs*] à la mort de l'associé et 5 £ [*125 francs*] à la mort de sa femme. Voici le chiffre des versements faits par différentes sociétés :

	£		£
Mécaniciens, membre associé..................	12	Femme	6
Ouvriers en machines à vapeur, membre associé.	12	—	6
Chaudronniers et constructeurs de navires —	12	—	6
Fondeurs de fer, membre associé.	10	—	5
Charpentiers et menuisiers, membre associé.....	12	—	5
Tailleurs de pierre, membre associé............	10	—	6
Si le membre associé meurt victime d'un accident survenu pendant le travail, sa femme reçoit une indemnité de 50 livres.			
Briquetiers, membre associé....................	10	—	5
Plâtriers — —	10	—	6
Tailleurs — —	6	—	4
Association des typographes. —	10	—	rien.

Ces sommes représentent bien le taux moyen des secours payés par la plupart des Unions de la Grande-Bretagne. Le tableau suivant montre le total des dépenses faites de ce chef par certaines unions dans les trois années ci-dessus désignées :

NOM DE LA SOCIÉTÉ.	1869	1879	1889
	£	£	£
Mécaniciens réunis	5.600	7.387	8.289
Ouvriers en machines.	565	617	1.011
Chaudronniers et constructeurs de navires	1.138	2.379	3.993
Fondeurs en fer	1.355	2.160	2.117
Mouleurs en fer. Ecosse	1.156	1.750	1.827
Forgerons associés	149	170	198
Charpentiers et menuisiers réunis	829	2 003	2.901
Ouvriers tailleurs de pierres	3 356	4.976	2.175
Ouvriers briquetiers	297	741	1.003
— plâtriers	5·1	512	378
Tailleurs réunis	261	2.515	2.688
Société des compositeurs de Londres	383	986	1.374
Association des typographes	rien.	628	718
Société des carrossiers	1.471	1.691	996
Total : 14 Sociétés	17.141	28 515	29.868
Soit en valeurs françaises......Fr.	428.525	712.875	746.700

L'augmentation de dépenses des dernières années prouve naturellement l'augmentation du personnel de ces Unions ; dans une large mesure, c'est un accroissement naturel.

L'importance de cette assurance qui arrive dans la maison d'un pauvre homme, à l'heure de la détresse la plus profonde et dans des moments d'extrême privation, ressort mieux du total des sommes versées pendant toute la durée d'une société qu'en prenant les chiffres d'une année isolée.

Le tableau ci-contre donne la récapitulation de toutes les sommes versées, ainsi que la dépense moyenne par année pour chaque membre.

NOM DE LA SOCIÉTÉ.	Nombre d'années.	Total.	Dépense moyenne approximative par membre et par an.
		£	sh. den.
Société des mécaniciens réunis....	39	209.917	3.6
Fabricants de machines à vapeur.	36	17.825	2.11 1/2
Chaudronniers et constructeurs...	23	51.579	2.6
Société amicale des fondeurs	58	61.541	3.4
Mouleurs de fer. Ecosse..........	45	44.228	accidents compris. 6.5 1/2
Forgerons associés................	32	5.203	2.2
Charpentiers et menuisiers réunis.			
Société amicale des tailleurs de	30	43.729	2.3 1/2
pierre....	50	92.747	4.4 1/2
— des ouvriers briquetiers...	20	13.616	3.1 1/2
— des ouvriers plâtriers.....	28	12.804	4.7 1/2
— des tailleurs réunis.......	22	44.081	3.10
— des compositeurs de Londres	22	16.098	3.3 1/2
L'association typographique.......	17	9.227	1.11 1/2
Société des carrossiers............	22	31.148	4.5
Total : 14 Sociétés...		653.743	

Soit en valeurs françaises..... 16.343.575 fr.

Pour la population ouvière en Angleterre il n'y a peut-être pas un point plus sensible que l'idée d'être enterré aux frais de la paroisse. Un enterrement de pauvre et la fosse commune répugnent plus aux travailleurs que toute autre dégradation sociale, cela est démontré par l'existence d'innombrables *Burial Clubs* ou Sociétés d'assurances s'occupant des funérailles qui chaque année recueillent dans ce seul but un chiffre énorme de cotisations. Quelques socialistes et Fabiens essaient de persuader aux pauvres que les funérailles constituent une charge municipale, et que tous les versements qu'ils font pour s'assurer l'accomplissement de cette triste cérémonie, sont un vol fait aux vivants qui ne devraient pas avoir à s'en préoccuper. Il faudra bien des raisonnements pour faire pénétrer cette doctrine dans l'esprit des classes laborieuses et pour surmonter leur répugnance pour les enterrements de la paroisse.

II. — *Caisse de maladies.* — Ces caisses sont de date beaucoup plus récente. On venait en aide aux malades à l'occasion par des souscriptions, des loteries, des tombolas, des réunions amicales et autres expédients longtemps avant d'avoir songé à introduire dans les statuts des sociétés une caisse de maladies ; et ces modes de secours sont encore en usage dans quelques professions qui n'ont pas constitué ce système d'assurance dans leurs unions. Mais il est évident que les caisses de maladies furent établies sous une forme qnelconque avant la fin du dernier siècle. Dès le début de ce siècle l'usage s'en répandit. La Société des fondeurs en fer nous fournit une série de comptes rendus de leur caisse de maladies qui remonte à 1830. En 1831 le montant des secours payés s'élevait déjà à £ 580,10 sh. 6 den. La Société des ouvriers en machines à vapeur a des comptes rendus antérieurs à 1850. Mais pour tout ce qui concerne l'organisation pratique, l'institution des caisses de maladies est de date moderne, elle appartient aux derniers développement des Unions vers l'année 1850.

Dans une certaine mesure les Unions qui assurent à leurs adhérents une allocation hebdomaire en cas de maladie font concurrence aux sociétés de secours mutuels proprement dites (Friendly Society). Mais personne ne se déciderait à entrer dans une Union uniquement pour s'assurer cet avantage, car beaucoup des grands ordres affiliés et des sociétés nouvelles offrent à leurs associés des conditions bien plus avantageuses. L'allocation donnée par semaine de maladie varie, mais elle est en moyenne de 10 shellings. Les mécaniciens réunis donnent un secours hebdomaire de 10 sh., les ouvriers en machines à vapeur 10 sh., les chaudronniers et constructeurs de navires 10 sch., les fondeurs en fer 9 sh., les charpentiers 12 sh., les maçons 10 sh., les briquetiers 15 sh., les tailleurs 12 sh. Le secours est payé pendant une période qui varie de treize à vingt-six semaines ; au bout de ce temps elle est réduite et se continue pendant une nouvelle période. Quelques-unes des plus anciennes Unions n'ont pas créé de caisses de maladies, elles se contentent des facilités qui sont offertes à leurs adhérents par d'autres sociétés du même genre. On ne saurait cependant mettre en doute l'utilité de ces caisses, car elles attachent les membres à leur Union tandis qu'à leur défaut, d'autres considérations peuvent venir diminuer leur zèle, les engager à négliger le paiement de leur cotisation et entraîner ainsi leur radiation de l'association.

NOM DES SOCIÉTÉS.	TOTAL DES VERSEMENTS FAITS DANS L'ANNÉE.		
	1869	1879	1889
	£	£	£
Mécaniciens réunis	17.777	20.514	30.992
Ouvriers en machines à vapeur	1.609	2.295	2.802
Chaudronniers et constructeurs de navires	5.164	14.729	19.216
Fondeurs en fer	3.734	6.261	6.441
Mouleurs en fer. Ecosse	Il n'y a pas de caisse de maladies dans cette Union.		
Forgerons associés	661	1.074	1.076
Charpentiers et menuisiers réunis	5.008	11.003	15.822
Ouvriers tailleurs de pierre	2.891	5.842	2.175
— briquetiers	272	2.930	4.591
— plâtriers	Pas encore créée.	1.707	809
Tailleurs réunis	901	7.666	8.864
Association des typographes	Pas de caisse de maladies dans cette Union		
Société des carrossiers	Rien.	612	371
Total : 11 sociétés	38.017	74.637	93.159
Soit en valeurs françaises..Fr.	950.325	1.865.925	2.328.975

Si nous examinons la situation des sociétes dont nous avons déjà parlé, nous retrouvons dans le tableau ci-dessus le montant des sommes payées aux membres malades, par année, par la caisse de maladies.

Le tableau ci-dessus montre les services rendus par les Trade Unions considérées uniquement comme Institutions d'Assistance mutuelle et de prévoyance. Cela représente une somme de souffrances soulagées, de privations évitées, d'indépendance sauvegardée et de foyers préservés assez grande pour mériter l'approbation de ceux mêmes qui sont opposés à ces sociétés. Mais quand on voit des gens qui se disent des amis et même des membres des Unions dénoncer ces caisses et les autres institutions d'Assistance mutuelle qui existent dans les statuts des Trade Unions, on ne peut s'empêcher de penser qu'il doit y avoir une certaine fêlure dans leur cerveau, une absence du sentiment du juste et de l'utile, ou bien qu'ils méditent quelque mauvais dessein qu'ils n'osent encore découvrir à l'auditoire qui les admire, de peur d'être conspués. Les prédications des mécontents pourront troubler l'esprit des ouvriers, mais elles ne déracineront pas l'amour d'une mâle indépendance assurée par l'épargne.

Le montant total des versements faits depuis la création des caisses de maladies par les 14 sociétés que nous avons déjà citées, indiquera les énormes services rendus par cette institution qui assure, grâce à des efforts en commun et à la mutualité le *self help*, c'est-à-dire l'assistance due à l'effort personnel.

Le tableau que nous reproduisons plus loin permettra de se rendre compte de l'importance de cette assistance, mais malgré leur éloquence les chiffres même ne sauraient dire tout le bien qui a été accompli.

Les totaux ci-contre considérés séparément ou en bloc sont de nature à étonner surtout quand on se rappelle que ces caisses ne sont qu'un rouage accessoire des Trade Unions.

C'est pour elles un véritable titre de gloire. Elles n'ont pas à craindre les dédains des innovateurs socialistes ni à rougir d'une comparaison avec les autres sociétés, si louable que puisse être leur but. Le malade sur son oreiller, la femme en pleurs qui se tient à son chevet bénissent le jour où les Unions ont fondé ces caisses comme un des avantages inhérents à leur organisation. Aussi ces caisses survivront-elles malgré les attaques dont elles sont l'objet.

NOM DES SOCIÉTÉS	Années.	Total des versements.	Dépense moyenne approximative par membre et par an.
		£	sh. den.
Mécaniciens réunis	39	680.314	11. 10
Ouvriers constructeurs de machines	36	60.592	10. 5 1/2
Chaudronniers et constructeurs de navires	23	291.278	15. 7
Fondeurs en fer	29	208.628	10. 6 1/2
Mouleurs en fer. Écosse	Pas de caisse de maladies dans cette Union.		
Forgerons associés	32	26.293	12. 2 1/2
Charpentiers et menuisiers	30	239.665	13. 2 1/2
Ouvriers tailleurs de pierre	50	120.484	1. 6. 7
— briquetiers	20	54.474	13. 10
— plâtriers	28	21.792	14. 9 1/2
Tailleurs réunis	22	131.631	13. 3 1/2
Société des compositeurs de Londres	Pas de caisse de maladies dans cette Union.		
Association des typographes	—	—	—
Société des carrossiers	22	5.360	15. 8 1/2
Total : 11 Sociétés		1.840.511 Livres sterling	

Soit en valeurs françaises 46.012.775 francs.

III. — *Caisse de vieillesse.* — L'âge auquel les secours commencent à être accordés varie suivant les sociétés, ainsi que la valeur de la retraite accordée aux membres âgés après un certain nombre d'années passées dans l'association. Cette institution est une des dernières que les Unions aient ajoutées à la liste déjà longue de leurs charges et de leurs engagements. Ces caisses ont été souvent attaquées par des hommes qui ont fait des statistiques de la mortalité leur étude spéciale, et qui ont établi avec le plus grand soin des tables comparatives de la durée de la vie humaine dans des conditions déterminées et variables ; et certainement c'est la partie économique des Unions qui prête le plus à la critique de la part des actuaires. A une certaine époque ces caisses ont été violemment attaquées, non pas tant par suite d'un désir sincère de voir les Unions les reconstituer en les établissant sur des bases inébranlables et en faire une des parties fondamentales de leurs statuts, que par suite de la répugnance qu'inspiraient les Trade Unions quel que fût le but de bienfaisance et d'utilité poursuivi par elles. Ce sentiment a dans une grande mesure disparu. Pendant vingt ou vingt-cinq ans les attaques furent continuelles et persistantes ; mais comme le temps a marché et que les Unions ont toujours fait face à leurs engagements ; comme par ailleurs les effets bienfaisants de ces institutions ont été mieux connus et mieux appréciés, les critiques ont perdu de leur violence, tandis que l'expérience gagnée par le fonctionnement de ces caisses n'a pas été perdue. L'effort et les sacrifices que ces caisses entraînent pour les sociétés qui les ont établies sont très sérieux, on ne saurait le nier. La dépense additionnelle et toujours croissante qui en résulte et qui d'année en année augmente dans une proportion effrayante et fatale, ne prend un terme que dans ce dernier versement, les frais funéraires. Mais dans aucun cas les traites tirées sur ces caisses n'ont été protestées lorsqu'elles ont été présentées même aux heures les plus cruelles de l'adversité.

Dans une ou deux circonstances un désastre n'a pu être évité que grâce aux sacrifices désintéressés des membres de l'Union, mais la faute ne provenait pas toujours du fait de la Société.

Un exemple suffira. Après l'effrayante crise financière de 1866 et le krack qui a suivi la suspension de paiement de la Banque Overend et Gurney, l'industrie souffrit beaucoup, le travail était difficile à trouver, les maladies avaient augmenté par suite de la misère et des privations qui en étaient la conséquence et les caisses des Unions avaient à faire face à des demandes de toute sorte. La Société des fondeurs en fer fut cruellement éprouvée, mais elle accepta courageusement la lutte. Les fonds étaient tellement épuisés qu'il fallait des efforts désespérés pour subvenir aux paiements de chaque semaine.

Dans ce moment de crise, tous les adhérents qui purent momentanément renoncer à leur part, l'abandonnèrent spontanément pour ne pas exposer à souffrir ceux qui étaient plus pressés par le besoin. D'autres membres apportèrent à l'union leur petite épargne, sans autre garantie qu'un simple billet, reconnaissant le versement fait. L'Union fut ainsi sauvée. Tous ont été remboursés depuis, capital et intérêts. Il arrive d'ailleurs souvent qu'un membre d'une Union ne réclame pas sa retraite à l'époque à laquelle il y aurait droit et qu'il préfère travailler de son état avec des salaires complets au lieu de se faire inscrire sur la liste des invalides. La retraite payée aux vieux adhérents varie beaucoup comme nous l'avons dit, mais quelques exemples indiqueront quel est le taux moyen dans la plupart des Unions qui ont établi ces caisses. Les mécaniciens accordent un secours qui varie de 10 sh. par semaine au maximum à 7 sch. par semaine au minimum ; les constructeurs de machines, 10 sh. maximum 6 sh. minimum ; les briquetiers 9 sh. maximum ; 5 sh. minimum ; les charpentiers et les menuisiers 8 sh. maximum, 7 sh. minimum ; la Société des compositeurs d'imprimerie de Londres 8 sh., à 4 sh. ; la Société des typographes 8 sh. à 6 sh. ; les fondeurs 7 sh., 6 d. à 5 sh. ; les chaudronniers et constructeurs de navires 7 sh., à 4 sh.; les tailleurs de pierre 5 sh. à 4 sh.; les plâtriers 5 sh. ; les tailleurs 5 sh. à 2 sh. 2 d., par semaine suivant la durée de la participation à la Société. On verra que la retraite la plus élevée suffit dans la plupart des cas à assurer l'existence et que, même dans les autres cas, le secours empêche bien des privations, surtout quand la famille peut apporter un peu de secours, ou quand le vieil ouvrier peut encore travailler un peu. Les bienfaits de cette institution sont donc indiscutables.

On verra par le tableau suivant combien ces caisses se sont développées depuis vingt ans.

NOM DES SOCIÉTÉS.	TOTAL DES VERSEMENTS FAITS CHAQUE ANNÉE.		
	1869	1879	1889
	£	£	£
Mécaniciens réunis	8.055	17.730	40.170
Constructeur de machines	321	870	1.818
Chaudronniers et constructeurs de navires	829	1.580	5.017
Fondeurs en fer	1.797	3.727	7.935
Mouleurs en fer	521	1.493	3.252
Forgerons associés	Débute en 1876.	46	223
Charpentiers et menuisiers réunis	60	445	5.026
Ouvriers tailleurs de pierre	985	6.939	4.404
— briquetiers	Débute en 1882.		204
— plâtriers	— en 1880.		285
Tailleurs réunis	— en 1881.		1.060
Société des compositeurs d'imprimerie de Londres	Débute en 1877.	408	1.177
Association des Typographes...	Débute en 1880.		1.612
Sociétés des Carrossiers........	1.196	2.787	3.971
Total : 14 sociétés....	13.764	35.617	76.154
Soit en valeurs françaises...	344.100	890.425	1.903.850

Les 3 colonnes de chiffres ci-dessus indiquent bien l'augmentation de charges résultant des retraites. Ainsi, pour les mécaniciens les paiements ont augmenté en vingt ans de £ 32.125, tandis que le nombre des membres ne s'est accru que de 27.189. Les fondeurs ont eu de ce chef une augmentation de £ 6.138 tandis que l'association ne s'accroissait que de 4.815 membres. Il y a vingt ans très peu de sociétés avaient commencé à servir des retraites; il y en a aujourd'hui beaucoup. Quelques-unes ont inscrit le principe d'une caisse de retraites pour la vieillesse dans leurs statuts, mais cette caisse n'a pas encore commencé à payer des pensions. La Société des tailleurs a pris la résolution de ne commencer ses paiements qu'au bout d'une période de douze ans. D'autres Unions ont assigné un délai plus ou moins long suivant les cotisations versées. Le développement de ces caisses est encourageant, il montre le désir de s'assurer des ressources dans la vieillesse d'après le double principe de l'épargne et de l'Assistance mutuelle.

Le tableau suivant qui donne le total des sommes déboursées par les différentes Unions depuis que les caisses ont commencé à fonctionner fera mieux comprendre l'étendue de leurs opérations et les effets bienfaisants de l'institution.

NOM DES SOCIÉTÉS.	Nombre d'années.	Total des versements.	Coût moyen approximatif par membre et par an.
		£	£
Mécaniciens réunis................	39	482.270	13. 2 1/2
Ouvriers constructeurs de machines	38	22.990	6. 2
Chaudronniers et constructeurs de navires........................	23	49.257	3. 1
Fondeurs de fer..................	54	111.268	11. 6
Mouleurs. Ecosse.................	45	38.597	9. 6 1/2
Forgerons associés...............	14	1.989	2. 0 1/2
Charpentiers et menuisiers réunis.	30	27.029	2. 6 1/2
Ouvriers tailleurs de pierre,.......	50	84.313	7. 6 1/2
— briquetiers...........	8	921	1. 6
— plâtriers...............	10	3.745	4. 3 1/2
Tailleurs réunis..................	9	1.744	6
Sociétés des compositeurs de Londres..........................	13	100.246	3. 2 1/2
Association des typographes......	10	9.886	3. 4
Sociétés des carrossiers..........	22	50.821	14. 3
Total : 14 Sociétés...		895.076	

Soit en valeurs françaises 22.376.800 francs.

Les chiffres qui précèdent parlent d'eux-mêmes et ils ont leur éloquence. Ils montrent les secours et le soutien de la vieillesse comme la récompense de la prévoyance, de l'épargne, de l'Assistance mutuelle et de la conduite rangée. Les hommes qui arrivent à conquérir le droit à la retraite sont l'élite de la profession. Ils sont restés fidèles à l'Union au milieu de toutes ces vicissitudes ; et quand le doigt du temps a imprimé ses rides sur leur front, et fait disparaître leur énergie physique, ils peuvent jouir non seulement sans remords mais avec un sentiment d'orgueil légitime de la pension que la Société leur donne pour adoucir leur dernier voyage vers le séjour verdoyant de la tombe où ils se reposeront de leur dur labeur. A ceux-là on peut dire à bon droit : Bien travaillé, fidèle serviteur.

IV. — *Caisse des accidents.* — Cette institution est de date encore plus récente que les précédentes bien que la Société des mécaniciens l'ait fait figurer dans ses statuts, lors de sa réorganisation en 1851. Cette caisse ne fonctionne que dans les professions les plus dangereuses et par conséquent, nous ne la retrouverons pas dans quelques-unes des sociétés que nous avons énumérées. Les sommes versées en cas de blessures par accident se divisent ordinairement en deux catégories : l'indemnité la plus forte est donnée dans le cas de blessures entraînant une incapacité totale de travail ; une indemnité plus faible est allouée à ceux qu'une blessure met dans une incapacité partielle de travail, qui ne peuvent plus travailler à leur profession, mais qui sont encore capables de se livrer à de petites occupations. Les mécaniciens, les constructeurs de machines, les fondeurs, les chaudronniers et constructeurs de navires, les charpentiers et menuisiers et les maçons donnent 100 £ en cas d'incapacité totale et 50 £ en cas d'incapacité partielle. Les briquetiers et les plâtriers donnent £ 50. Les mouleurs en fonte d'Écosse, en cas d'accident, ne paient que les frais funéraires, et les forgerons associés donnent une indemnité moindre que les précédentes Unions.

Le tableau suivant montre les versements faits à ce titre aux dates déjà prises comme termes de comparaison.

NOM DES SOCIÉTÉS.	TOTAL DES VERSEMENTS PAR ANNÉE.		
	1869	1879	1889
	£	£	£
Mécaniciens réunis	1.600	1.800	2.177
Constructeurs de machines	500	120	200
Chaudronniers et constructeurs de navires	240	201	3.155
Fondeurs	32	944	771
Charpentiers et menuisiers réunis	500	1.500	1.320
Ouvriers tailleurs de pierre	2.787	872	200
— briquetiers	Rien.	50	166
— plâtriers	494	509	195
Forgerons associés	193	Rien.	Rien.
Total : 9 Sociétés	6.346	5.996	8.184
Soit en valeurs françaises	158.650	149.800	205.400

Les sommes ainsi versées ont souvent suffi pour permettre à l'adhérent victime d'un accident, de fonder un petit commerce et de gagner son existence, tandis que sans cela il aurait été réduit au Workhouse.

Bien que comparés aux versements faits par les autres caisses, les versements ne soient pas considérables, cependant, à la longue, on verra par le tableau suivant qu'elles atteignent un gros chiffre.

NOM DES SOCIÉTÉS	Nombre d'anné	Total des versements	Coût approximatif moyen par membre et par an.
		£	sh. den.
Mécaniciens réunis..................	39	52.630	9 1/2
Constructeurs de machines..........	38	8.116	7 1/2
Chaudronniers et constructeurs de navires...........................	23	26 6'0	1.11 1/2
Fondeurs............................	4›	32.830	7 1/2
Charpentiers et menuisiers réunis...	50	25.040	1.2 1/2
Ouvriers tailleurs de pierre..........	50	31.679	5
— briquetiers...............	20	971	7 1/2
— plâtriers..................	28	10.340	2.11
Forgerons associés...................	22	2.346	5 1/2
Société des carrossiers..............	22	4.822	5 1/2
Total : 10 sociétés....	—	195.434	
Soit en valeurs françaises......		4.885.850	

Les chiffres ci-dessus montrent la nécessité de la loi sur la responsabilité des patrons votée en 1880. Son efficacité est démontrée par le fait que les dépenses des Unions ont beaucoup diminué depuis que cet acte est en vigueur. Pendant les deux dernières années il y a eu augmentation. Mais cette augmentation tient à ce qu'on a produit à haute pression et que dans les périodes où la demande presse, ni les patrons ni les ouvriers n'apportent au travail les mêmes précautions qu'en temps ordinaire. Naturellement, beaucoup des accidents survenus ne tombent pas sous le coup de la nouvelle loi, car dans bien des cas, l'accident provient d'une force majeure qu'aucune prévoyance humaine ne pouvait prévenir et empêcher. Quelle que soit la cause qui ait produit l'accident, l'ouvrier doit se féliciter qu'il y ait une caisse à laquelle il peut recourir sans porter atteinte à sa dignité ni perdre son indépendance. La remise de ces sommes sert souvent de prétexte pour appeler l'attention sur la Société et sur son fonctionnement, et il arrive fréquemment qu'un homme politique connu prenne à cette occasion la présidence pour faire l'éloge de l'institution. Comme il ne s'agit pas d'une spéculation commerciale cherchant à se faire de la réclame gratuite, ces réunions publiques font honneur à tous ceux qui y prennent part et réjouissent le cœur du pauvre ouvrier ainsi honoré.

V. — *Caisse des chômages.* — C'est la seule institution de prévoyance qui distingue les Trade Unions des autres Sociétés de prévoyance et qui les rend uniques au milieu des autres associations qui existent dans ce pays. Cette cause que les ouvriers désignent sous le nom de *Donation benefit*, remonte à une date très peu éloignée quoique les registres des fondeurs en fer fassent mention de son existence à partir de 1830, année durant laquelle les membres sans travail touchèrent des indemnités s'élevant à près de £ 366.

Il y quelques années, quand les Unions luttaient pour obtenir la liberté, l'existence légale et la protection pour leurs caisses, l'argent distribué en temps de grève aux membres en chômage était toujours donné sous le nom euphonique de Donation benefit, avec cette différence que le secours était plus considérable lorsqu'il était donné en temps de grève que lorsqu'il était donné à des ouvriers ayant perdu leur emploi par faute d'ouvrage. Ce secours aux membres en chômage fut d'abord donné sous forme de *secours de route* ou, suivant l'expression vulgaire, *Tramp benefit*. A cette époque il était ordinaire de voir un adhérent venir *retirer sa carte* et s'en aller chercher du travail dans les pays où on lui disait qu'il avait chance d'être embauché. Ce système est tombé en discrédit et non sans raison. L'homme de l'Union voyageant avec sa *carte*, recevait assistance dans chaque loge ou station. Ordinairement, on lui donnait le coucher et un déjeuner et quelquefois un schelling ou 8 pence pour lui permettre de continuer sa route. Certaines Unions donnaient le secours à tant par mille. Très souvent le membre voyageur usait de son privilège pour demander assistance aux ouvriers travaillant dans les villes qu'il traversait. Dans ces dernières années le système a été abandonné par presque toutes les Unions; dans d'autres, il a été réduit dans des limites plus étroites. Quelques-uns des anciens voyageurs se donnaient beaucoup de bon temps; ils trouvaient un secours et un abri et souvent une joyeuse compagnie avec qui festoyer au club; mais pendant ce temps la femme et les enfants restés au logis ne s'en trouvaient pas aussi bien. Ils étaient souvent obligés de recourir à d'autres ressources qui ne faisaient pas grand honneur à celui qui aurait dû gagner leur pain. Il y a eu des abus, mais dans l'ancien temps ce système avait rendu des services et il a été un acheminement vers un mode de secours plus en rapport avec les principes des Unions.

Le secours de route est encore la seule forme d'assistance donnée aux membres en chômage dans beaucoup d'Unions. Parmi les Sociétés citées comme exemple, et possédant des caisses de chômage, 4 ont conservé l'ancien système, ce sont les tailleurs de pierre, les briquetiers, les plâtriers et les tailleurs. Une seule Société, l'Association des typographes, donne un secours de route à tant par mille ou bien un secours à domicile. Les chaudronniers et les constructeurs de navires en fer ont virtuellement aboli le secours de route en 1880, bien que la suppression totale date de 1883. L'importance de ces secours dans l'Union précitée ressort des sommes payées dans les six années qui ont précédé sa suppression : en 1875, £ 11.043 ; en 1876, £ 13.039 ; 1877, £ 12.446 ; 1878, £ 19.528 ; 1879, £ 21.242 ; 1880, £ 11.078 ; en 1881, cela tombe à £ 441. Dans les six années qui précèdent 1880, une seule Société avait ainsi dépensé £ 88.376, soit environ £ 14.813 par an. Cet usage tombe de plus en plus en désuétude et en discrédit. L'ouvrier voyageur est plutôt évité qu'accueilli, même dans les professions où le système des secours de route est encore en vigueur. Plusieurs Unions ont adopté une meilleure méthode qui consiste à payer le transport des membres qui vont chercher du travail à distance. D'autres Sociétés ne font que prêter la somme nécessaire et le remboursement se fait par des retenues sur les salaires qu'il gagne dans sa nouvelle situation. Les chaudronniers et constructeurs de navires en fer ont ainsi payé comme frais de transport une somme de £ 3.307 en vingt-trois ans. En cela, comme dans la plupart des modifications apportées à l'économie intérieure et à la direction des Unions, la tendance est de développer la dignité et l'indépendance. Les dépenses faites en faveur des membres en chômage ou en *donation benefit* varient suivant les Unions. La somme la plus élevée est celle de la Société des compositeurs d'imprimerie de Londres, qui paie 12 sh. par semaine ; viennent ensuite les chaudronniers et constructeurs de navires en fer qui paient 11 sh. par semaine ; les mécaniciens, les constructeurs de machines, les charpentiers et menuisiers paient 10 sh. par semaine ; les fondeurs, 9 sch. par semaine ; les tailleurs de pierre, les briquetiers et les plâtriers, 9 sh. sous forme de secours de route : les tailleurs paient 9 sh. 4 par semaine et les typographes, 8 sch. Le taux le plus élevé est payé pendant les douze ou quatorze premières semaines ; ensuite le secours est réduit à 3 sh. ou 4 sh. par semaine pendant une nouvelle période de vingt-six semaines, à la suite de laquelle il y a une nouvelle réduction. Mais quel qu'en soit le montant, cette assistance suffit à empêcher la famille de tomber à la charge de la paroisse.

Le fonctionnement et les avantages de la caisse des chômages ne ressortent pas bien et ne sauraient être appréciés si on se borne à étudier une seule année, bien qu'il arrive qu'une des années, celle de 1879, montre assez distinctement la moyenne des secours ainsi donné par les Trade Unions. C'est seulement par l'examen et la comparaison d'une série d'années que tous ses avantages peuvent être pleinement appréciés. Voici le relevé des sommes payées pendant les trois années choisies comme points de comparaison, comme nous l'avons fait pour les autres caisses.

NOM DES SOCIÉTÉS.	1869	1879	1889
Mécaniciens réunis	59.980	149.931	29.733
Constructeurs de machines	3.363	8.402	1.300
Chaudronniers et constructeurs de navires	1.795	32.027	3.938
Fondeurs en fer	24.887	57.511	5.311
Mouleurs en fer. Écosse	2.319	15.589	2.141
Forgerons associés	280	3.525	548
Charpentiers et menuisiers	8.904	27.902	18.805
Ouvriers tailleurs de pierres	4.110	7.213	1.932
— briquetiers	34	166	178
— plâtriers	22	541	60
Tailleurs réunis	202	1.891	810
Société des compositeurs de Londres	2.773	5.382	5.275
Association des typographes	1.030	3.934	2.601
Société des carrossiers	5 288	15.790	3.050
Total : 14 Sociétés	114.987	329.804	75.682
Soit en valeurs françaises	2.874.675	8.245.100	1.892.040

On voit par les relevés précédents que, même en 1869, le total des sommes dépensées par les 14 Sociétés pour venir en aide aux ouvriers en chômage s'élevait à un chiffre considérable qui se trouvait presque triplé en 1879. En 1889, par suite de la prospérité de l'industrie dans presque toutes les professions, ce chiffre était au contraire tombé bien au-dessous de la moyenne. Il est probable, étant donné l'état des affaires, que le chiffre pour 1890 sera encore moindre. Mais on ne saurait exagérer en constatant la valeur de cette institution, soit au point de vue économique, professionnel ou national.

On verra plus complètement toute la signification de ce mode de prévoyance, en prenant le chiffre global de tous les versements faits par les différentes Unions qui l'ont pratiqué sous une forme ou sous une autre. On le trouvera dans le tableau ci-dessous :

NOM DES SOCIÉTÉS.	Nombre d'années	Total général.	Coût par membre.
		£	£ sh. den.
Mécaniciens réunis	39	1.492.264	1. 8. 0
Constructeurs de machines	38	86.331	18. 0
Chaudronniers et constructeurs de navires	23	311.814	1. 4.4 1/2
Fondeurs en fer	54	709.561	1.17. 3 1/2
Mouleurs. Écosse	41	240.035	2. 2. 8 1/2
Forgerons associés	32	32.918	1. 4. 11 1/2
Charpentiers et menuisiers réunis	30	349.495	1. 5. 7 1/2
Ouvriers tailleurs de pierre	50	94.763	2. 8 1/2
— briquetiers	20	3.500	
— plâtriers	28	2.722	
Tailleurs réunis	22	25.166	1. 11 1/2
Société des compositeurs de Londres	42	92.958	15. 0
Société des carrossiers	23	113.577	18. 2 1/2
Société des typographes	27	49.577	7. 0 1/2
Total : 14 Sociétés		3.604.341	
Soit en valeurs françaises		90.108.525	

Nous avons groupé dans ce tableau tous les versements faits sous les trois désignations que nous avons indiquées, à savoir : les secours à domicile, les secours de route et les frais de déplacement, sauf le cas où ces frais de déplacement sont avancés sous forme de prêt et doivent être remboursés. Le total représente la somme fabuleuse de 3.604.341 £, soit 90.108,525 francs, chiffre d'autant plus étonnant qu'il ne s'agit que des dépenses faites par une seule caisse et que la plupart des Sociétés que nous avons citées doivent subvenir à la charge de 7 ou 8 autres institutions d'assistance et de prévoyance. Le seul fait de l'existence de ces caisses qui ont résisté à l'épreuve du temps pendant un quart de siècle et même trois quarts de siècle, prouve qu'on peut assurer le chômage au moins dans plusieurs branches d'industries très importantes. Peut-on établir des caisses de ce genre dans toutes les professions ? C'est un problème que l'avenir résoudra. L'expérience a été tentée ; elle a réussi ; elle mérite d'être étendue autant que possible.

La caisse de chômages annexée à une Union se recommande à trois points de vue : 1° au point de vue de ceux qui sont appelés à en bénéficier ; 2° au point de vue économique ; 3° au point de vue social.

En premier lieu on ne peut douter des services qu'elle rend aux ouvriers employés dans des professions où le travail subit des fluctuations. Dans la plupart des cas, le travail cessant, la misère commence. Il ne reste pas assez de marge entre le gain journalier et les dépenses du ménage, pour qu'on puisse mettre beaucoup en réserve, même dans les corps d'état les mieux rétribués et dans les professions où le travail ne dure pas pendant toute l'année, il faut une lutte incessante pour arriver à joindre les deux bouts. La caisse de chômage est d'un grand secours dans les familles où l'épargne et la tempérance sont les qualités dominantes du père qui est le gagne-pain de la famille, et dans celles où ces qualités n'existent pas au même degré, le secours hebdomadaire empêche tout au moins le loup d'entrer dans la maison. Cette allocation régulière maintient le foyer et sauvegarde l'indépendance du travailleur. Il n'est pas humilié de recevoir de l'argent d'une caisse qui lui appartient légitimement, puisqu'il a concouru à sa création et à son accumulation. En second lieu, ces caisses sont importantes au point de vue économique. Elles donnent plus d'élasticité au marché de la main-d'œuvre. L'ouvrier n'est plus obligé de subir des conditions imposées par la pression de la faim, il peut attendre parce qu'il a contribué à créer un capital qui lui permet d'attendre. Cette caisse tend à maintenir des salaires élevés et elle les maintient effectivement. La concurrence que se font les ouvriers se trouve diminuée en proportion de la possibilité qui leur est donnée de refuser de travailler au-dessous des tarifs adoptés. Les grèves deviennent moins fréquentes, parce que les patrons savent que les ouvriers résisteront aux réductions et qu'ils ont le moyen de le faire. En troisième lieu, la Société en tire un avantage considérable. Les membres des Unions pourvus, grâce à cette caisse, n'ont plus à demander les secours de la paroisse. Cela diminue d'autant la taxe des pauvres. Les Unionistes viennent en aide à leurs pauvres et contribuent ainsi à rendre plus facile de secourir les plus imprévoyants de tout état et de toutes professions. L'influence de ces caisses est à tous égards salutaire, aussi bien au point de vue moral qu'au point de vue matériel. Elles méritent les éloges et les encouragements de toutes les classes de la Société et devraient avoir l'appui de tous les ouvriers en raison de leur puissance moralisatrice et fortifiante, au milieu des cruelles préoccupations de la lutte pour la vie toujours si pénible dans les milieux industriels.

VI. — *Autres institutions d'assistance.* — Les cinq institutions que nous venons d'étudier ne sont pas les seules, bien qu'elles soient les principales. Les Unions ont fondé d'autres institutions qui ne demandent pas à être exposées longuement, car elles n'ont pas besoin des mêmes explications et des mêmes détails.

Beaucoup d'Unions ont ce qu'on appelle une caisse de bienfaisance, qui sert à donner de temps à autre des secours à des membres dans la détresse, soit par suite de maladies prolongées, soit par suite de mise à pied faute de travail, soit pour d'autres causes. Ces secours amicaux s'élèvent dans certaines sociétés à des sommes qui, au bout de l'année, attteignent un chiffre assez élevé. En 1879, les mécaniciens ont versé de ce chef £ 6.378. Ordinairement ces allocations se montent à 2.000 ou 4.000 £ par an.

Dans beaucoup d'Unions, on paie également une indemnité, dans le cas de perte d'outils, par suite d'incendie. Depuis sa fondation, l'Union des charpentiers et des menuisiers a dépensé de ce chef £ 24.000.

Dans beaucoup de cas, il a été établi une caisse destinée à favoriser l'émigration, mais dans ces dernières années, beaucoup d'Unions y ont renoncé, par suite des changements survenus, du bon marché des transports et des conditions dans lesquelles se font les départs.

Les subventions données à d'autres Unions, doivent figurer parmi les dépenses occasionnées par les grèves, mais il existe une caisse destinée à y pourvoir et nous devions la noter au passage.

Les neuf institutions que nous venons d'énumérer en laissant de côté la dernière, constituent le principal titre de gloire du vieux Trade Unionisme. Avec de tels états de service, il peut défier toutes les attaques du dedans et du dehors. Les vieilles Unions peuvent mépriser les sarcasmes de ceux qui les traitent de simples sociétés de bienfaisance, destinées à diminuer le poids de la taxe des pauvres. L'œuvre accomplie, même sommairement résumée, parle assez haut par elle-même ; elle indique d'une manière imparfaite mais suffisante, son caractère, ses visées et son étendue. Ceux qui voudront bien l'étudier soigneusement pourront aussi se convaincre de la valeur de ce rouage dans l'organisation du travail. A la base de ce monument d'assistance et de prévoyance, et sur les parois de son piédestal, on trouve écrit : Initiative personnelle, assistance mutuelle et efforts associés. Cette inscription est enchassée dans l'airain en caractères indestructibles comme le diamant ; ils défient les outrages du temps et de la haine.

VII. — *Intérêts professionnels et privilèges.* — La défense des intérêts professionnels a été et est encore, sans aucun doute, le but principal de toutes les Trade Unions. C'est pour cela qu'elles ont été fondées à l'origine et c'est l'essence même du vieux Trade Unionisme. Les premières Unions étaient des instruments de combat et rien de plus. Quelques-unes d'entre elles n'ont surnagé que quelques instants et ont disparu pour toujours. Elles étaient tout au plus faites pour une sorte de guerre de guérillas, dans laquelle des troupes irrégulières harassent l'ennemi, enlèvent des avant-postes, pillent des convois et se dispersent ensuite. Il n'y avait pas d'éléments de stabilité dans les premières Unions, si utiles qu'elles aient été à cette époque, et pour les hommes de leur génération. Les hommes qui parlent aujourd'hui du Néo-Trade Unionisme, semblent complètement ignorer le sens de ce mot. En voulant restreindre l'action des Unions à un seul objectif, les grèves, ils font simplement un retour en arrière, et reviennent à la période primitive de l'organisation du travail. Les Unions sont parvenues à une période d'existence moins rudimentaire. Elles se sont élevées peu à peu, d'échelons en échelons, vers un organisme plus perfectionné, et si nous ne pouvons encore les voir à l'état parfait que nous espérons, nous les voyons du moins arrivées à un très haut degré de développement. Les novateurs pourront essayer d'arrêter les progrès, ils pourront les retarder, mais on ne peut jamais revenir en arrière ; on ne peut que décroître et mourir. Peut-être y a-t-il des gens qui le désirent, c'est une question d'opinion. Mais si les Trade Unions doivent être détruites, nous voudrions savoir, avant de les voir tomber, et de lire la sentence de mort inscrite sur leur portique, ce qu'on compte mettre à leur place. « L'Anarchie », disent les uns, la « Révolution démocratique et sociale » s'écrient les autres ; mots privés de sens, même sur les lèvres de ceux qui les emploient ; mais plus encore pour le pauvre ouvrier qui souffre, qui lutte et qui voudrait surtout savoir tout de suite comment il pourra gagner de quoi dîner. C'est une cruelle dérision que de détruire les chaumières sous prétexte que plus tard on pourra reconstruire un château. Travaillez, si vous voulez, à édifier votre palais imaginaire, mais en attendant, laissez subsister l'abri où le travailleur s'est réfugié en attendant mieux.

Pour tout ce qui concerne les intérêts professionnels et l'amélioration du sort des travailleurs, salaires, heures de travail et le reste, s'il existe une différence entre les nouveaux meneurs et les chefs des anciennes Unions, elle ne porte que sur les armes à employer, ou plutôt sur une question de tactique. Quand on veut la résumer et la réduire à ces véritables éléments, la divergence de vues est plus apparente que réelle. Les vieilles Unions cherchent à conserver les avantages qu'elles ont su conquérir et à rendre durables les progrès accomplis. Cela ne les empêche pas, lorsque l'occasion se présente, de chercher à obtenir de nouveaux avantages. En ceci, et dans tout ce qui touche les intérêts de leurs adhérents, elles n'ont jamais reculé, ni déserté leurs anciens principes. Le plus grand reproche qu'on puisse leur adresser, c'est d'avoir depuis quelque temps, mis beaucoup de circonspection dans leurs opérations, et parfois même un peu trop suivant quelques-uns. Mais chacune d'elles est son meilleur juge en ces matières, et les novateurs du dehors ne sont pas des appréciateurs impartiaux. La timidité qu'on leur reproche est en réalité de la prudence, ce qui est une vertu propre aux civilisations avancées. Il ne s'agit pas de la prudence de Falstaff qui n'est que de la lâcheté, mais de cette prudence qui, au contraire, s'allie si bien avec le courage. Le prince Rupert pouvait avoir des qualités précieuses sur un champ de bataille, mais ce n'était pas un général. Le génie de Cromwell était d'une autre nature ; il a gagné la bataille de Marston Moor et bien d'autres victoires. Les Trade Unions ont imité les vieux Romains, dans la méthode qu'ils ont employée pour étendre leur domination, assurant et consolidant leurs conquêtes, au fur et à mesure, tandis que les Français, après avoir gagné tant de brillantes victoires, après avoir fondé tant de belles colonies, les ont trop souvent laissées échapper (1). La première méthode peut souvent paraître lente à des conscrits ; mais il ne faut pas oublier que la tortue de la fable a fini par atteindre le but avant le lièvre. Un coup de main peut parfois réussir : il en est de même d'un coup d'État ; mais en général ni l'un ni l'autre ne peuvent être élevés à la hauteur d'un système dans la politique des nations et des sociétés.

Les institutions économiques établies dans les meilleures Unions, ont probablement servi à rendre leur organisation plus stable, et ont formé comme le lest qui maintient le navire dans sa course au milieu de l'Océan. Le plus souvent ce n'est pas le chargement qui fait sombrer le navire, il se brise contre les écueils, ou chavire faute de lest. Il est à la fois remarquable et significatif, qu'aucune Union n'a péri par suite de la surcharge résultant des institutions de prévoyance ; au contraire, la cote est jalonnée d'épaves provenant d'Unions qui, faute de ces institutions, ont tristement naufragé. Si pourtant les Unions avaient renoncé à leur but primitif, pour se transformer en simples Sociétés de secours mutuels, on aurait raison de les attaquer. Mais les faits suivants prouveront surabondamment qu'il n'en est rien. Ordinairement le montant des sommes dépensées pour soutenir les adhérents en cas de grève, est plus considérable que les versements faits par les autres

(1) Il est bien entendu que nous faisons nos réserves sur cette appréciation peu bienveillante et heureusement inexacte; si nous avons perdu le Canada, nos voisins ne devraient pas oublier qu'ils n'ont pas su garder les États-Uuis.

institutions, et on donne beaucoup plus aux ouvriers en grève qu'à ceux qui se trouvent en chômage pour toute autre cause. Si nous prenons les sociétés que nous avons déjà souvent citées, nous verrons qu'en temps de grève, la Société des compositeurs d'imprimerie donne à ses adhérents 25 sh. par semaine ; l'Association des typographes 20 sh. par semaine ; les tailleurs de pierre 15 sh. ; les briquetiers 15 sh. ; les tailleurs 15 sh. ; les charpentiers et menuisiers 15 sh. ; les chaudronniers et constructeurs de navires 12 sh. ; les fondeurs 11 sh. ; les mécaniciens et constructeurs de machines 10 sh. Ces deux dernières sociétés ajoutent 5 sh. par semaine, au moyen de collectes, en sorte que le versement s'élève également à 15 sh. Dans d'autres cas, on donne un supplément de 1 sh. par enfant et par semaine aux familles qui ont des enfants trop jeunes pour travailler. Dans beaucoup de cas, on augmente ces allocations au moyen de souscriptions, de dons et de quêtes, en sorte que les combattants engagés dans la lutte n'ont pas à en souffrir et sont largement secourus. Le service de répartition est ordinairement très bien fait, et les efforts de l'Union sont souvent secondés par l'aide volontaire qui est donnée par un comité de la grève et même par des contributions venant du dehors. Tout cela se passe régulièrement, et c'est le triomphe d'une sage prévoyance et d'une bonne organisation.

On ne peut évaluer les dépenses de la caisse des grèves par les résultats d'une seule année, et encore moins par des tableaux dressés comme ceux que nous avons donnés précédemment. Mais cependant, par symétrie, et pour ne pas nous écarter du plan que nous avons suivi, nous allons reprendre les mêmes années. Les grèves surviennent à des intervalles irréguliers, tandis que les dépenses des autres caisses sont à peu près les mêmes d'année en année. Les grèves se produisent ordinairement, soit quand l'industrie est très prospère, parce qu'alors les ouvriers cherchent à participer à la prospérité générale, soit quand le travail se ralentit, ou dans les périodes de baisse, parce que les patrons cherchent à diminuer les salaires. Nous donnons ci-dessous le tableau des versements dans les années prises déjà pour type.

NOM DES SOCIÉTÉS.	PAIEMENTS FAITS CHAQUE ANNÉE POUR LES GRÈVES.		
	1869	1879	1889
Mécaniciens réunis	50	20.576	1.920
Constructeurs de machines	Pas de mention distincte	1.225	121
Chaudronniers et constructeurs de navires	27	7.109	4.450
Fondeurs	187	5.386	151
Mouleurs en fer. Écosse	Se confondent avec les versements de la caisse des chômages.		
Forgerons associés	Se confondent avec les versements de la caisse des chômages.		
Charpentiers et menuisiers réunis	588	10.558	2.299
Ouvriers tailleurs de pierre	7.995	9.971	289
— briquetiers	147	1.174	169
— plâtriers	460	121	97
Tailleurs réunis	45	1.411	541
Société des compositeurs de Londres.	448	1.700	621
Association typographique	193	991	245
Société des carrossiers	Se confondent avec les versements de la caisse des chômages.		
Total : 14 sociétés	10.140	60.222	10.906
Soit en valeurs françaises	253.500	1.505.550	272.650

Les chiffres suivants sont nécessairement incomplets pour deux raisons : 1° les mécaniciens, et peut-être une ou deux autres sociétés, ne font pas de distinction entre l'argent donné aux grévistes et les allocations données aux ouvriers en chômage pour tout autre motif ; 2° les chiffres donnés ne comprennent que les sommes versées en temps de grève, qui ont été puisées directement dans le fonds social. Mais par ailleurs le tableau est aussi complet que permettent de le faire les rapports et les comptes rendus des différentes sociétés.

Autrefois, on hésitait à faire connaître le montant exact des dépenses faites dans les grèves pour la défense des intérêts professionnels, l'augmentation des gages, la réduction des heures de travail et autres objets. C'était à l'époque où les Unions étaient dénoncées et poursuivies. Aujourd'hui on leur reproche de dépenser trop peu pour cet objet. Assurément on peut citer ici la fable du Vieillard et de l'Ane, pour prouver qu'il est impossible de contenter tout le monde. Les Unions ont-elles dépensé trop d'argent ou pas assez d'argent pour ce qu'on appelait autrefois des atteintes à la liberté du travail? Cela dépend des opinions. Les Unions savent mieux que personne si elles ont rempli leur devoir vis-à-vis de leurs adhérents. Ce qui est certain, c'est que leurs membres ont chaque année ratifié la conduite de leurs dignitaires et de leurs comités, et que toutes les grèves ont éte votées par oui ou par non. Les Unions n'ont donc pas à se préoccuper des critiques venant du dehors et elles doivent apprécier à leur juste valeur les prétentions d'hommes nouveaux qui ne sont membres des Unions que depuis deux ans.

Le total des dépenses faites pour la défense des intérêts professionnels, c'est-à-dire pour les grèves, est donné par le tableau suivant.

NOM DES SOCIÉTÉS.	Nombre d'années.	Versements.	Coût par membre.
		£	s. d.
Mécaniciens réunis..................	39	86.661	2.5
Constructeurs de machines..........	33	3.982	1.2 1/2
Chaudronniers et constructeurs de navires..........................	23	70.255	2.4 1/2
Fondeur...........................	53	30.167	
Mouleurs de fonte. Ecosse..........	La dépense se confond avec la caisse de chômage.		
Forgerons associés.................			
Charpentiers et menuisiers réunis...	30	87.094	3.0
Ouvriers tailleurs de pierre.........	50	112.100	5
— briquetiers................	20	5.160	3 3/4
— plâtriers..................	28	7.250	1 6
Tailleurs réunis....................	22	20.973	2.10
Société des compositeurs d'imprimerie	42	22.313	5
Association des typographes..	40	16.860	1.9
Société des carrossiers.............	La dépense se confond avec la caisse de chômages.		
Total : 14 Sociétés...	—	462.818	

Soit en valeurs françaises 11.570.450 francs.

VIII. — *Assistance aux autres professions.* — Un des griefs allégués contre les Unionistes, c'est qu'ils ne sont pas suffisamment venus au secours de ceux qui étaient leurs inférieurs dans le monde du travail. Mais il faut se souvenir que les fonds des Trades Unions appartiennent aux adhérents qui ont versé leur cotisation semaine par semaine et année par année. Les comités n'ont qu'un droit très restreint de voter des dépenses, et c'est à bon droit. Les capitaux ainsi amassés sont souvent le produit de sacrifices librement consentis et toujours de l'assistance mutuelle. Ordinairement, une des conditions qu'on exige de ceux qui réclament le concours pécuniaire des Unions, c'est qu'ils aient eux-mêmes fait quelques efforts ou qu'ils essaient d'en faire au moment où ils demandent qu'on leur vienne en aide. De telles requêtes sont rarement repoussées quand ceux qui les présentent peuvent prouver que leur cause est juste. Les Unions ne font pas profession de se battre pour les autres, mais on sait bien que les mécaniciens n'hésitent pas à voter des milliers de livres pour venir en aide aux travailleurs qui luttent avec le bon droit de leur côté. La Société des fondeurs est celle dont les comptes rendus nous donnent le plus complet relevé des sommes ainsi votées. Le total s'élève à 3.640 livres sterling 4 sh. 8 d., il se compose de sommes qui varient de 5 à 500 livres sterling. Le plus gros subside, 500 livres, a été donné en 1874 à l'Union nationale des Ouvriers agricoles. Différentes Unions ont donné aux marins anglais en 1874, des subsides se montant à 6 ou 7.000 livres. Jamais un secours n'a été refusé à l'heure du besoin à ceux qui s'aidaient virilement eux-mêmes.

Ne serait-ce pas de la folie pure, un pur gaspillage d'argent et de forces, que de donner des subsides à une multitude sans organisation, sur la demande d'un comité sans mandat qui irait dissiper cet argent dans une lutte impossible, commencée peut-être sans rime ni raison? Les Unions ne se laisseront extorquer de l'argent ni par menaces, ni par cajoleries, mais elles ont la main ouverte et vont de tout cœur quand le capital cherche à prendre le travail à la gorge, comme le prouve l'histoire des cinquante dernières années. Leur sympathie ne fait jamais défaut et elles donnent généreusement leur aide.

IX. — *Résumé des dépenses faites par les Institutions d'Assistance et de Prévoyance.* — Il pourrait être très utile et très commode pour les recherches de présenter dans un tableau synoptique toutes les dépenses des institutions que nous venons de passer en revue. On pourrait voir ainsi de quelle manière les Trade Unions appartenant aux types les plus perfectionnés, pourvoient au bien-être de leurs adhérents et cherchent à défendre leurs intérêts. Pour les raisons que nous avons déjà données, le tableau n'est pas aussi complet que nous l'aurions désiré ; mais il présente le vieux Trade Unionisme dans ses grandes lignes sous une forme qui permettra au public de voir comment ont été dépensés les énormes capitaux de cette organisation du travail et à quoi ils ont servi.

Voici le total des sommes déboursées par les différentes sociétés déjà citées.

NOM DES SOCIÉTÉS.	TOTAL DES VERSEMENTS FAITS POUR			
	Frais funéraires.	Caisse des maladies.	Caisse de la vieillesse.	Caisse des accidents.
Mécaniciens	209.917	680.314	482.290	52.630
Constructeurs de machines	17.825	60.592	22.270	8.116
Chaudronniers, etc.	51.579	291.278	49.257	36.660
Fondeurs	61.541	208.628	111.268	32.850
Mouleurs	44.228	rien	38.597	Tout est compris dans les frais funéraires.
Forgerons	5.203	26.293	1.989	2.346
Charpentiers et menuisiers	43.729	239.665	27.029	25.040
Tailleurs de pierre	92.747	120.484	84.313	31.679
Briquetiers	13.616	54.474	921	971
Plâtriers	12.804	21.792	3.745	10.340
Tailleurs	44.081	131.631	1.744	Rien.
Compositeurs Londres	16.098	Rien.	10.246	—
Association des typographes	9.227	—	9.886	—
Carrossiers	31.148	5.360	50.821	4.822
Total : 14 sociétés	653.743	1.840.511	895.096	195.434
Soit en valeurs françaises	16.343.575	46.012.775	22.377.400	4.885.850

Sauf la Caisse des Accidents dont l'usage n'est pas général, on voit que presque toutes les professions possèdent toutes les institutions de prévoyance; cependant quelques Unions n'ont pas de caisse spéciale de maladie, tandis que partout il existe des dispositions prises pour l'assurance des frais funéraires, ainsi que des caisses de retraites pour la vieillesse.

NOM DES SOCIÉTÉS.	Chômages.	Dons bienveillants	Perte d'outils, etc.	Grèves.
	£			
Mécaniciens	1.492.264	70.598	—	86.664
Constructeurs de machines	86.331	1.606	—	3.982
Chaudronniers	311.814	—	—	70.255
Fondeurs	709.561	3.549	—	30.117
Mouleurs	240.035	—	—	Compris dans la cause de chomage.
Forgerons	32.918	—	—	
Charpentiers et menuisiers	349.495	18.005	24.113	87.094
Tailleurs de pierre	94.763	7.902	—	112.100
Briquetiers	3.500	929	—	5.160
Plâtriers	2.722	—	—	7.250
Tailleurs	25.166	2.105	—	20.973
Compositeurs, Londres.	92.958	13.273	507	22.313
Association des typographes	49.237	—	—	16.860
Carrossiers	113.577	—	702	Caisse de chomages.
Total : 14 Sociétés	3.604.314	118.025	24.822	462.818
Soit en valeurs françaises.	90.108.525	2.950.625	620.550	11.570.450.

Les chiffres inscrits sous chaque colonne parlent d'eux-mêmes. Les chiffres globaux inscrits sous la rubrique Institutions d'Assistance et de Prévoyance, et sous la rubrique Grèves, sont les plus imposants et s'étendent à un cercle plus large encore que celui des adhérents. Le montant de toutes les sommes consacrées à ce qu'on pourrait appeler les besoins constants et permanents des ouvriers, c'est-à-dire l'assistance pécuniaire dans le cas où la misère les surprend sans qu'il y ait de leur faute, atteint le chiffre grandiose de £ 7.331.952 [*183.298.800 francs*], tandis que le montant total des dépenses occasionnées par les grèves s'élève seulement à £ 462.818 [*11.570.450 francs*].

Ce n'est pas que nous blâmions ce genre de dépenses; la plupart du temps c'est une mise de fonds sage et nécessaire et un placement excellent au point de vue purement commercial et matériel. Mais les autres dépenses arrivent indirectement au même résultat en diminuant la concurrence qui se produit sous la pression de la faim, et qui de tout temps a été la cause la plus féconde des salaires insuffisants et du mécontentement social.

Société des employés de chemins de fer réunis. — La grande grève des chemins de fer en Écosse a révélé l'existence de cette société. Elle existait depuis trop peu de temps pour que nous ayons pu la comprendre avec les autres; elle n'existait pas sur ses bases actuelles en 1869. Elle n'a été constituée telle qu'elle est qu'en 1872. Le 9 octobre dernier, elle comptait 83.000 membres. Voici le compte rendu de ses opérations depuis dix-huit ans.

Caisse de chômages, £ 12.054, 14 sh. 6 d.; caisse de la vieillesse, £ 21.627; secours aux orphelins, £ 7.369; assistance judiciaire pour les adhérents, £ 11.583; protection des intérêts professionnels, 10.272 livres, 4 sh. 0 d. Total, £ 63.507 16 sh. 4 den.

Son compte de fin d'année se balançait en 1889 par £ 81.713, 11 sh. 6 d. Elle vient de donner récemment £ 6.000 aux grévistes écossais, sans parler des secours qu'elle a donnés à ses propres adhérents. Son revenu s'élevait en 1889 à £ 17.969, et ses dépenses à £ 9.939, 5 sh. 3 den.

CHAPITRE VII

LE NÉO-TRADE UNIONISME. 1re PARTIE.

Caractères distinctifs des nouvelles Trade Unions.

Examen rétrospectif des modes d'organisation du travail dans le cours des siècles suivant les périodes. — Force défensive de l'association. — Les vieilles unions sont attaquées par des ennemis du dedans, après avoir été surtout exposées aux coups des ennemis du dehors. — La solidité des vieilles Trade Unions. — Elles ont été un refuge pour les opprimés, une forteresse et une protection pour les premiers pionniers de la cause du travail. — Leurs batailles et leurs victoires. — Conflits toujours pendants. — Les ennemis dans la place. — L'imprévoyance à la guerre, les coups de surprise et les désastres possibles. — La conduite des nouveaux chefs. — Leurs attaques contre les dignitaires des unions et contre le système corporatif. — Germes de mécontentement. — Calomnies et diffamations. — Membres ouvriers dans le Parlement. — Divisions qui affaiblissent l'armée du travail.

Progrès réalisés depuis cinquante ans. — Attitude des néo-unionistes au Congrès de Liverpool. — Injures. — Mauvais accueil fait aux étrangers et aux invités. — Désordre pendant les discussions et cabales dans le but d'enlever des votes de surprise. — Machines de guerre. — Condamnation des institutions d'assistance et de prévoyance. — Les ouvriers des chemins de fer et leurs Unions. — Institutions de prévoyance fondées par la Société des employés de chemins de fer réunis. — Les Unions organisées uniquement en vue des grèves ne sont pas un progrès, mais un retour à l'organisation primitive. — Antagonisme contre les ouvriers non unionistes. — L'emploi de la violence, réminiscence d'un passé qu'il vaudrait mieux oublier. — L'abrogation du Criminal Act Amendment permet la persuasion morale, mais n'autorise pas la contrainte. — Pas de violences de 1875 à 1889. — Retour aux vieux errements en 1889-1890. — Exemples. — L'aversion contre les ouvriers non unionistes n'est pas un sentiment nouveau. — Raisons qui rendent cette aversion excusables. — Reproches adressés aux black legs, aux moutons noirs. — Les mises en interdit et la coercition. — Action des Congrès des Trade Unions. — La jurisprudence et la loi. — Le procès de Plymouth. — La loi sur la diffamation. — Les Unions fermées. — Tentative faite par les ouvriers des docks pour créer un véritable monopole au profit de leur Union. — Leur insuccès. — L'Union des ouvriers des docks. — Les premières luttes. — Premières tentatives d'organisation. — Attaques contre les chefs. — Progrès de l'Association. — La grève des docks. — Constitution de la Société. — Son objet. — Les sous-traitants. — L'Union des marins et chauffeurs — Son histoire et ses progrès. — Les grandes grèves. — Succès numérique. — But de l'Union. — Autres nouvelles Unions. — Leur but en général est digne d'éloges. — Succès des nouvelles Unions. — Crimes et délits commis à l'occasion des grèves.

Dans les précédents chapitres, nous avons décrit la naissance et la croissance des Trade Unions depuis la date la plus reculée jusqu'à l'an de grâce 1891, époque à laquelle on pouvait croire que cette organisation du travail, au moins dans ses présentes lignes, approchait de son complet épanouissement. Nous avons démontré que les Trade Unions sous leur forme actuelle, ne datent guère que de quarante ans du moins en ce qui concerne leurs principales institutions de prévoyance. Le principe existait bien à une date plus éloignée, mais en tant qu'organisme vivant le Trade Unionisme est resté à l'état de chrysalide durant la première moitié de ce siècle. Cependant cette institution si essentiellement moderne, telle que nous venons de la décrire dans ce livre, est maintenant brutalement et insolemment appelée par des ignorants le vieux Trade Unionisme et désignée sous l'expression dédaigneuse de *vieux jeu*; c'est ainsi que souvent on entend des garçons de 18 ans qui appellent irrévérencieusement leur père le *vieux gouverneur* et attendent, avec une sorte d'indifférence philosophique, le moment où il quittera la vie et leur laissera l'héritage qu'ils escomptent d'avance. Vieux, oui peut-être, du train où nous allons aujourd'hui : mais dans sa vieillesse et même dans ses ruines le vieux Trade Unionisme ressemble à ces monuments du moyen âge qui s'imposent à notre respectueuse admiration. Quand on contemple ces monuments du passé, on est frappé d'étonnement devant leur grandeur, la symétrie et la majesté de leurs proportions et leur merveilleuse appropriation aux besoins en vue desquels ils étaient construits; on ne sait ce qu'il faut le plus louer de leur beauté architecturale et artistique ou de la solidité de leur construction. Quelques-uns présentent un ensemble si complet et si parfait qu'ils atteignent le sublime. Si les Trade Unions ne peuvent prétendre à la même perfection, il faut, pour être juste, se rappeler que les architectes, les ouvriers et les artistes qui les ont édifiées ont été entravés à chaque instant dans leur travail; que les plans furent sans cesse critiqués et modifiés, que les matériaux dont ils disposaient étaient défectueux; que d'ignorants législateurs sont intervenus à toutes les périodes pour leur imposer des conditions impossibles et que ceux qui avaient entrepris l'œuvre étaient menacés dans leur liberté et dans leur vie. Quand on tient compte de ces circonstances, on doit s'étonner que l'édifice ait pu s'élever et plus encore qu'il ait pu être achevé dans toutes ses parties. En dépit de quelques imperfections, pour que les Trade Unions aient pu constituer un tel système, il a fallu qu'elles eussent en elles les éléments d'une grande vitalité; c'est la preuve de leur nécessité providentielle dans un siècle où tous les efforts tendaient à supprimer les associations de tout genre.

I.—*Puissance protectrice de l'Association.*—Les Trade Unions ont été, pour les ouvriers de ce pays, un sanctuaire et une forteresse, mais ceux qui se réfugaient dans le sanctuaire ne jouissaient pas du droit d'asile que les anciennes lois accordaient aux fugitifs et même aux criminels. Cependant même aux plus mauvais jours, lorsque la loi avait des rigueurs extrêmes contre les travailleurs, les associations leur procuraient une certaine protection. C'est dans ce sanctuaire que se réfugiaient les apôtres du travail, ceux qui combattaient et souffraient pour la liberté d'association, pour l'assistance mutuelle et l'amélioration du sort des ouvriers. Les vieilles Unions ont été pour ces hommes comme une forteresse inexpugnable; à l'abri de leurs murailles, ils ont pu braver les efforts de l'ennemi et diriger contre lui d'audacieuses sorties. Après bien des luttes, bien des échecs et des victoires, ils ont pu à leur tour assiéger leurs adversaires dans leurs propres retranchements et les faire capituler. Jamais vainqueurs ne se sont montrés moins vindicatifs, ils ont respecté les droits acquis et épargné ceux qui les avaient combattus, se bornant à rétablir entre les deux partis l'égalité des droits et à bien garantir les droits, les devoirs et les responsabilités de chacun. L'égalité des droits était une grave question qui ne pouvait être réglée en un jour : il a fallu du temps pour concilier les intérêts si nombreux et si divers qui se trouvaient en jeu. Ces intérêts étaient la conséquence d'un ordre de choses tout différent et dont aucun des deux partis ne pouvait être rendu responsable. Ce règlement n'est pas encore terminé; des difficultés qui remontent si haut dans le passé ne peuvent être dénouées que par des transactions et des concessions réciproques. Mais bien que tout ne soit pas fini on est entré dans la voie des négociations et ces négociations ont fait de grands progrès depuis quelques années, l'armée victorieuse obtenant concessions sur concessions. L'impatience causée par certains retards est naturelle, mais elle est surtout manifestée par ceux qui n'ont pas pris part à cette lutte séculaire.

Dans les premières batailles du Trade Unionisme, la garnison avait l'avantage de n'avoir à combattre que l'ennemi du dehors. Il y avait bien quelques ennemis intérieurs, mais c'était rare. Maintenant toute la ligne de bataille semble changée. Les attaques viennent plutôt du dedans que du dehors, de ceux qui devraient être de braves défenseurs et qui sont devenus d'implacables adversaires. Quelques-uns sont montés sur les remparts, invitant l'ennemi du dehors, depuis assez longtemps au repos, à recommencer la guerre. Ils ont fait plus : ils ont tenté d'enclouer les canons et de noyer les poudres pour rendre la résistance impossible si la bataille doit reprendre avec l'acharnement d'autrefois. Ce sont, nous le savons, de graves accusations; les faits qui suivent prouveront si elles sont fondées. Les points de différence entre le vieux et le néo-trade unionisme ne sont pas toujours assez clairement délimités pour que les observateurs superficiels puissent voir la distinction, mais un examen attentif des discours de quelques-uns des nouveaux leaders et des actes de certaines nouvelles Unions nous permettra d'élucider la question. Nous allons l'exposer en détail dans les chapitres suivants.

II. — *La conduite des nouveaux meneurs.* — Les nouveaux meneurs les plus en vue se sont surtout signalés par leurs attaques persistantes et calomnieuses contre les anciens chefs, contre les hommes qui ont supporté le poids de la bataille et dont quelques-uns sont encore les dignitaires respectés de certaines Unions. Pendant plusieurs années, quelques-uns de ces hommes ont attaqué des représentants comme Thomas Burt, Charles Fenwick et John Wilson, dans les districts miniers qui forment leurs circonscriptions électorales; ils ont mené avec un tel acharnement cette campagne, que M. Burt a offert de remettre sa démission aux mains de son Comité et de faire appel à ses électeurs. M. Broadhurst a été attaqué si violemment et avec tant de persistance qu'il a dû se démettre du poste de secrétaire du Congrès des Trade Unions qu'il occupait depuis quatorze ans. Une tentative a été également dirigée contre M. Shipton, secrétaire du Comité des Unions de Londres pour lui faire abandonner cette fonction qu'il remplit depuis près de vingt ans. Les attaques contre M. C. J. Drummond, le secrétaire de l'Association des compositeurs d'imprimerie de Londres, ont pris un tel caractère qu'il a démissionné, mais les membres de l'Association l'ont supplié de retirer sa démission et il a repris son poste. M. Robert Austin, le secrétaire de la Société des mécaniciens réunis, a été également très attaqué, mais il n'a pas cru devoir offrir de donner sa démission. On peut en dire autant de M. James Swift de la Société des constructeurs de machines et de M. E. Harford de la Société des employés de chemins de fer réunis. Il n'y a pas un secrétaire, depuis longtemps en fonctions, qui n'ait eu à souffrir des injures, et des calomnies de quelques-uns des nouveaux meneurs ou de leurs satellites. Leur situation est devenue intolérable dans bien des cas, car, outre, l'écœurement causé par de telles injures, leur travail déjà écrasant a été considérablement augmenté par la nécessité de répondre à ces attaques, mais les plus grandes violences ont été réservées aux membres ouvriers du Parlement. Dans les élections, dans la presse, dans les meetings clandestins, on a distillé contre eux le venin de la calomnie avec une telle abondance qu'il est devenu son propre antidote. Personne n'a été épargné, quoique M. B. Pickard et M. W. Abraham aient été un peu ménagés depuis qu'ils ont consenti à déposer et à soutenir une proposition tendant à faire limiter la journée à 8 heures par acte du Parlement.

L'effet des calomnies ainsi répandues a été de fomenter un certain mécontentement parmi les membres des sociétés représentées par les hommes que nous avons nommés et par d'autres dignitaires. Quelques-uns des nouveaux meneurs ont ouvertement proclamé que leur mission est de prêcher l'Evangile du mécontentement. Naturellement, il y a mécontentement et mécontentement. Lorsque le mécontentement ne fait qu'éveiller l'émulation et provoquer des efforts plus vigoureux pour l'amélioration du sort des travailleurs, il est salutaire ; il remue l'eau dormante. Mais il y a un autre genre de mécontentement qui conduit à la révolte et à la licence ; nous en avons vu des exemples durant ces dernières années dans ces grèves faites sans motif, dans l'abus cynique de la force et dans des capitulations sans dignité. Les moyens violents appartiennent ou devraient appartenir au passé. Ils convenaient à l'époque où la liberté d'association était refusée aux ouvriers, où la persécution poussait les hommes à des rages frénétiques ; où les longues heures de travail, les salaires réduits, la nourriture hors de prix, l'ouvrage rare et les conditions démoralisantes dans lesquelles se faisait le travail avaient dégradé les classes laborieuses presque au niveau des brutes. Sans doute la situation est encore mauvaise, mais il faut bien peu connaître l'histoire et surtout l'histoire du travail pour ne pas savoir que les classes laborieuses sont beaucoup plus heureuses qu'il y a quarante ou cinquante ans. Que ceux qui en doutent relisent les rapports des Commissaires Royaux et du Select Committee de 1832 à 1850 sur le régime des manufactures, sur les mines, sur l'agriculture, etc. ; et aussi les rapports de la Commission chargée d'étudier l'état sanitaire des villes et les rapports sur les conditions sanitaires des classes laborieuses d'Angleterre et d'Ecosse de 1838 à 1843. Le progrès réalisé sous tous les rapports est énorme ; s'il ne l'avait pas été les efforts de nos devanciers auraient été stériles. Le résultat de leurs travaux ranime notre courage et nous donne l'espoir que l'amélioration du sort des masses se continuera et que les progrès seront plus rapides dans les conditions meilleures où nous nous trouvons. Méconnaître les travaux de ceux qui nous ont précédés prouve une basse ingratitude, enfant de l'ignorance, de l'envie et de la perversité.

C'est peut-être au Congrès des Trade Unions de Liverpool qu'on a poussé à l'extrême les injures et la tenue provocante, et les rapports et discours publiés depuis ont atteint le comble de la calomnie. D'après un des meneurs, les chapeaux à haute forme et les habits noirs, la taille et la corpulence des délégués des vieilles unions étaient l'indice d'un effroyable état de décadence dans la direction et la gestion du vieux Trade Unionisme. Les délégués qui étaient les heureux possesseurs de ces odieux symboles de la dégénérescence des Unions furent bafoués comme ayant l'air d'Aldermen. La grossièreté vis-à-vis des visiteurs fut caractérisée par le traitement fait au maire de Liverpool qui avait offert une magnifique réception aux délégués et aux représentants des Sociétés coopératives et qui était venu au Congrès sur invitation, pour expliquer aux membres des Trade Unions le fonctionnement du système coopératif. Une voix forte, des gestes d'impatience et des interruptions systématiques étaient chose commune et dominante au Congrès des Trade Unions de 1890. Le spectacle était triste et pitoyable à voir.

III. — *Machines de guerre.* — Cet aspect du Néo-Trade Unionisme ressort de la résolution prise au Congrès des ouvriers de chemins de fer tenu au Hope town Hall, Bethnal Green Road, le mercredi 19 novembre 1890. « L'Union doit rester une machine de guerre et ne s'embarrasser d'aucune caisse de maladies ou d'accidents. » La société qui a provoqué ce Congrès sous le titre de Congrès général des employés de chemins de fer ne doit pas être confondue avec la société des employés de chemins de fer réunis qui existe depuis bien des années et qui est organisée à peu près sur les mêmes bases que celle des mécaniciens et les autres Unions dont nous avons énuméré les institutions de prévoyance. La société dont nous avons à nous occuper est une des nouvelles Unions destinées dès l'origine à lutter contre les vieilles Unions et à les supplanter, mais qui maintenant se résignent à collaborer dans une certaine mesure avec elles. Les cotisations hebdomadaires sont moins fortes, tandis qu'en temps de grève les adhérents reçoivent un secours de 15 shilling par semaine pour les dix premières semaines et 7 shillings 6 deniers pour dix semaines de plus. Nous avons vu des grèves durer plus de dix semaines et vingt semaines ; quelques-unes des plus récentes ont duré dix-huit semaines et plus. Que deviendront les grévistes après l'expiration des 20 semaines, les compte-rendus du Congrès ne le disent pas. Voyons par comparaison ce qu'a fait et ce que fait encore la Société des employés de chemins de fer réunis. Elle a donné en 1887 £ 2.068 pour les ouvriers en chômage ; £ 10.902 pour les caisses de maladies, d'accidents et de vieillesse, les orphelins, la défense légale et la caisse des grèves.

En 1888, la Société avait dépensé £ 96.742 et à la fin de

1889 £ 81.764. Par son action pacifique mais persistante elle à fait beaucoup pour améliorer la condition des employés de chemins de fer dans tout le royaume. En tant qu'union elle a fait moins de bruit peut être que quelques-unes des nouvelles; mais on s'aperçoit de son influence par les concessions faites par les différérentes Compagnies de chemins de fer pendant les deux dernières années et son influence va toujours en augmentant. Il peut y avoir place pour les deux, mais la prudence voudrait qu'à défaut d'une entente complète il y eût entre elles une coopération amicale.

Mais, comme nous l'avons déjà démontré, le côté militant n'est pas un nouveau trait du Trade Unionisme. Le pied de guerre veut seulement dire le retour à un ancien état de choses que les meilleures Unions ont cherché à atténuer sinon à répudier. Beaucoup des anciennes Unions n'ont jamais pu se rendre compte de ce qu'elles auraient à faire pour reviser leurs statuts et leur constitution de manière à se lancer dans les plans de campagne plus vastes, préconisés par les nouvelles Unions. Les plus expérimentés de leurs dignitaires et de leurs membres estiment en outre que ce serait un malheur; dans aucun cas ils ne dédaignent le type d'Union que nous avons décrit. En cela ils diffèrent des Néo-Unionistes. Ceux-ci exaltent une utopie, faute de pouvoir imiter ce qu'ont fait les autres; ceux-là condamnent certaines tentatives parce qu'ils croient qu'elles ne valent pas la peine d'être imitée. Beaucoup des plus vieilles Unions, après avoir fait beaucoup de bien dans leur sphère un peu étroite, continuent à en faire encore; quelques-unes des nouvelles Unions pourront survivre et faire également du bien. Mais elles ont à faire leurs preuves; il est trop tôt encore pour apprécier leur force ou vanter leur action; ce serait de la présomption de vouloir prédire leur avenir. En ce qui concerne les sociétés de prévoyance, elles se glorifient d'y avoir renoncé avant d'avoir commencé; elles en tirent même vanité comme si elles avaient fait entrer le Trade Unionisme dans une nouvelle voie qui est à la fois l'alpha et l'oméga. Il est en effet souvent désirable qu'une Union nouvellement créée restreigne son champ d'action; c'est mesurer le vent à la laine de la brebis tondue. Mais à quoi bon exposer la brebis à l'intempérie des saisons plus qu'il n'est nécessaire et n'est-ce pas se moquer que de déclarer qu'elle est assez couverte par sa toison rognée pour pouvoir résister à tous les temps? Quelque utiles que puissent être ces Unions dans leur sphère, il est évident qu'elles n'ont pas et ne sauraient avoir la force de résistance que donne une organisation, qui repose sur des bases plus larges et qui a le pouvoir vivifiant et la solidité des Unions que nous avons énumérées dans les précédents chapitres. Il n'est pas nécessaire de beaucoup d'arguments pour le prouver, toute l'histoire économique le démontre, mais il est nécessaire de l'affirmer hautement pour répondre aux attaques de nouveaux meneurs.

IV. — *Antagonisme contre les ouvriers non unionistes.* — Ce n'est pas un fait nouveau dans l'histoire des Trade Unions. Malheureusement, c'est une des plus anciennes difficultés que les Trade Unions aient eu à surmonter. Le plus grand malheur, c'est que le Néo-Trade Unionisme a dans une certaine mesure fait revivre les violences et les intimidations du passé, alors que nous commencions à espérer que ce procédé d'action économique avait disparu pour toujours. Quand les Unionistes du royaume uni demandaient le rappel du Criminal Law Amendment Act, ils alléguaient qu'ils ne voulaient employer ni pression, ni contrainte, mais la persuasion. La loi a été abrogée pour donner toute latitude à la propagande morale, mais pas pour donner le droit d'employer l'intimidation et la violence. Il faut admettre que pendant plusieurs années, de 1875 à 1889 la conduite des Trade Unionistes a justifié le Parlement d'avoir en 1875 abrogé cet acte en même temps que d'autres dispositions vexatoires. Elle avait été telle que M. John Bright un des plus ardents adversaires de l'abrogation de la loi jusqu'à 1874, admettait lui-même que cette abrogation avait été justifiée par les résultats. Mais depuis deux ans nous avons vu au contraire une recrudescence de violence contre les ouvriers qui refusent de faire partie des Unions, telle que nous ne pourrions en trouver l'équivalent que dans les premières années avant l'enquête de 1867 et l'abrogation définitive des lois anciennes. Depuis et dans quelques cas isolés il y avait eu quelques retours aux moyens brutaux mais ces violences n'avaient lieu que dans des moments de grande excitation, quand la passion était forte et les luttes du travail aiguës. Il était réservé aux nouvelles Unions de recourir systématiquement au système du terrorisme et de la force brutale pour forcer les Non-Unionistes à abandonner leurs emplois. On retrouve des exemples de cet esprit belliqueux dans les grèves des ouvriers des docks de Londres, Liverpool, Cardiff, Southampton et d'autres villes, et dans les grèves des ouvriers gaziers à Londres et à Manchester et enfin dans les grèves de l'Union des marins et chauffeurs. Il est déplorable de voir revenir à ces anciens et déplorables errements ; mais nous espérons qu'on ne continuera pas.

Cette aversion des Trade Unionistes a travailler avec des Non-Unionistes est aussi vieille que le système des Ghildes. Aussi tant que les Unionistes s'abstiennent de la violence et de l'intimidation on peut trouver plus d'une excuse à leurs agissements. Les adhérents des Unions font observer qu'ils ont du enlever de haute lutte chacun des avantages conquis, qu'ils ont eu à souffrir et à supporter de longues épreuves, qu'ils ont fait de grands sacrifices et gagné bien des victoires ; ils remarquent également que les Non-Unionistes jouissent de tous les avantages obtenus sans avoir contribué à la victoire ; et que quand ils ont éprouvé des défaites c'est grâce à l'abstention sinon à la défection de ces hommes. Ces derniers n'ont ni défriché ni semé, ils ne veulent même pas prendre part à la moisson. Mais en revanche, ils sont toujours prêts à manger et à jouir du fruit du travail des autres. Il est triste qu'il en soit ainsi et malheureusement cela est ; mais nous sommes dans un pays libre, un homme ne peut pas plus être obligé d'entrer dans une Union qu'on ne peut l'empêcher d'y entrer. L'État doit assurer à tous une égale liberté, comme il l'a fait à la longue pour la liberté de conscience. Cependant, dans certaines limites faciles à déterminer, les Unions peuvent exercer une pression morale pour obliger les hommes qui se tiennent en dehors des Unions à prendre leur part dans les devoirs et les responsabilités. Tant qu'elles ne dépassent pas cette limite, personne ne se plaindra de leur action. La principale raison des conflits avec les non Unionistes n'est pas leur refus de faire partie de l'Union, bien que ce soit un grief très fort. La colère des Trade Unionistes se porte surtout sur les hommes, qui en cas de grève prennent la place de ceux qui ont cessé le travail et que leurs camarades flétrissent des sobriquets de *blacklegs* et de *scabs*. Des hommes d'honneur ressentiront peu de commisération pour ces traitres, mais la loi ne permet pas le *lynchage* même dans le cas d'assassinat, et rien n'autorise à porter des mains violentes sur ces hommes qui se dérobent au travail en temps ordinaire, mais qui se précipitent comme des vautours sur les cadavres au milieu de la bataille et se nourrissent de la chair de leurs propres camarades.

V. — *Picketing* et *Coercition*. — Pendant beaucoup d'années les Trade Unions anglaises ont cherché à se délivrer des entraves légales et plus particulièrement de la jurisprudence des cours de justice qui déclaraient illégal et délictueux le fait de Picketing, organisation de patrouilles destinées à prévenir et à arrêter les ouvriers qui se rendent au travail.

Leurs efforts ont été couronnés de succès en 1875 quand les « Labour Laws » ont été votées, abrogeant non seulement le Criminal Law Amendment Act de 1871, mais les dispositions des autres actes qui étaient restés en vigueur, ainsi que la loi sur les coalitions qu'on appliquait aux grèves. La législation de cette année a été célébrée par les ouvriers comme leur grande victoire, et cette loi a été considérée et désignée comme la Charte des travailleurs. Pendant toute cette longue et pénible lutte, conduite avec prudence et fermeté par les leaders des Unions, et soutenue par les capitalistes avec tous les moyens en leur pouvoir, les ouvriers ont déclaré qu'ils ne chercheraient pas à employer la contrainte mais la persuasion ; qu'ils ne voulaient ni de la violence ni de la terreur, mais une simple pression morale pour obliger les récalcitrants à entrer dans les Unions.

La loi actuelle laisse une très grande latitude aux membres des Unions pour exercer leur droit d'engager par tous les moyens légaux les ouvriers à se joindre à eux, ou du moins pour les empêcher de nuire à la cause de l'Unionisme en travaillant contrairement à ses statuts. La loi n'admet pas la contrainte ; on ne doit pas contraindre un autre homme à faire ou à ne pas faire une chose que la loi lui donne le droit de faire ou de ne pas faire. Elle sauvegarde la liberté personnelle, et les membres de l'Union plus que tous autres doivent la respecter comme le fondement de tous les droits du citoyen. Depuis 15 ans que la loi est votée, on n'a eu à élever aucun grief sérieux et rien dans la pratique n'en était résulté de fâcheux jusqu'à l'année dernière, lorsque certaines nouvelles Unions s'imaginèrent qu'elles pouvaient agir comme bon leur semblait sans s'inquiéter des droits de ceux qui ne pensaient pas exactement de même. On verra par ce qui suit combien ces gens qui réclament sans cesse de nouvelles lois se sont mis en opposition avec la loi.

Le comité parlementaire des Congrès des Trade Unions avait été chargé d'étudier la question de mise à l'index, par suite de plaintes récemment formulées. Le Comité s'occupa donc de cette matière et formula ainsi ses conclusions : dans un rapport adressé au Congrès de Liverpool en septembre 1890, il constata qu'il avait examiné ce sujet et qu'il pouvait affirmer que la loi était parfaitement claire et que les mises à l'index étaient parfaitement licites à condition de ne pas être accompagnées d'actes de violence. Le rapport continuait en ces termes : « Si ceux qui sont engagés dans des luttes économiques, qui nécessitent cette mesure conservatoire, veulent se faire renseigner exactement comme on est en mesure de le faire, avant d'agir eux-mêmes, il n'y a aucune raison pour qu'ils ne puissent réussir à établir une mise à l'index sans tomber sous le coup d'aucune poursuite ». Le Comité s'en réfère ensuite au jugement rendu par M. le Juge de Paix Cave aux assises de printemps à Bristol, jugement qui consacre en pareil cas le droit des ouvriers.

Cette conclusion du Comité est d'accord avec le sentiment général des Trade-Unionistes et conforme aux motifs allégués pendant les cinquante ans d'agitation pendant lesquels on a lutté pour obtenir l'abrogation des lois restrictives. Mais ce rapport du Comité ne parut pas donner aux assistants une complète satisfaction. La résolution suivante fut proposée et appuyée quand on arriva à la discussion de cette partie du rapport.

« Dans le cas où un membre d'une Trade Union représentée à ce Congrès serait poursuivi pour fait d'une mise à l'index sans violence aux termes du *conspiracy act* de 1875, le Comité parlementaire devra faire des démarches pour obtenir que la loi soit plus clairement définie ». Cette résolution sensée et modérée fut rejetée par 154 voix contre 9 en faveur de l'amendement suivant : « Nous enjoignons au Comité parlementaire de faire abroger purement et simplement la clause qui déclare illégale la mise à l'index. » Ce qui rend cet amendement absurde, c'est qu'il n'existe pas de clause dans la loi qui rende illégale la mise à l'index. Mais une autre résolution du Congrès jette plus de lumière sur ce sujet. Voici quelle est cette résolution :

« Nous enjoignons au Comité parlementaire de réclamer l'abrogation de l'art. 7 du Conspiracy and Protection of property act, et de faire amender tous les autres articles qui sont dangereux pour les libertés des classes laborieuses. Le considérant disait qu' « une des anomalies de cet acte était que, bien que la mise à l'index fût autorisée par un de ses articles, l'art. 7 la faisait rentrer dans la loi pénale sous certaines conditions. L'orateur qui soutint la motion déclara cependant qu'il trouvait l'acte en lui-même moins dangereux que son interprétation. Il est vraiment regrettable qu'aucun des orateurs ne semble avoir eu connaissance de l'acte en question. Ce qu'ils visaient sans doute c'est l'art. 7 de la loi qui est si important que nous croyons devoir le donner ici *in extenso*.

L'art. 7 est ainsi conçu :

« Toute personne qui dans le but de *contraindre* une autre personne à faire une action ou de l'empêcher de faire une action qu'elle a légalement le droit de faire ou de ne pas faire, méchamment et sans autorité légale :

« 1° Use de violence pour intimider cette personne, sa femme ou ses enfants ou porte atteinte à sa propriété ;

« 2° Suit avec persistance cette personne partout où elle va ;

« 3° Cache les outils, les vêtements ou toute autre propriété mobilière à son usage ; les lui enlève ou l'empêche de s'en servir ;

« 4° Guette ou bloque la maison ou l'endroit où elle réside, travaille ou commerce, les lieux où elle se trouve accidentellement ou les alentours de ce lieu ;

« 5° Suit une autre personne avec un ou deux compagnons d'une manière désordonnée, soit dans une rue, soit sur une route ;

« Sera, dans le cas où la preuve en serait établie devant une cour de juridiction sommaire, passible d'une amende qui ne saurait excéder 20 livres ou d'un emprisonnement qui ne saurait dépasser 3 mois avec ou sans le travail forcé.

« Le fait de se tenir près de la maison ou du lieu où une personne réside, travaille ou commerce, ou aux alentours de la maison, uniquement pour avoir des renseignements ou en donner, ne sera pas considéré comme un blocus ou comme une garde établie, dans le sens de la loi. »

On pourrait croire que ce texte est suffisamment clair ; et un délégué intelligent envoyé à un Congrès de Trade Unions est inexcusable de s'être trompé sur son but et sur ses effets. Tout ce titre de la loi est dominé par le mot *contraindre* et par conséquent ou bien le vote du Congrès ne signifie rien ou il veut dire qu'un unioniste aura le droit de faire tous les actes énumérés dans les 5 paragraphes précités pour contraindre une autre personne à ne pas faire ce qu'elle a le droit légal de faire. Cet article au lieu d'être un danger pour les libertés des classes laborieuses, en est la protection. C'est préconiser le recours à la force brutale que de demander l'abrogation de cette partie de l'acte de 1875. Les hommes qui réclament cette abrogation sont des ennemis de l'ordre et du progrès, les ennemis de leur propre classe, et des sectaires d'une tyrannie plus cruelle encore que celle dont les ouvriers ont souffert sous l'empire des vieilles lois contre les coalitions.

Par manière de contraste avec le vœu de pouvoir librement user de contrainte, d'intimidation, de persécution, etc., la résolution suivante a été votée à l'unanimité par le Congrès.

« Le Congrès est d'avis que les mesures prises par la police Irlandaise qui a fait filer certains Trade Unionistes durant la grève des tailleurs à Londonderry est contraire aux déclarations réitérées du secrétaire en chef de l'Irlande qui a affirmé que la loi était la même pour tous et partout, et dans le but d'arriver à une meilleure organisation et de venir en aide à ceux qui sont déjà organisés, il enjoint au Comité parlementaire d'obtenir pour les Trade Unions d'Irlande la même protection et les mêmes droits qu'aux Unions de la Grande-Bretagne ». L'auteur de cette résolution et ceux qui l'ont soutenue ont déclaré que l'état de choses existant en

Irlande ne serait supporté nulle part ailleurs dans les îles anglaises.

Cette résolution contient un blâme contre l'usage de guetter, de filer et de suivre les gens partout où ils vont, car c'est ce qu'on entend ordinairement par l'expression *shadowing* (faire ombrage ou *suivre comme l'ombre*), et pourtant le Congrès venait de voter une résolution demandant que les Unionistes fussent autorisés à le faire, car c'est ce que veut dire l'abrogation de l'article 7 et la résolution votée ensuite par 154 voix contre 9 que nous avons déjà citée et qui demande implicitement le droit de suivre et de guetter les gens, autrement dit leur *faire ombre*.

Cela veut dire que les Unionistes pourront faire légalement ce qui sera défendu à la police irlandaise et aux officiers de la couronne. Un Congrès qui prend des résolutions aussi contradictoires doit avoir perdu le sens moral, oublié sa propre histoire et les services rendus à la cause de la liberté individuelle et de la liberté du travail.

Les pages qui précèdent étaient déjà remises à l'imprimeur avant que M. H. M. Bompas, le Recorder de Plymouth, n'ait rendu son jugement dans l'affaire Regina contre Curran et consorts et avant que l'attention publique n'ait été appelée sur la décision du juge Seymour à Newcastle en novembre 1890. Les remarques que nous avons faites doivent donc être modifiées comme suit : Les deux décisions susdésignées sont basées sur une interprétation forcée du terme « intimidation » interprétation qui n'avait jamais été admise ni dans ce cas ni dans aucun autre. Si par intimidation on veut dire que la pression morale qu'un homme ou plusieurs hommes exercent sur d'autres hommes peut les exposer à une poursuite au criminel, personne ne peut se dire à l'abri de la loi ; mais les décisions auxquelles il est fait allusion s'expliquent par ce fait qu'elles ne s'appliquent qu'à la pression exercée pour obliger des ouvriers à prendre part à une grève et ne sont pas également applicables aux patrons dans des circonstances analogues. C'est l'interprétation d'une loi faite en vue d'une classe spéciale de citoyens. Si la loi était appliquée d'une manière générale et sans distinctions à tous les citoyens pouvant exercer une action sociale, le mot intimidation, tel qu'il est employé dans la loi, devrait avoir le même sens que dans la loi sur les Juridictions sommaires de 1879 et le Juge de Paix pourrait obliger les personnes coupables de ce délit à donner caution pour garantir qu'ils resteront en paix. Dans aucun des cas précités il n'y a eu intimidation dans cette acception du mot. C'est un danger pour la liberté quand la loi autorise des interprétations si larges qu'elles peuvent dégénérer en licence; il y a un égal danger quand les définitions légales sont si étroites qu'un homme est exposé à enfreindre la loi suivant qu'il remue la main droite ou la main gauche. Si ces décisions sont confirmées la loi de 1875 devient une véritable chausse-trappe et devra être amendée.

VI. — *La loi sur la diffamation* (Law of Libel). — Une autre résolution très extraordinaire a été prise par le Congrès de Liverpool en septembre 1890 au sujet de la *Law of Libel and Trade Unionists.* Cette résolution est ainsi conçue :

« Par suite du verdict rendu par les assises du Yorkshire contre M. John Judge dans l'affaire en diffamation « Andrews contre Judge » le Congrès enjoint au Comité Parlementaire d'obtenir « la meilleure consultation légale sur les lois qui peuvent atteindre les dignitaires des Trade Unions relativement aux actes qu'ils dirigent contre les personnes que les membres et dignitaires des Unions considèrent comme portant atteinte aux usages et règlements de la profession ; le Comité devra faire circuler cette consultation avec les avis qu'il croira devoir donner à ce sujet aux Trade Societies. »

On ajouta un paragraphe pour demander au Comité d'user de son influence pour obtenir un amendement aux lois sur la diffamation ainsi conçu : « Les personnes qui cherchent à opprimer ou à nuire à une partie de la communauté pourront être dénoncées sans crainte de poursuites pourvu que les faits allégués soient vrais et ne soient pas calomnieux. » La résolution et son paragraphe additionnel furent adoptés et votés à l'unanimité. Le Congrès ne semble pas avoir vu que le défendeur peut toujours faire la preuve de la diffamation et prouver que la divulgation a été faite dans l'intérêt public En outre ce qui avait donné lieu à des dommages et intérêts dans l'affaire précitée c'est l'emploi du mot *scab* ou un terme similaire considéré comme infamant ; ce qui a donc été condamné c'est un acte considéré comme délictueux et entraînant avec lui un stigmate et une dégradation. Les Trade-Unionistes feront bien d'abandonner la diffamation à l'écume de la presse de ce pays et à des cliques et coteries sans dignité qui n'ont chance de se faire écouter du public qu'en raison des cancans et des calomnies qu'elles répandent pour salir d'honnêtes travailleurs voués à la cause du progrès de l'humanité.

VII. — *Les corporations fermées.* — C'est pour les Trade Unions une tendance absolument nouvelle. Il a été réservé à l'Union des ouvriers des Docks de chercher à faire refleurir dans le monde moderne cette idée du monopole du travail. Mais ils ne doivent pas trop se vanter de leur invention. C'est simplement une réminiscence d'une des plus mauvaises et des plus odieuses pratiques des Ghildes les plus dégénérées. Ils en ont peut-être emprunté l'idée aux Ghildes de la cité de Londres, institutions infidèles à leur mandat, qui ont depuis longtemps cessé de représenter les industries qu'elles avaient mission de défendre et qui tout en perdant leurs monopoles au point de vue industriel ont conservé malheureusement le monopole des capitaux. Les meneurs de l'Union des Dockers, qui ont pris l'initiative de cette politique rétrograde et restrictive ont montré au monde qu'ils sont impropres à diriger un grand mouvement social et incapables de résoudre le problème du travail. La résolution qui rappelle cet étonnant acte de folie a été prise par le Comité exécutif de l'Union des Dockers, en août 1890, et reçut une grande publicité dans la capitale; elle mérite d'être citée, ne fût-ce qu'à titre de curiosité historique: Elle est conçue comme suit :

« Reconnaissant que notre association métropolitaine est suffisante pour répondre à toutes les demandes du commerce de Londres, nous avons résolu que des instructions seraient envoyées à tous les secrétaires de sections, de n'avoir à accepter aucun candidat nouveau après le 13 août 1890, sauf le cas d'une autorisation spéciale du comité de district, et les comités de district devront veiller à n'accepter, sous aucun prétexte, des hommes trop faibles physiquement ou impropres au travail pour d'autres raisons. Des arrangements spéciaux doivent être faits pour l'enrôlement des hommes engagés dans des industries spéciales, telles que les brasseurs, les scieurs de long, etc., etc. » Cette tentative de monopoliser au profit d'une corporation fermée tout le travail des docks et des quais de la Tamise, a naturellement échoué et méritait d'échouer, mais son insuccès ne doit pas faire oublier la stupidité de cette tentative; au contraire, il marque d'un cachet d'incapacité les auteurs et les fauteurs de ce manifeste et les proclame à tout jamais *faibles ou incapables.*

Si une seule classe de travailleurs, ou les hommes qui se trouvent à une certaine époque employés dans une industrie peuvent invoquer le droit d'interdire une profession ou une occupation à tous les nouveaux venus, pourquoi toutes ne suivraient-elles pas cet exemple? On dit généralement que toutes les branches d'industrie sont encombrées, sauf la profession de servantes. Même dans les temps de prospérité comme les deux dernières années, nous entendons parler d'ouvriers sans travail; le moindre ralentissement augmenterait la proportion relative entre les ouvriers en chômage et les ouvriers occupés. Supposons donc que toutes les Unions ferment leurs rangs, que deviendra cette population surabondante? Et dans l'avenir faudra-t-il étrangler ceux qui viendront au monde et faut-il supprimer du vocabulaire enfantin cette touchante salutation « Sois le bienvenu, petit étranger » sous prétexte qu'il n'y a plus place pour de nouveaux venus? Si les *dockers* réclament le droit de limiter le nombre de ceux qui pourront travailler aux docks, ne vaudrait-il pas mieux rétablir les anciens privilèges des corporations de la Cité et leur rendre le droit de chasser de la Ville ceux qui n'auront pas rempli les conditions des chartes primitives et des ordonnances royales. Celles-là du moins peuvent revendiquer des droits exclusifs. Pourquoi les patrons de leur côté, n'allègueraient-ils pas que le marché est encombré, que toute nouvelle création d'usine occasionne une nouvelle concurrence qui fait baisser les prix, et qu'il est nécessaire de réduire le nombre des fabricants pour augmenter leurs bénéfices? Les boutiquiers pourraient aussi prétendre que la concurrence les ruine. Les aubergistes, il est vrai, exercent une sorte de contrôle indirect, par suite de l'influence qu'ils exercent sur les magistrats pour empêcher d'accorder de nouvelles licences. Mais, naturellement, ces magistrats n'exercent leur pouvoir que dans l'intérêt de la moralité publique.

Les compagnies de chemins de fer et les compagnies des eaux dépensent beaucoup d'argent pour défendre leurs droits acquis et empêcher les concurrences; mais ce système n'est pas généralement approuvé. Le public regarde avec défiance toutes les nouvelles créations de monopoles ou tous les efforts faits pour les perpétuer; il ne semble pas que les travailleurs aient beaucoup à gagner à une restauration de ce genre.

VIII. — *L'Union des Dockers.* — L'histoire de la création de l'Union des Dockers n'a encore jamais été exactement racontée, pas même par les fondateurs. On a probablement jugé prudent d'omettre les détails de ses premières luttes, mais ils sont intéressants à connaître. Un autre meneur qui a essayé de raconter l'histoire de la grève des Dockers dans la *Nouvelle Revue* d'octobre 1889, a commencé discrètement à une période déjà avancée de son histoire. Les travailleurs des docks et des quais ont été pendant quelques années le jouet d'un petit noyau d'agitateurs de profession, qui leur ont fait lancer des projets de toute sorte, depuis les *manholes* dans le chemin de fer métropolitain, jusqu'à des ponts sur la Tamise; depuis l'abolition des droits sur les sucres jusqu'à l'incorporation du South London, comme municipalité distincte. M. Ben Tillet, lui, était au courant des questions sociales et il avait entrepris de constituer une véritable Union, sur des bases conçues *bona fide*. Pendant longtemps, on mit tout en œuvre pour le faire échouer. Cependant il finit par réunir un comité et des statuts furent préparés pour l'Union générale des ouvriers du thé et des travailleurs des docks. On se décida alors à faire enregistrer la Société comme Trade Union. Celui qui écrit ces lignes a été à plusieurs reprises appelé pour aider à faire enregistrer les statuts par le Registrar. On y est arrivé à la fin. Le travail d'organisation fut extrêmement long et des résistances opiniâtres entravèrent le développement de la jeune Union, Mais le secrétaire n'était pas homme à se laisser mettre de côté. Durant deux trimestres le revenu suffit à peine à couvrir les dépenses et les comptes qu'il publia avec une énergie virile, furent relevés par ses adversaires et envoyés au journal le *Star*, qui traita à plusieurs reprises M. Ben Tillet avec une grande sévérité. M. Ben Tillet eut encore recours à l'auteur de ces lignes, qui alla trouver le rédacteur du *Star*, lui expliqua la situation et lui demanda de ne pas chercher à étrangler cette jeune Union, encore faible, combattue, mais pleine de bonnes intentions. Cette intervention réussit et on laissa en paix le secrétaire. En 1888 et jusqu'au 13 août 1889, M. Tillet ne reçut aucun concours des hommes qui prétendent maintenant avoir créé l'Union des Dockers.

Le secrétaire de l'Union nous a raconté en partie son histoire dans l'*English Illustrated Magazine* de novembre 1889; il déclare qu'il n'a jamais vu et n'a jamais parlé aux hommes qui réclament l'honneur d'avoir fondé les Dockers. Cependant il a été tenu de grands meetings, un surtout en 1889, dans la grande salle de réunion, Mile End, auxquels assistaient des milliers de personnes. Quand il a commencé à fonder cette Union, M. Tillet n'avait pas la pensée de faire du Néo-Trade Unionisme. Il voulait suivre les vieilles traditions, mais il désirait ne pas se lancer dans les institutions de prévoyance, les salaires de ses adhérents ne permettant pas de payer des cotisations suffisantes pour couvrir les risques. Cette cotisation est fixée à 2 pence (20 centimes) par semaine. Une grève éclata dans les Docks de Tilbury pour une augmentation de 1 penny par heure, de 4 d. à 5 d., très peu de temps après la formation de l'Union; elle dura péniblement pendant un mois et les ouvriers furent obligés de céder. Les travailleurs perdirent courage, Tillet tomba malade de chagrin et de fatigue, et quand il se rétablit l'Union ne comptait plus que quelques centaines de membres, elle était tombée de 800 à 300. Une nouvelle tentative fut faite dans le printemps de 1889 quand l'Union des ouvriers du gaz fut formée et elle réussit d'abord. Un essai de constitution d'une nouvelle Union pour les ouvriers permanents des Docks semble avoir ranimé leur espoir et a infusé une nouvelle vigueur à la petite Union des ouvriers du thé et des portefaix. Un conflit qui s'éleva le 12 août aux South West India Dock, fut le prélude d'une formidable grève qui éclata le lendemain, elle est célèbre sous le nom de la Grande Grève des Dockers. Les ouvriers réclamaient 6 d. par heure avec un minimum de quatre heures au moins, 8 d. pour les heures supplémentaires et l'abolition du marchandage et du travail à la pièce. La lettre contenant ces demandes fut envoyée le

15 août, avec une réponse exigée pour le lendemain midi, et les hommes allèrent bientôt eux-mêmes chercher à la connaître aux bureaux des Docks. Il n'est pas nécessaire de raconter cette grève, qui a cependant réussi.

L'Union des Dockers qui existe aujourd'hui est issue de cette grève. On lui donne le nom de Nouvelle Union des Dockers. Elle n'a pas la prétention d'être autre chose qu'une Trade Union pour la protection des intérêts professionnels, sauf qu'elle se charge du recouvrement de l'indemnité due dans les cas d'accidents. L'indemnité en cas de grève est de 10 sh. par semaine. Par ailleurs, elle exerce une surveillance sur le travail des enfants, tend à abolir le mode actuel des contrats de louage, à régulariser les heures de travail, à obtenir un minimum de 4 heures; à obtenir pour la journée 7 d. par heure, et pour les heures supplémentaires 9 d.; à faire supprimer les travaux extra et les heures supplémentaires, et à faire établir un office du travail. Ces objectifs sont, à l'exception du dernier, communs à toutes les autres Unions et ne présentent rien de nouveau. Elle se rapproche des nouvelles Unions en ce qu'elle n'a pas d'institutions de Prévoyance et d'Assistance. L'Union des dockers semble avoir renoncé à faire opposition aux sous-contractants; elle a donné un nom différent, la coopération, à ce qui n'est qu'un renouveau du Gang systeme (Travail par escouade). Évidemment, ce système participe à la coopération et peut rendre des services dans certaines industries quand il est bien appliqué. C'est le système grâce auquel les grands entrepreneurs ont construit et exploité les chemins de fer anglais, ce système a été poussé au dernier degré de perfection par feu M. Brancy. Ce n'est donc pas dans les statuts de l'Union des Dockers qu'il faut chercher les principes du Trade Unionisme. On n'y trouve rien de nouveau. Le trait catactéristique du fonctionnement de cette Union, c'est que le Président et le principal inspirateur n'est pas un ouvrier des docks, mais un mécanicien. Les autres Unions auraient peine à admettre cela, car les Unions sont très conservatrices à ce point de vue; elles disent que « le savetier doit être maître chez lui ». Cependant il y a des précédents. William Burn, un cordonnier, a été pendant des années secrétaire de l'Union des briquetiers, cette association n'ayant dans ses rangs personne capable de tenir une comptabilité et de suivre une correspondance. Mais ces cas deviennent rares et avec la diffusion de l'enseignement, ils ne se reproduiront probablement pas.

IX. — *L'Union des matelots et chauffeurs.* — L'expérience la plus frappante de l'organisation de ce qu'on appelle « unskilled labour », c'est-à-dire les hommes qui n'ont pas appris un métier, c'est la formation et les progrès de l'Union des matelots et des chauffeurs. Les hommes qui composent cette Union ne peuvent pas cependant, dans la véritable acception du mot, être considérés comme n'ayant pas appris un métier, à moins qu'on ne les compare aux professions qui exigent un très haut degré de connaissances spéciales. Le mouvement a commencé en 1888, et au Congrès des Trade Unions, tenu au mois de septembre de la même année, on déclara que les adhérents étaient au nombre de 40.000 ; au Congrès de 1889, on en compta 65.000. En janvier et février 1889, de grandes grèves furent organisées pour une augmentation de salaires dans beaucoup des grands ports du Royaume. Ces grèves ne furent pas toutes heureuses, mais elles aboutirent à une très sérieuse augmentation de salaires, et ce qui est au moins aussi important, à de meilleures conditions du contrat de louage et à un meilleur traitement à bord. Le revenu de l'Union, pour 1889, s'est élevé à £ 26.600 et les dépenses à £ 18.915 ; la balance est de £ 7.685. Cette Union ne prétend pas être constituée sur les principes du Néo-Trade-Unionisme. Personne ne contestera qu'elle est une Union de lutte. Les grèves qu'elle a suscitées sont presque aussi nombreuses que celles que peut citer l'Union des ouvriers des docks, et dans quelques-unes elle avait en ligne un aussi grand nombre d'hommes. Dans un seul conflit, 35.000 hommes étaient engagés, heureusement cela ne dura pas très longtemps. Les institutions d'Assistance et de Prévoyance qu'elle offre à ses membres sont aussi nombreuses que celles des autres Unions; elles comprennent la maladie et les accidents. Tout cela est extrêmement digne d'éloges. Si on peut trouver matière à critique c'est à propos des moyens que l'Union met en œuvre pour arriver à son but, mais le but en lui-même est excellent. On avait déjà essayé de créer une Union de matelots, mais toutes les tentatives avaient échoué jusqu'au moment où M. J.-H. Wilson prit l'affaire en mains. Le succès de cette Union est sans précédents dans l'histoire économique.

L'Union comprend les marins étrangers aussi bien que les marins anglais, mais les marins étrangers ont à payer un droit d'entrée qui est presque prohibitif.

En résumé, l'objet de l'Union est : 1° d'améliorer la condition des gens de mer et de protéger leurs intérêts ; 2° d'établir des sailor' s home partout où besoin en est ; 3° de faire des avances à ses adhérents sur leurs gages et moyennant des délégations ; 4° d'obtenir des heures de travail modérées, de maintenir de bons salaires et de faire de la propagande pour faire représenter dans le Parlement les populations maritimes ; 5° d'assister les hommes persécutés parce qu'ils appartiennent à l'Union ou qu'ils lui ont rendu service ; 6° d'accorder une assistance loyale aux adhérents pour le recouvrement de leurs salaires, des indemnités qui leur sont dues pour des mauvais traitements ou dans le cas où ils sont poursuivis pour rupture du contrat, etc., etc. (1) ; 7° de veiller à la sécurité des hommes embarqués et d'empêcher

(1) On remarquera combien ce programme a d'analogie avec l'organisation de l'inscription maritime et avec le système français de la Caisse des Gens de mer et de la caisse des Invalides.

la perte des existences humaines en mer; 8° de préparer une classe de marins capables et de veiller à ce qu'ils soient en bonne condition et toujours prêts pour le service; 9° de donner assistance aux marins naufragés; 10° de venir en aide aux hommes en quête d'emploi; 11° d'accorder des cartes d'admission aux membres marins non adhérents qui désirent faire partie de l'Union; 12° de créer une caisse de maladies, une caisse d'accidents et de secours funéraires; 13° de recueillir des fonds pour assurer la représentation parlementaire; 14° de créer une caisse pour venir au secours des grévistes.

Cette Union ayant un but si excellent, il est mille fois regrettable que les armateurs ne puissent pas coopérer avec elle pour arriver au résultat désiré. Dans ce cas, toutes les difficultés disparaîtraient. Au récent Congrès de Glasgow (1890), lors de la discussion des statuts, les marins ont à plusieurs reprises manifesté d'une manière non équivoque une résolution virile de remplir leurs devoirs, d'obéir et de seconder les capitaines, maîtres et officiers investis du commandement. Cela est tout à fait d'accord avec l'affirmation d'une dignité réelle et d'une noble indépendance de caractère. Meilleur est l'homme, plus il est soumis à la discipline; le devoir et l'obéissance sont de hautes qualités qui ont besoin d'être développées et exercées. La force brutale provoque des résistances qui n'attendent qu'une occasion pour se développer. L'Union des marins et des chauffeurs peut avoir commis des erreurs de tactique, mais elle contient d'excellents éléments et ne peut que faire du bien aux braves équipages qui font la force de notre marine marchande.

X. — *Progrès d'autres nouvelles Unions.* — Ces deux Unions ne sont que des échantillons de celles qui sont nées durant ces deux ou trois dernières années. Nous avons déjà signalé l'Union des employés des chemins de fer; elle est constituée sur les mêmes bases que l'Union des Dockers. L'Union des ouvriers du gaz leur ressemble sous beaucoup de rapports. On peut en dire de même de l'Union des charretiers, de l'Union des employés de tramways et d'autres encore, y compris les Unions de femmes récemment fondées. Le but est dans tous les cas l'amélioration de la condition des travailleurs appartenant à une même profession ou à des professions similaires, car quelques Unions récentes ne sont pas limitées à une seule industrie, mais comprennent des ouvriers de différents métiers. Le but qu'elles poursuivent est légitime et louable sous tous les rapports. On peut différer sur les moyens adoptés, sur la tactique à suivre, on peut discuter les actes de quelques-uns de leurs membres ou le ton et l'attitude de leurs chefs, mais l'amélioration du sort des classes laborieuses est un objet digne des plus grands éloges.

On ne peut pas dire que les efforts faits durant les trois dernières années n'aient pas été couronnés de succès. On a fait d'immenses progrès, des progrès tels qu'il semble qu'en une seule saison on ait moissonné la récolte d'un siècle entier de travail. D'année en année la semence avait été épandue, la terre labourée et fumée, les mauvaises herbes arrachées et la plante arrosée par des mains diligentes. Et cependant il semblait que le grain n'arriverait jamais à maturité. Soudain le ciel s'est éclairci, le soleil a brillé, chauffant de ses rayons la moisson tardive et la faisant mûrir en temps opportun. La récolte a été faite en toute hâte, on s'est empressé de rentrer le grain, et dans leur précipitation, les moissonneurs ont failli tout compromettre. Mais si une partie a été perdue, la plus grosse part reste, assez pour assurer l'assistance et la vie, en cas de nouvelles disettes, jusqu'à ce qu'une saison prospère vienne encore pourvoir aux besoins pressants de la population.

X. — *Excès commis par les Trade Unions.* — Bien que les

violences personnelles, l'intimidation et la contrainte n'aient pas complètement cessé de se produire dans les grèves, cependant elles sont moins fréquentes, on peut même dire qu'elles sont devenues rares, quand on se reporte au passé. Durant les vingt dernières années, depuis que le Trade Union act de 1871 a institué une législation plus équitable, on n'a pas eu beaucoup de plaintes de ce genre à formuler, du moins quant aux interventions illégales. Lors de la grande grève des ouvriers cotonniers, en 1878, à propos de la diminution des salaires, il y a eu une explosion de violence qui a rappelé les luttes d'il y a un siècle. Cette grève atteignit, dit-on, 300.000 ouvriers, réduits à la misère par le chômage ; les esprits s'échauffèrent, les ouvriers poussés au désespoir et quelques hommes égarés se laissèrent entraîner à protester violemment contre les réductions de salaires. Certaines usines furent incendiées, la maison de M. Raymford Jackson, dans le Lancashire, fut brûlée et détruite ; et un homme qui avait été autrefois secrétaire de l'Union des fondeurs et du Congrès des Trade Unions de Blackburn, fut aveuglé par un liquide corrosif qu'on lui jeta en pleine figure. 63 personnes furent traduites en jugement et condamnées pour violences et sévices commis au cours de cette désastreuse grève. Mais la cause des travailleurs a souffert plus que les capitalistes de ces déplorables incidents. Il en a toujours été de même, et il en sera toujours ainsi ; la violence doit toujours être évitée, ne fût-ce que comme question de tactique. En dehors de ce fait, l'histoire de la lutte économique aurait été, pendant une période de vingt ans, pure de toute violence. On espérait, et on peut encore espérer, que cette page de notre histoire resterait définitivement close. La résurrection d'histoires remontant à plus d'un quart de siècle, dans le drame intitulé : « L'idole du Peuple » qui a été récemment joué à l'Olympic, ne peut que difficilement se justifier, et n'était certainement pas de bon goût à un moment où les relations entre le capital et le travail sont suffisamment tendues et où il n'y a pas besoin de les accentuer ou de les exciter. La lutte économique est certainement encore assez aiguë ; mais, comme intensité et acuité, elle cède à la lutte politique, dans laquelle les plus mauvaises passions de la nature humaine sont en jeu, dans laquelle on prêche sans vergogne la haine, dans les élections, dans la chaire et dans le Parlement.

La seule excuse qu'on puisse donner à propos de la scène de la dynamite dans « l'Idole du Peuple », est l'effet scénique qu'elle produit et qui est sans rival au moment où l'explosion se produit. Le seul prétexte qu'on puisse invoquer pour excuser cette représentation, ce sont les articles récents publiés par le *Nineteenth Century* sous forme de dialogue entre un champion du travail et un des leaders du Néo-Trade Unionisme. Dans le numéro du mois d'octobre 1890, sous le titre « Une multitude de Conseillers » Blake « Le représentant du peuple » raconte « un petit incident » qui, dit-il, pourra aider un de ses auditeurs à se former une opinion exacte sans s'exposer à une expérience qui pourrait priver la Chambre des Lords de la chance de l'entendre encore. Écoutez :

« Une nuit, on apprit qu'un train rempli de black legs (hommes non affiliés aux Unions) devait entrer dans les docks, sans s'arrêter aux stations dans lesquelles, durant les précédentes grèves, on avait placé des postes de grévistes pour parler aux nouveaux venus et par prières, menaces ou offres d'argent les décider à refuser le travail. C'était là un fait grave, car si l'expérience réussissait, les patrons auraient fait entrer aux docks des milliers d'ouvriers recrutés dans toute l'Angleterre et désireux d'accepter n'importe quelle besogne à 25 francs par semaine. C'est comme si une armée qui a investi une forteresse, et qui attend que le manque de vivres fasse capituler la garnison, apprenait tout à coup que les assiégés ont opéré une trouée à travers les lignes d'investissement et font entrer des convois leur permettant de tenir plusieurs mois encore.

« Heureusement, le train ne partit pas, les blacklegs furent dissuadés de venir avant d'avoir quitté la ville où on les avait enrôlés. Mais si le train avait dû suivre la ligne il est probable qu'il eût déraillé au haut de quelque remblai élevé. »

Cet éminent chef des travailleurs et cet avocat de la loi sur les attroupements dit que les grèves ne peuvent réussir dans les conditions actuelles du marché, que lorsque les grévistes peuvent empêcher les black legs de prendre leur place. Et comme cela ne peut se faire que par la force et la violence, il faut parfois les employer pour empêcher ces hommes qui meurent de faim de chercher un emploi. Je ne peux comprendre comment l'éditeur du *XIXe Siècle* a pu s'oublier au point d'insérer dans un journal respectable, ce diabolique cancan de carrefour ; il faut que le sens moral ait été bien faussé par l'esprit de parti, pour insulter ainsi ses lecteurs et pour répandre une aussi lâche calomnie contre les classes laborieuses d'Angleterre. Il ne peut y avoir de justification pour un semblable attentat, dans les conditions présentes du marché du travail, même quand les Unionistes ne pourraient empêcher les « blacklegs » d'accepter de l'emploi, qu'en les terrifiant par des châtiments suffisamment graves. L'écrivain que nous citons semble croire que les grèves ne peuvent réussir dans les conditions économiques actuelles que lorsque les grévistes écartent les transfuges par l'emploi de la violence ; et il affirme qu'on ne pourra l'empêcher que lorsque l'État interviendra pour empêcher de travailler autrement qu'aux conditions formulées par les grévistes. C'est calomnier les ouvriers que de dire qu'ils n'ont confiance que dans la violence ; et c'est montrer une profonde ignorance de l'histoire industrielle, que de soutenir qu'une grève ne peut être soutenue et triompher que par l'emploi de pareils moyens. L'écrivain dit ailleurs : « Ce n'est pas moi, mais vous qui préconisez le réglement de ces conflits, par ces méthodes primitives, mais efficaces ». Mais cette prétention appartient seulement à la coterie qui prétend aujourd'hui faire des Trade Unions des instruments politiques, pour provoquer la propagande soi-disant socialiste.

CHAPITRE VIII

LE NÉO-TRADE UNIONISME. — 2e PARTIE

Concours de l'État. — Réglementation par l'État et contrôle par l'État.

En quoi consiste le Néo-Trade Unionisme. — Bourse du Travail. — Résolutions votées par les Congrès. — Organisation d'ateliers municipaux. — France. — Ateliers nationaux. — Contradiction avec les principes des Trade Unions. — La limitation de la journée de travail par voie législative. — Employés du Gouvernement. — Mineurs. — Commis de magasin. — Fermeture des magasins et boutiques. — Limitation de la journée de travail pour toutes les industries. — Décision du Congrès de Liverpool. — Réclamations des employés du Gouvernement. — Des mineurs. — La loi des huit heures. — Examen des considérants. — Rapports statistiques sur la durée du travail dans les mines. — Rapports officiels sur la même question. — Les accidents dans les mines et la durée du travail. — La journée de huit heures dans le monde entier. — Origines de la question. — Les manifestations du 1er mai. — Sur le continent. — A Londres. — Congrès de Bradford et de Dundee. — Votes des Trade Unions. — Congrès de Liverpool. — Analyse de ce vote. — Nombre des votants. — Exagérations. — Valeur du vote. — La décision prise par les ouvriers des docks. — La décision prise par les mécaniciens. — Les industries textiles et les autres professions. — Attitude du Comité parlementaire. — La loi de huit heures.

Les traits distinctifs qui caractérisent ce qu'on appelle le Néo-Trade Unionisme ne se trouvent pas dans la constitution, l'organisation et les statuts des Unions fondées depuis les deux ou trois dernières années. Sous ce rapport, elles se sont conformées à l'expérience des Unions modernes, ou font revivre les procédés des premières Unions. Elles ne diffèrent pour ainsi dire sous aucun rapport des Unions déjà existantes. En quoi donc consiste le Néo-Trade Unionisme dont on nous parle tant? Uniquement dans les aspirations, la conduite, les méthodes de propagande et de procédure, et aussi dans les expressions dont se servent les nouveaux meneurs des mouvements populaires et les principes dont ils s'inspirent dans leurs discours et dans leurs actes. Le Néo-Trade Unionisme a été formulé et proclamé dans les Congrès des Trade Unions, dans d'autres Congrès, dans des conférences et des meetings tenus dans toutes les parties de l'Angleterre ; il a été commenté dans des lettres et articles publiés par les nouveaux chefs par la voie de la presse, dans les journaux, revues et autres feuilles publiques. Nous voulons, dans ce chapitre, examiner et commenter seulement les principaux articles du nouveau programme.

I. — *Bourses du Travail.* — L'institution des Bourses du Travail ou l'établissement de Registres du Travail, est un des objets que poursuit l'Union des ouvriers des Docks. Il est assez singulier que ce soit la première fois qu'un semblable projet obtienne l'approbation d'une véritable Union. Toutes les anciennes Unions repoussent cette idée. On l'avait jusqu'à présent considérée comme contraire aux principes mêmes du Trade Unionisme. Quand M. Alsager Hay Hill essaya d'établir un bureau de ce genre, on l'attaqua et on dénonça cette tentative comme un coup dirigé contre les Unions. D'autre part, les patrons ont souvent préconisé cette idée, mais ils n'y ont pas donné suite, par suite de l'opposition des ouvriers.

Au récent Congrès de Liverpool, en septembre 1890, un des délégués de Londres, représentant « La ligue de la protection du Travail du côté sud » présenta le projet de résolution suivant :

« Dans l'opinion du Congrès, pour hâter d'une manière plus efficace l'organisation des grandes masses qui sont encore en dehors de toute organisation, pour établir des relations plus étroites entre les professions déjà organisées, pour assurer des moyens de communication et un échange de renseignements entre toutes les corporations, pour amener l'établissement de statistiques exactes, quant aux emplois, salaires, etc., et autres renseignements pouvant être utiles aux ouvriers, il est nécessaire qu'un office du travail établi sur le modèle de la Bourse du travail de Paris soit créé et entretenu au moyen des deniers publics dans tous les centres industriels du royaume ».

Cette résolution fut appuyée par un autre délégué de Londres, qui allégua que la municipalité de Paris accordait à une institution de ce genre £ 120.000 par an, et que le contrôle était entièrement laissé aux délégués des syndicats professionnels. L'auteur de la résolution dit que « personne ne contesterait la nécessité d'une organisation semblable dans tous les centres industriels ». Le Congrès n'a évidemment pas été de cet avis, car la résolution n'a recueilli que 74 voix, tandis que 92 se prononçaient contre. Comme il y avait 457 délégués présents, 291 délégués n'ont donc pas cru devoir s'occuper de cette question. Comment, en réalité, pourrait-il en être autrement? Toutes les Trade Unions un peu sérieuses ont leur propre bureau du Travail; elles tiennent un registre où sont inscrits les noms des membres sans travail, et chaque adhérent est tenu de chercher à procurer un emploi à ceux qui sont en chômage. Une Bourse du Travail, telle qu'on la propose, tendrait plutôt à détruire qu'à favoriser les Unions. Telle a été, évidemment, l'opinion de la majorité du Congrès. Un registre ouvert pour les ouvriers qui sont en dehors des organisations actuelles pourrait leur rendre des services, quoique l'expérience prouve le contraire. Mais cette proposition montre à quel point le Néo-Trade Unionisme recherche l'aide du Gouvernement ou le concours des municipalités dans les questions ouvrières.

II. — *Organisation municipale des travailleurs.* — La plus étonnante résolution votée par le Congrès est celle-ci : « Considérant que les procédés toujours variables de la fabrication nuisent à un grand nombre d'ouvriers, en les privant d'emploi, sans compensation pour la perte de la situation qu'ils occupaient et les réduisent dans beaucoup de cas à la misère, au crime et au paupérisme, le Congrès est d'avis que chaque Municipalité ou Conseil de comté doit avoir le pouvoir d'établir des manufactures et des usines placées sous le contrôle de la Municipalité, dans lesquelles les ouvriers sans travail pourront trouver une occupation utile et enjoint au Comité parlementaire de s'occuper de cette question ».

Cette résolution fut présentée par le président de l'Union des ouvriers des docks, et fut appuyée par le secrétaire. Elle fut votée, disent les journaux de cette époque, à l'étonnement de tous ceux qui étaient présents. On ajouta à cette résolution : « On paiera dans ces établissements les salaires, suivant le tarif fixé par les Unions ». Ni dans la résolution, ni dans les discours prononcés, on n'a essayé d'indiquer le genre d'industrie qui pourrait être entrepris dans les usines municipales; l'omission était un acte de prudence. Au même Congrès, on vota également cette autre résolution : « Le Congrès proteste énergiquement contre tous les corps paroissiaux qui font travailler dans les worckhouses au détriment des ouvriers qui coupent le bois ; il a été établi d'une manière probante, que ce travail est fait dans des conditions onéreuses pour les contribuables, et nous appelons sur ce point l'attention du Comité parlementaire, pour qu'il use de son influence sur le Local Government Board, afin de faire cesser ces agissements déloyaux ». Dans le même ordre d'idées, on a encore voté cette autre résolution : « Le Congrès regrette que le Comité parlementaire n'ait pas réussi à faire triompher les vœux émis à l'unanimité, depuis trois ans, relativement au travail dans les prisons, et enjoint au nouveau Comité de faire les démarches nécessaires pour obtenir du Gouvernement que les marchandises fabriquées dans les prisons ne puissent pas venir sur le marché ouvert ».

A l'appui de la première de ces résolutions, on allégua que les contribuables perdaient 59 0/0, qu'une grève avait coûté £ 950, tandis que sans le travail dans les dépôts de mendicité, elle n'aurait coûté que £ 200 ; et que dans une occasion on avait attendu pour repeindre un worckhouse, qu'il y eût assez de pauvres, appartenant à la profession, pour exécuter le travail. On ajouta, en conséquence, un paragraphe additionnel pour faire interdire aux administrations publiques de se servir du travail des pauvres. A l'appui de l'autre résolution,on établit que les fabricants de nattes souffraient beaucoup, de cette concurrence et que dans les prisons on exerçait 150 professions. Après avoir écarté la partie qui contenait un blâme pour le Comité parlementaire, le Congrès a voté cette résolution.

Ces deux votes indiquent bien que le travail, dans les dépôts de mendicité et dans les prisons, ne doit pas venir concurrencer le travail libre ; la raison en est évidente ; cette concurrence aurait pour effet de faire baisser les salaires dans les industries similaires. Mais que sera-ce donc que le travail exécuté dans les Unions municipales ? Si les personnes qui y seront employées produisent un travail utile, et si les produits doivent être vendus sur le marché, n'en résultera-t-il pas une concurrence pour le travail du dehors ? Comment éviter cet écueil ? En supposant que le prix de ces produits soit fixé par un acte du Parlement ou par les autorités municipales, il arrivera de deux choses l'une : ou bien les prix seront cotés si haut que les marchandises ne se vendront pas ; ou bien elles seront cotées si bas que les consommateurs les achèteront de préférence à toutes autres, à qualité égale. Dans les deux cas, la concurrence est inévitable, à moins que les produits soient tels, qu'ils soient sans emploi et invendables ; auquel cas la perte pour le contribuable ne s'élèvera plus au taux fantastique et imaginaire de 59 0/0, mais à 100 0/0 et plus encore.

On croit généralement que l'idée des ateliers nationaux est

due à M. Louis Blanc, quand il fut président de la Commission du travail, en 1848. Il a pris soin de déclarer lui-même qu'il n'avait pris absolument aucune part à l'absurde et fatale création de ces ateliers nationaux, qui n'étaient rien moins que l'enregimentement de milliers de travailleurs de différentes professions, assemblés pêle-mêle et occupés à un travail non moins improfitable que ridicule. Il continue en disant « en France l'opinion publique m'attribue la paternité de ces ateliers nationaux, en dépit des documents officiels et de l'aveu même des vrais instigateurs qui prouvent sans conteste que les ateliers nationaux ont été créés par ceux qui étaient mes adversaires dans le Conseil, et en dépit de mon opposition. C'est un des exemples les plus remarquables de la force de la calomnie ». M. Louis Blanc a justement défini la nature de ces ateliers. Il faut, ou bien former des ateliers séparés pour toutes les professions dont les ouvriers sont exposés à avoir des chômages ; ou bien prendre pêle-mêle les ouvriers dans ces ateliers, sans avoir égard aux aptitudes, à l'apprentissage et à la compétence. Dans le premier cas, il faudra des établissements spéciaux pour les ouvriers des docks et pour les commis, pour les mécaniciens et les vidangeurs, pour les ouvriers du bâtiment et les ramoneurs, pour les ouvriers tisseurs et fileurs et pour les mineurs, pour les cordonniers, les tailleurs, les chapeliers, les couturières, les laveuses et toutes les catégories de travailleurs sans exception ; dans le second cas, tous les ouvriers seront réunis dans la même usine, sous la direction de contre-maîtres, probablement aussi ignorants des choses de l'industrie que les ouvriers le seront d'accomplir la tâche qui leur sera confiée.

L'absurdité de la situation dans laquelle se mettent les Trade Unions, en votant de semblables résolutions est manifeste. Les ateliers municipaux et les Trade Unions sont incompatibles ; ceci tuera cela et le plus faible sera acculé au mur. Les auteurs de ces résolutions ne l'ont probablement pas compris, et ceux qui les ont votées ne semblent pas s'en être le moins du monde préoccupés. Une seule protestation s'est élevée dans le Congrès contre cette malencontreuse résolution. Il faut que les ateliers municipaux soient l'un ou l'autre. Ils ne peuvent pas s'accommoder des conditions actuelles de l'industrie et du commerce ; ils seraient une anomalie dans l'économie politique actuelle. Les socialistes veulent tout remettre aux mains de l'État, le soin de procurer le travail, de donner le salaire, de fournir les vivres, de soulager la maladie et d'enterrer les morts. Ils croient que l'État doit tout faire pour les individus, diriger toutes les affaires, faire le commerce et gérer l'industrie, et tenir, pour ainsi dire, dans sa main, tout le capital et tout le travail. Ils semblent croire que les hommes peuvent être toisés, pesés et mesurés, suivant un calibre déterminé par l'État qui veillera à ce que personne ne soit plus grand ou plus petit que les autres. Pour cela, le calibre adopté devra être d'un petit diamètre et le nivellement se fera de haut en bas et non de bas en haut, comme des gens sensés pensaient possible de le faire. Il est incompréhensible que des délégués des Trade Unions donnent dans cet ordre d'idées. Les nouveaux meneurs vont dans les Congrès pour leur donner une direction, mais ils mènent les Congrès dans un bourbier d'où le Comité parlementaire ne pourra plus tirer les Trade Unions d'Angleterre, à moins de ne tenir aucun compte de la proposition de créer des ateliers aux municipaux.

III. — *La journée de huit heures par acte du Parlement.* — La proposition dont les nouveaux Trade Unionistes se servent pour amorcer toutes les autres et qu'ils veulent faire entrer dans le programme des Congrès des Unions, c'est la journée légale de huit heures, et ils ont réussi à triompher après un conflit orageux. Les nouveaux meneurs, avec leurs alliés les socialistes, travaillent depuis deux ans pour arriver à leurs fins. Au Congrès de Dundee, en 1889, on avait déjà touché cette note, et dans l'intervalle, entre cette date et le Congrès de 1890, ils se sont livrés à une propagande infatigable, dans différents centres et dans les assemblées des Unions. Les partisans de l'action législative ne sont pas d'accord sur leurs propositions, en ce qui concerne les heures de travail. Il faut donc nécessairement énumérer les différentes mesures mises en avant pour limiter les heures de travail des adultes, dans les différentes professions.

La proposition qui a obtenu la première des adhésions nombreuses, c'est une loi fixant à huit heures la journée de travail pour tous les employés du Gouvernement. On étendit cette proposition de manière à comprendre toutes les personnes employées par les municipalités et les autres administrations locales, Conseils de Comté, Conseils paroissiaux, Boards of Works, Comités des Ecoles, Conseils sanitaires et autres. Le prétexte mis en avant est que l'État et les autorités locales étant des patrons, doivent donner aux autres le bon exemple, en établissant la journée de huit heures, comme journée légale et reconnue, pour l'ensemble de leurs employés. Il ne peut y avoir aucune objection à ce qu'un pouvoir public fixe à huit heures le nombre d'heures de travail, pourvu qu'il agisse de son propre gré et en tant que patron. Ce qui soulève des objections, c'est l'intervention du Pouvoir législatif, soit qu'il s'agisse d'un acte du Parlement, soit d'une simple résolution de la Chambre. Dans les deux cas, c'est une décision d'État, et il y a intervention dans la durée du travail des adultes, ce qui excède le domaine de la loi.

La seconde proposition tendait à fixer à huit heures la journée de travail des mineurs. Elle fut mise en avant et votée par la Fédération nationale des mineurs, créée en 1889. Le projet de loi est aujourd'hui réclamé par les mineurs, sauf dans quelques districts, dans les comtés de Durham et de Northumberland, dans lesquels la durée du travail a déjà été réduite à 7 heures dans la plupart des cas. La proposition ne s'applique pas à tous les ouvriers des mines, mais seulement aux ouvriers du fond. On demande que le temps soit compté du moment où ils descendent dans le puits, au moment où ils reviennent à la surface. Des statistiques récentes semblent démontrer que le temps actuel du travail dépasse rarement huit heures et vingt-cinq minutes et demie en moyenne, même dans les houillères où le mouvement est le plus prononcé en faveur de la journée de huit heures. Mettre en mouvement cette machine si compliquée de la Législation pour retrancher vingt-cinq minutes et demie de travail semble un véritable anachronisme, surtout quand on songe à la capacité dont les mineurs ont fait preuve pour s'organiser et s'aider mutuellement, capacité qui surpasse celle de toutes les autres corporations du royaume. Ils sont si bien organisés que, dans la pratique, leur volonté a force de loi, toutes les fois qu'il s'agit d'une chose raisonnable. Huit heures de travail, au fond d'une mine, sont déjà assez longues, et peu de gens contesteront que six heures de travail continu seraient suffisantes. Lorsqu'il s'agit de la réduction des heures de travail, tout le monde est d'accord pour faire des vœux en faveur des ouvriers mineurs. Mais les dangers de la réglementation par l'État sont tels, que leurs meilleurs amis hésitent à accepter une semblable mesure, dont le principe comporte un retour aux plus mauvais jours des luttes économiques, alors que l'industrie était enchaînée et étouffée par le contrôle de l'État et qu'on refusait aux ouvriers le droit de s'associer pour se donner mutuellement secours et assistance.

La ligue des employés de magasin demande une loi limitant le travail à douze heures et établissant un demi-congé par semaine. Mais dans un meeting tenu à Toynbee Hall, à Londres, le dimanche 9 février 1890, une proposition en faveur de la journée de huit heures n'a été repoussée qu'à une faible majorité. Il est vrai que cette proposition ne venait pas d'un employé de magasin, mais d'une personne qui n'avait aucun rapport avec le genre de travail auquel se livrent les employés ; mais une très forte minorité dans l'assistance a saisi la balle au bond, sans s'inquiéter de savoir ce qui résulterait de l'adoption d'une semblable mesure. Il est également juste de dire que des femmes et des jeunes filles sont employées dans des établissements où on veut limiter législativement la journée du travail, mais ces femmes elles-mêmes redoutent l'intervention du pouvoir dans leur droit de vivre par leur travail. Les heures de travail, dans les magasins, sont trop longues, tout le monde en convient ; mais un acte du Parlement, réglementant le nombre d'heures, serait également désastreux pour les employés et pour les patrons (1).

Il est assez singulier que quelques patrons soient eux-mêmes partisans d'une loi obligeant la limitation de la journée de huit heures. Sir John Lubbock a présenté des propositions dans ce sens, en 1888, 1889 et 1890. Il demandait que tous les magasins, sauf certaines exceptions prévues, fussent fermés, dans toutes les villes, à une heure déterminée par le vote des deux tiers des propriétaires de magasins résidents dans la commune. La majorité est grande, mais de quel droit obliger un tiers des commerçants à fermer leurs magasins malgré leur volonté. Sans vouloir rien dire contre le principe de gouvernement par la majorité, il y a des cas où une majorité, si grande qu'elle soit, n'a pas le droit de contraindre la minorité. Dans le même ordre d'idées que ces deux propositions, le fait que les magasins et boutiques sont ouverts plus tard dans les localités pauvres que dans les villes plus riches, montre qu'il y a des difficultés très grandes, sinon insurmontables, à faire des lois, pour empê-

(1) Une proposition de loi limitant la journée de travail des femmes employées dans les magasins vient d'être votée par la Chambre des Communes. (Février 1891)

cher les gens de faire ce qu'ils ont parfaitement le droit de faire.

La proposition qui résume toutes les autres est une loi fixant uniformément à 8 heures la journée de travail pour toutes les industries. La résolution sur ce sujet votée par le Congrès des Trade Unions est ainsi conçue :

« Dans l'opinion de ce Congrès le temps est venu de prendre des mesures pour réduire la journée de travail à 8 heures, soit un maximum de quarante-huit heures par semaine ; et tout en reconnaissant le pouvoir et l'influence de l'organisation actuelle du travail, il croit que la méthode la plus rapide et la meilleure pour obtenir cette réduction en faveur de l'universalité des travailleurs est de l'imposer par un acte du Parlement. Le Congrès enjoint en conséquence au Comité parlementaire de prendre des mesures immédiates pour arriver à ce but ».

Le représentant des mineurs de Durham proposa l'amendement suivant:

« Dans l'opinion du Congrès il est de la plus grande importance que la journée de huit heures soit assurée tout de suite aux professions qui la réclament et auxquelles elle pourrait être appliquée sans faire tort aux membres de la corporation ; par ailleurs il considère que soumettre cette importante question au Parlement impérial qui est nécessairement par sa situation hostile aux droits du travail ne ferait que retarder indéfiniment la solution de cette réforme depuis si longtemps désirée. »

La question était donc bien nettement posée: faut-il résoudre la question des huit heures par l'initiative individuelle et une entente mutuelle ou par mesure législative : L'amendement réunit 173 voix; il fut repoussé par 181, soit une majorité de 8 voix. La résolution primitive fut votée par 193 voix contre 155. La majorité en faveur de la résolution, en tant que mesure proposée, fut donc de 38 voix ; dans un Congrès qui comptait 457 délégués.

Quand on examine plusieurs des propositions dont nous venons de parler, il ne semble pas possible de déterminer avec précision quel est le véritable sens et la portée de ces propositions. Il y a cependant deux choses qui semblent ressortir bien clairement, à savoir que les démonstrations populaires, les votes du Congrès, etc., semblent prouver que la majorité s'est prononcée pour la journée de huit heures et d'autre part que lorsque les Unions ont été appelées à voter séparément, elles se sont toujours montrées hostiles à l'intervention du Pouvoir législatif. Voici quelle est la situation exacte de la question.

1° Les employés du gouvernement sont probablement, en très grande majorité, favorables à la journée de huit heures plutôt qu'à celle de neuf heures ou toute autre d'une plus longue durée, à condition que les appointements restent toujours les mêmes. Dans tous les services gouvernementaux et ailleurs il n'est pas douteux que chacun désire travailler le moins longtemps possible, tout en recevant des salaires aussi élevés que possible ; on ne peut donc pas faire un reproche aux employés d'éprouver ce sentiment. C'est un principe bien connu qui domine tout le système commercial et industriel depuis la vente des pommes jusqu'aux opérations de Bourse qu'on doit toujours chercher à donner le moins de pommes rouges possible en échange de la plus grosse somme d'argent possible, et de même pour les titres. Tel est le système qui règle toutes les transactions dans le commerce, l'industrie et les finances depuis l'échoppe du regrattier jusqu'aux Banques d'émission. Lorsque, par conséquent, des employés de l'État, qu'ils soient au service du gouvernement ou des autorités locales, cherchent les salaires les plus élevés possibles en échange d'une journée diminuée, il ne faut pas les en blâmer. Le Pouvoir exécutif ou les autorités locales remplissent vis-à-vis d'eux le rôle de patrons, et ils sont aussi les gardiens de la Bourse commune. Ils ont le droit de marchander avec ceux qu'ils emploient dans l'intérêt de la communauté tout en tenant compte des réclamations légitimes de leurs serviteurs et ouvriers en ce qui concerne les salaires et la durée du travail. Le pays ne critiquera jamais des traitements généreux; il est plutôt indulgent sous ce rapport. L'objection qu'on peut faire est une objection de principe, bon nombre d'excellents esprits trouvant très dangereux de faire fixer les salaires et les appointements ou de limiter les heures de travail par un acte du Parlement ou une décision parlementaire parce qu'une semblable mesure pourrait avoir des conséquences incalculables pour tout le trafic de ce pays. Pour les mêmes raisons tout marchandage, tout abaissement des salaires ou augmentation des heures de travail par l'État ou les autorités locales faisant acte de patron mérite la condamnation la plus sévère tant au point de vue de la politique que du principe.

2° La population minière n'est pas entièrement d'accord sur la question de la journée de huit heures mais on assure que 212.000 ouvriers mineurs, soit près de la moitié du nombre total se sont prononcés en faveur de cette limitation. Durham, Northumberland et probablement une partie du Cumberland et du Cleveland ne veulent l'obtenir que par l'action de l'initiative privée. Dans les deux premiers comtés, les mineurs ont obtenu non seulement la journée de 8 heures, mais dans certaines exploitations une journée de travail qui ne dépasse pas sept heures dans beaucoup de cas. Au commencement de cette année (1891) les rouleurs et autres ouvriers auxiliaires du fond ont obtenu la réduction du travail à cinquante heures par semaine, en même temps qu'une augmentation de leurs salaires par dessus le marché, grâce à l'abnégation des mineurs qui se sont contentés d'une augmentation de 5 0/0 au lieu des 20 0/0 qu'ils demandaient. Cette concession sera étendue avant peu aux deux comtés voisins à une date très rapprochée. La Fédération nationale des mineurs représentant à peu près la moitié des mineurs du Royaume-Uni s'est déclarée pour la journée légale de huit heures. A ce sujet il ne saurait y avoir de doute et leur opinion mérite une respectueuse déférence. Mais le fait que cette mesure est réclamée par la majorité n'est pas un argument absolument décisif en sa faveur. Les majorités peuvent parfois se tromper. Dans le cas actuel elles peuvent se tromper quant aux moyens, tout en demandant une chose juste. Les mineurs réclament une réduction des heures de travail, ils veulent plus de repos ; ce désir est bon et noble, mais il y a un grand danger dans le remède qu'ils proposent pour obvier au mal dont ils se plaignent.

La Fédération nationale des mineurs soutient deux propositions de loi relatives à cette question.

La première préparée sous les auspices de la Fédération est intitulée : « Proposition de loi tendant à modifier l'acte de réglementation des mines de charbon (Coal Miner's Regulation act) 1887 stipule dans l'article 5 : « Aucune personne au-dessous de 21 ans ne sera employée ou admise dans le fond d'une mine pour y être employée pour plus de huit heures consécutives sur vingt-quatre » ; l'art. 6 stipule « qu'aucune femme ou fille ne sera admise dans les mines à travailler même dans les ateliers du jour ».

Cette proposition ne s'occupe que des personnes âgées de moins de 21 ans et ne s'applique pas à tous les adultes du sexe masculin. La proposition d'abolir le travail des femmes sur le carreau de la mine a été fortement combattue en 1887 et elle a été repoussée à cause de l'opposition des femmes elles-mêmes qui n'admettent pas qu'on viennent limiter leur droit au travail. Les progrès d'opinion faits dans ce sens sont un signe de santé morale.

La proposition de huit heures pour les mineurs n'émane pas à l'origine de la Fédération nationale des mineurs, mais elle a été adoptée par cette corporation. La proposition déposée au cours de cette session (1890-91) est signée par deux des cinq représentants des mineurs à la Chambre des Communes. M. Burt, M. Fenwick et M. Wilson étaient opposés aux mesures proposées. Elle est ainsi conçue : « Aucune personne ne pourra dans un jour de 24 heures être employée au travail du fond pour un laps de temps supérieur à huit heures, comptant du moment où elle quitte la surface au moment où elle y remonte, sauf dans les cas d'accidents ou tout autre cas de force majeure. Tout patron ou agent d'un patron, employant des ouvriers ou en faisant employer, au mépris des dispositions de cette loi, sera passible d'une amende qui ne dépassera pas 40 shillings par contravention et qui sera recouvrée de la même manière que les amendes encourues en vertu des actes relatifs aux usines et ateliers ». Tout le poids et toute la responsabilité sont ainsi rejetés sur le patron ou son agent qui sont seuls passibles de ces pénalités. Il est étrange que les gens qui font si grand bruit pour obtenir le vote de cette loi cherchent à décliner toute responsabilité en cas de non-observation de la section 2 de la proposition. Il semble que les auteurs de ces propositions soient convaincus qu'ils ont besoin d'un pouvoir extérieur pour les empêcher de violer la loi qu'ils ont eux-mêmes demandée. C'est une véritable interversion de la procédure. Les ouvriers demandent une législation de classe pour eux-mêmes, pour leur propre protection, et cependant ils ne veulent aucune responsabilité à l'égard des violations de cette loi, alors même que la violation aurait eu lieu sans le consentement de l'employeur ou de ses agents et même à leur insu. Cette proposition est monstrueuse ; elle est contraire à tous les principes de la réciprocité et de la mutualité. Alors même que les dispositions de ce projet seraient par ailleurs justes et raisonnables, la clause pénale est scandaleuse. Les gens qui refusent de se soumettre à des pénalités ne se montreraient pas très scrupuleux sans doute si les circonstances les portaient à s'insurger contre la loi.

La demande d'une législation spéciale a conduit à rechercher si cette réclamation était raisonnable et quels étaient les motifs qui pouvaient être invoqués en faveur de la limitation de la journée de travail à huit heures. On a publié quatre documents authentiques qui jettent un jour nouveau sur certains côtés de la question et qui méritent un examen spécial.

En premier lieu, nous trouvons:

Le rapport annuel de l'Association des mineurs du Yorkshire.

Ce rapport donne officiellement les raisons qui font désirer par les mineurs la loi des huit heures.

1° C'est parce que les mines dans lesquelles ils travaillent sont malsaines et insalubres.

2° Parce que l'ouvrage est pénible et dangereux;

3° Parce que les ouvriers ont besoin d'avoir plus de temps pour se recréer, se reposer et se refaire;

4° Parce qu'il est désirable que les conditions du travail soient partout les mêmes.

Le rapport explique ensuite pourquoi les mineurs désirent arriver à la règle des huit heures par voie législative.

C'est, 1° parce que de cette manière la réforme se fera d'une manière plus efficace.

2° Parce qu'ils veulent l'unification et que si cela résulte d'une loi la journée de travail sera fixée uniformément à huit heures dans toute l'étendue du pays.

3° Parce que cela empêchera dans l'industrie houillière une concurrence malsaine, et que cela produira l'apaisement et la paix dans les mines, ainsi qu'une plus grande sollicitude pour la sécurité des ouvriers au lieu de pousser à l'exagération de la production.

4° Parce que cela amènera des relations meilleures entre les ouvriers et les patrons, empêchera les grèves et les lock-out, qui sans cela éclateront forcément par suite des tentatives faites pour atteindre le but et de la propagande de certains meneurs qui préconisent les mesures de violence.

Après avoir exposé les raisons qui leur paraissent militer en faveur de la journée légale de huit heures les mineurs du Yorkshire donnent à l'appui de leur démande une liste d'exemples dans lesquels l'État est intervenu pour sauvegarder l'hygiène et la moralité publiques.

1° La fermeture des débits de boissons le dimanche et à certaines heures dans la semaine.

2° La réglementation du travail des femmes et des enfants employés dans l'industrie.

3° L'interdiction d'employer des femmes et des enfants aux travaux souterrains dans les mines.

4° Les lois qui règlent les rapports de l'Église et de l'Etat en Irlande, les Truck acts et les projets relatifs aux rapports entre fermiers et propriétaires en Irlande, le demi-congé du samedi pour les employés de magasins et autres propositions analogues. Le rapport ajoute. « Nous savons que la loi intervient contre l'homme qui frappe un autre sur la joue et l'envoie en prison. »

Nous avons donc là les désidérata des mineurs présentés par leurs représentants autorisés. Ceux-ci connaissent tous les faits et sont aussi capables que qui que ce soit de soutenir ces revendications ; mais sans leur manquer de respect, sans mettre en doute leur capacité, leur jugement et leur intelligence des choses, nous oserons affirmer que jamais on n'a mis en avant des raisons plus faibles pour motiver une grande révolution dans le domaine législatif.

La question de la salubrité et l'hygiène des ateliers appartient dans la sphère parlementaire à un tout autre ordre d'idées, c'est-à-dire aux lois sur la santé publique et elle rentre dans les fonctions mêmes du gouvernement à qui il appartient de faire tout son possible pour améliorer cette situation et pour faire prendre toutes les précautions raisonnables contre les accidents ou les causes de maladies, soit qu'il s'agisse des mines ou des autres industries.

Le métier de mineur est pénible et dangereux tout le

monde en convient, mais il en est de même du travail des chauffeurs, des employés de chemins de fer, des matelots et mécaniciens employés dans la marine marchande et de beaucoup d'autres ouvriers employés dans les grandes industries. Si c'est une simple question de mesure, où s'arrêtera-t-on ? Les mineurs pensent apparemment que la loi qu'ils demandent ne doit s'appliquer qu'à l'industrie minière, mais d'autres industries ne sont pas de cet avis et si on entre dans cette voie quelle sera la limite ?

L'immense majorité des ouvriers réclame plus de repos et plus de loisir, et si cette raison devait être admise ce sont ceux qui travaillent le plus longtemps qui ont les premiers, besoin de l'intervention du législateur.

L'unification de la journée de travail n'est guère admissible même dans les mines. Si on veut obtenir cette unification, ceux qui travaillent moins de huit heures devront-ils se conformer à la loi. Cela ne ferait pas l'affaire des mineurs du Durham et du Northumberland. L'unification des conditions du travail implique également l'unification des salaires.

La suppression de la « concurrence malsaine » par le moyen de la loi est une grande question ; mais faudra-t-il aussi que la loi intervienne pour fixer le prix des denrées nécessaires à la vie aussi bien que le prix des salaires.

La liste des exemples donnés ne s'applique guère à la législation proposée, elle ne présente même aucune analogie.

Quant à dire que la loi des huit heures empêchera les grèves et les lock-out, cela ne paraît pas devoir se réaliser si on en juge par le nombre énorme de grèves qui ont éclaté depuis deux ans dans l'industrie minière. Si les grèves ne se produisent pas à l'occasion du nombre d'heures, elles éclateront à propos du taux de salaires demandé pour un nombre d'heures réduit, ce qui reviendra exactement au même. D'après leur propre démonstration, la cause, comme on dit dans le langage des cours écossaisses, n'est pas prouvée ;

et s'il est vrai, comme l'a dit récemment un des plus capables des délégués mineurs, que les propriétaires de mines ont imposé spontanément la réduction des heures dans le Durham et le Northumberland, les ouvriers n'ont pas besoin de la législation pour obtenir les huit heures comme la durée normale de la journée de travail dans les mines.

II. — *Le Rapport statistique*, présenté par les vérificateurs et les secrétaires de district, donne le nombre d'heures de travail dans les houillères de toute l'Angleterre sauf dans le Durham, le Northumberland et le Cleveland. Ce rapport daté d'octobre 1890 est très complet, il comprend 13 colonnes qui donnent tous les détails. On n'a essayé de donner ni totaux ni moyenne, quoique le mot « moyenne générale » soit imprimé au bas de toutes les pages. Le but de ce rapport est de donner des arguments aux partisans de la loi des huit heures. On ne voit pas bien clairement jusqu'à quel point ce résultat est atteint; et on ne peut s'assurer de l'exactitude des chiffres, ni les étudier dans leur ensemble. En les prenant comme ils sont présentés il apparaît que dans 223 houillères la durée de la journée de travail est de huit heures ; dans 240 la journée varie de huit heures 1/2 à neuf heures ; et dans 121 la journée dépasse neuf heures. Il s'agit ici des heures pendant lesquelles l'ouvrier est réputé travailler à la coupe ; mais le rapport ne dit pas si ces chiffres donnent la durée de la journée normale faite pendant toute l'année ou seulement la durée de journées qui ne sont répétées que 4 fois, 4 fois et demie, ou 5 fois, 5 fois 1/2 par semaine. Et cela serait nécessaire pour nous faire connaître si le maximum de 48 heures de travail par semaine est actuellement dépassé, en sorte que le rapport ne signifie pas grand chose.

Le mardi 3 novembre 1890 le journal le *Star* a publié un prétendu résumé de ce long document dans lequel il est dit que les chiffres relevés prouvent que la durée moyenne du travail à la coupe était de huit heures 25 minutes. Les enfants travaillaient huit heures 48 minutes et les manœuvres huit heures 49 minutes. Cet article qui a l'apparence d'une communication officielle ou tout au moins officieuse contient cette remarque : « Les calculs sont faits, sans tenir compte du temps que met l'ouvrier à se rendre du puits à son chantier, temps qui doit être compris dans la journée du mineur et qui est en moyenne de 39 minutes. » Il y est dit plus loin que 183.720 mineurs visés dans ce rapport verraient leur journée réduite de 65 minutes par la loi des 8 heures. Il est impossible de trouver dans le rapport aucun des éléments d'un calcul de ce genre, et nous ne pouvons donc en contrôler l'exactitude. Nous n'avons pu nous assurer par l'examen des chiffres si les mineurs des 584 houillères citées dans le rapport travaillaient oui ou non plus de 48 heures par semaine. Le Rapport est donc défectueux sous ce rapport quelle que puisse être d'ailleurs sa valeur à tous les autres points de vue. Les deux rapports dont nous venons de parler peuvent être considérés comme les deux documents officiels produits par les mineurs à l'appui de la loi des 8 heures, et leurs avocats auront à tirer le meilleur parti possible des matériaux qui leur sont donnés.

III. — *La durée de la Journée de Travail dans l'Industrie minière.* — Le gouvernement sur la motion de M. Provand a fait faire un rapport sur cette question. Ce document présente à tous les points de vue une grande importance ; il est officiel, il donne le nombre d'heures pendant lesquelles les mineurs travaillent actuellement chaque jour dans toutes les mines de la Grande Bretagne en tenant compte des arrêts pour les repas et les repos, il donne aussi le total des jours de travail répartis par semaine et autres renseignements indispensables. Les détails qu'il contient sont si variés, la durée du travail dans les différents centres miniers diffère tellement, qu'il est impossible de les réunir dans un tableau synoptique. Le résumé que nous donnons plus loin donnera cependant un aperçu assez exact des éléments principaux de toutes les statistiques ayant trait à la question des 8 heures. Les chiffres donnés ne visent dans tous les cas que les mines de charbon et donnent le nombre des heures de travail à la coupe, en déduisant le temps des repas et des arrêts, et le temps employé à la descente et à la remonte et au trajet du puits au chantier. Le travail a été fait pour les 14 districts sur lesquels les inspecteurs des mines étendent leur juridiction ; les totaux et les moyennes ont été obtenus en additionnant le nombre total des heures de travail dans les différents sous-districts et en divisant le total général par le nombre des sous-districts. On s'est servi du même procédé pour trouver le nombre des heures de travail dans chaque mine. Le résultat est donné sous la forme de la moyenne générale des heures exprimée en heures, et en centièmes d'heure, et en jours et en divisions de dixièmes ou centièmes de jours suivant les cas.

La moyenne des heures de travail se trouvera ainsi obtenue. Nous avons tenu à expliquer en détail la méthode employée afin que ceux de nos lecteurs qui pourraient se procurer le rapport puissent bien se rendre compte que les chiffres n'ont pas été sophistiqués pour justifier une opinion préconçue.

Le tableau suivant donne le chiffre net des heures de travail à la coupe.

DISTRICTS.	Nombre moyen des heures de travail faits chaque jour dans la mine.	Nombre moyen des jours de travail par semaine.	Nombre moyen des heures de travail par semaine.
1 Est de l'Écosse	7.52	5.3	40.10
2 Ouest de l'Écosse	7.54	5.44	41.42
3 Newcastle	6.61	5.31	32.20
4 Durham............	6.27	5.66	34.00
5 Yorckshire.........	7.4 1/2	4.9	35.20
6 Manchester.........	7.82	5.53	42.00
7 Liverpool	7.58	5.61	43.00
8 Midland............	7.64	5.36	40.00
9 North Wales	7.4	5.80	43.50
10 North Strafford	7.47	5.8	37.50
11 South Stafford	7.62	5.15	38.50
12 South Western	7.42	5.65	39.50
13 South Wales.	8.6	5.7	46.00

Dans le Cornouaille et le district de Devon on ne donne pas le nombre de jours pendant lesquels on continue le travail, mais les chiffres donnés semblent indiquer que les hommes travaillent environ quarante heures par semaines. Si les chiffres donnés sont exacts, et on ne les a pas contestés, quoique le Rapport ait été publié depuis longtemps déjà, il n'apparaît pas que dans aucun district, sauf dans le South Wales, les hommes travaillant au fond fassent plus de 48 heures par semaine en tenant compte de la moyenne du temps employé à la descente, à la remonte et au trajet du puits au chantier qui est environ de 39 minutes. D'après ce calcul le temps du travail au fond dans le South Wales calculé de la descente à la remonte serait de 49 h. 1/2. North Wales d'après les mêmes calculs ferait 47 heures, le district de Liverpool 46 heures 1/2 et le district de Manchester 45 heures 1/2; dans tous les autres cas le nombre actuel des heures de travail par semaine compté à partir de la descente serait très inférieur à 45 heures par semaine.

Pour préciser plus encore, on peut constater que le total des heures de travail au fond, calculé depuis la descente et comprenant le temps des repas et les repos s'établirait à peu près comme suit : Est de l'Ecosse 47 heures ; Ouest de l'Ecosse, 47 heures 1/2 ; Durham, 43 heures ; Yorckshire, 42 heures 1/2 Manchester 49 1/2 ; Liverpool 47 heures ; Midland 47 heures 10 ; North Strafford 44 heures 3 ; South Stafford 39 heures 1/2 ; South Western 48 heures 10 ; South Wales 51 heures 1/2. C'est ainsi que dans le South Western la durée moyenne de 8 heures par jour n'a été excédée que pendant 10 minutes par semaine, moins de 2 minutes par jour ; dans le district de Manchester le dépassement est de 90 minutes, soit 15 minutes par jour ; dans le South Wales il est de 3 heures 1/2 par semaine soit 35 minutes par jour. Sous une autre forme les faits se présentent ainsi : 18.352 hommes travaillent en moyenne 2 minutes par jour au delà de 8 heures ou de 48 heures par semaine ; 19.203 hommes ont travaillé 15 minutes par jour au-dessus de ce maximum ; et 31 432 hommes ont travaillé 35 minutes par jour en plus de 48 heures par semaine. Il semble en conséquence que 69 000 hommes travaillent dans les mines plus de 8 heures par jour ou de 48 heures par semaine, tandis que d'après le rapport la majorité travaille moins de ce nombre d'heures. Est-il juste ou raisonnable de demander au Parlement de réglementer le travail des hommes et de voter une loi relative aux 8 heures dans de semblables circonstances ? Peut-on invoquer des abus assez criants pour justifier cette intervention du législateur ? Le manque d'uniformité peut être une chose déplorable ; mais il y a moyen d'y remédïer, s'il est nécessaire de le faire. Les ouvriers peuvent y arriver eux-mêmes par l'association.

IV.— *Houillères, Explosions.*— Le rapport sur les accidents survenus dans les houillières a été fait sur la demande de M. Charles Fenwick, un des représentants des mineurs à la

Chambre des Communes, et le secrétaire des Congrès Parlementaires des Trade-Unions. On a souvent allégué que les explosions dans les mines étaient dues à la durée trop prolongée du travail et qu'une loi réduisant la journée à 8 heures diminuerait le nombre des catastrophes. Le rapport en question porte sur une période de 10 ans, mais en réalité il comprend 12 années, car 1879 et 1890 sont comprises. Il n'y a pas de résumé, mais l'auteur de ces lignes a mis en tableaux tous les chiffres et a obtenu les résultats suivants. L'heure à laquelle sont survenues les 202 explosions observées et le nombre de victimes constaté sont comme suit :

	1re h.	2e	3e	4e	5e	6e	7e	8e	9e	
Nombre total des explosions	47	22	29	26	24	17	11	16	10	202
Nombre total des victimes.. ..	130	322	278	521	334	69	183	60	95	1.951

Ce tableau fait justice de tous les arguments par lesquels on cherchait à établir que la journée légale de 8 heures diminuerait sensiblement le nombre des accidents mortels, car si on retranchait les deux dernières heures le total des accidents en 12 ans ne diminuerait que de 26 et le nombre des morts ne serait réduit que de 155.

On ne peut donc pas dire en ce qui concerne les mineurs que la nécessité d'une action législative et de l'intervention de l'État soit démontrée d'une manière concluante. Cependant peu de gens pourront nier que huit heures, sept heures ou même six heures de rude travail au fond d'une mine n'épuisent pas les forces de l'homme et que le métier ne soit pas fatigant et dangereux. Les mineurs méritent toutes les concessions qu'ils pourront obtenir, soit à l'égard du salaire, soit à l'égard du repos, soit à l'égard des autres conditions du travail, mais ils peuvent y arriver par l'association, l'arbitrage et l'appui de l'opinion publique. L'intervention du législateur est une expérience par trop périlleuse, dont les risques feraient plus que contrebalancer tous les avantages possibles et imaginables qui pourraient en résulter pour ceux qui la réclament. Pour cette raison nous croyons qu'il faut s'opposer à la proposition de loi.

La journée de travail de huit heures étendue à toutes les industries. — Les aspirations en faveur de la journée de huit heures ne sont pas nouvelles; elles ne sont que la recrudescence d'un sentiment depuis longtemps associé à tout le mouvement en faveur de l'émancipation du travail, mais elles ont pris une nouvelle intensité par suite de l'action des démocrates socialistes. La demande de la fixation de la journée de travail à huit heures pour toutes les industries est un fait nouveau dans ce pays. Pour citer les paroles de M. John Bright « c'est l'enfant et le dada d'esprits faibles », transplanté du continent européen dans notre île par des hommes qui ont usurpé le nom de socialistes. Même les anarchistes qui attaquent toutes les lois et repoussent toute réglementation, se sont laissé enticher de la journée légale de huit heures. Peu d'entre eux respectent les lois existantes, quels que soient les sentiments qu'ils professent à l'égard des lois à venir. Les partisans de la Réglementation des heures de travail citent l'Amérique et l'Australie à l'appui de leurs revendications, oubliant que les conditions industrielles ne sont ni semblables, ni même similaires dans ces pays et dans la Grande Bretagne. Mais l'exactitude n'est pas leur fort. A une profonde incapacité pour inventer de nouvelles solutions et pour les appliquer aux questions sociales, beaucoup d'entre eux joignent une facilité merveilleuse à s'approprier les idées des autres sauf à dissimuler leur plagiat en donnant aux choses une dénomination nouvelle.

Nous allons dans un résumé succinct rappeler les phases diverses de l'agitation en faveur de la journée de huit heures.

L'honneur d'avoir commencé et dirigé l'agitation en faveur de la journée légale de huit heures appartient exclusivement à la Fédération des Démocrates socialistes, association qui se vante de ne pas faire de politique dans le sens que les partis attachent à ce mot, mais qui, chose singulière, se borne ordinairement à attaquer les Libéraux et en particulier les Représentants du Travail dans le Parlement. Pendant quelque temps la journée de huit heures et la Révolution démocratique et sociale ne servaient de cri de ralliement qu'à un noyau presque insignifiant d'auditeurs rassemblés de temps à autre au coin des rues, dans Trafalgar square, Hyde Park, Clerkenwell Green et autres lieux de réunion. Peu à peu l'expression de Révolution démocratique et sociale disparut du programme ou du moins y fut moins distinctement articulée. Les huit heures devinrent de plus en plus le cri de guerre à mesure que de nouveaux adhérents entraient dans ce mouvement. Le sujet fut traité dans des meetings, puis dans des conférences, puis des Congrès, jusqu'à ce qu'à la fin un Congrès International se prononçât en sa faveur, et inscrivît ce vœu dans le programme des travailleurs. Il ne fut pas difficile d'amener les deux Congrès Internationaux tenus à Paris l'un le 29 octobre 1883 et le dernier le 23 août 1886 à entrer dans le mouvement des huit heures. Il fut beaucoup plus difficile d'obtenir un vote favorable du Congrès International de Londres le 6 novembre 1888. On finit cependant par enlever par surprise une résolution favorable, à la fin du Congrès, en dépit des protestations de la majorité des délégués anglais. Les socialistes s'inquiétaient fort peu de la manière dont on avait obtenu le vote; il leur suffisait d'avoir réussi; et ils se mirent immédiatement à faire de nouveaux efforts pour obtenir l'adhésion des Conseils professionnels de Londres, et des autres Conseils professionnels du Royaume; puis l'adhésion des Trade-Unions et enfin l'adhésion du Congrès des Trade-Unions. Les Démocrates socialistes déployèrent certainement de l'activité, une très grande activité ; ils réussirent à ranimer tous les germes de mécontentement et ils donnèrent une formule au cri de désespoir des misérables de Londres, qui sont depuis si longtemps la honte de notre civilisation tant vantée.

En 1889, ils eurent l'idée d'organiser une grande manifestation en faveur de la journée de huit heures. La date choisie fut celle du 1er mai 1890. Le but était de former des groupements spontanés dans tous les principaux centres industriels pour réclamer la journée légale de huit heures. On tint des meetings et on émit des votes dans ce sens. A Londres la manifestation fit fiasco parce que les Trade Unions refusèrent de s'y associer. La date du 1er mai avait été choisie spécialement par la ligue socialiste, l'heure avait été fixée à 5 heures de l'après-midi, le lieu désigné était Hyde Park. Le soir il devait y avoir une réunion aux flambeaux dans Clerkenwell Green. Les manifestants devaient se trouver à 2 h. 30 sur les quais de la Tamise et se rendre processionnellement à Hyde Park en évitant Trafalgar square. La résolution préparée par la ligue socialiste devait être soumise à ces meetings ainsi qu'à toutes les assemblées provinciales. Le plus bizarre c'est que cette résolution ne parlait en aucune manière de la journée de huit heures, elle était ainsi conçue :

« Le meeting salue avec joie le réveil du travail qui se produit dans tout le monde civilisé ; il déclare qu'il est nécessaire que les ouvriers de tous les pays s'unissent pour s'affranchir du monopole du capital ; il affirme que le seul remède à la pauvreté et à la souffrance des travailleurs est de leur procurer la libre disposition des ressources de la nature et de leur remettre la direction de l'organisation du travail ; il invite tous les travailleurs à accepter la tâche de faire proclamer cette émancipation comme un devoir absolu, supérieur à tous les autres. »

Cette résolution si remarquable fut présentée, développée et votée par toutes les réunions qui furent tenues le 1er mai dans toute l'étendue de ce pays. Les comptes rendus des journaux nous apprirent le lendemain que la manifestation socialiste de Londres, organisée par la fédération nationale de tous les métiers et de toutes les industries ne réunit que 2.000 personnes. Un reporter qui prétend avoir compté le temps qu'a duré le défilé, dit que le passage à un endroit choisi du parcours sur la route du Parc dura exactement dix minutes. Cette constatation fut faite près de l'entrée du Parc et le cortège avait du beaucoup s'accroître depuis son départ du quai. A Londres et dans beaucoup d'autres villes, les groupements tentés furent intitulés : « Manifestations en faveur de la solidarité du travail ; en faveur de la loi des huit heures ; en faveur de l'union des travailleurs de tous les pays pour s'émanciper du monopole du capital ». A Hyde Park on émit l'avis d'entreprendre une « grève générale » sous prétexte qu'« aucune réconciliation n'est possible entre les classes laborieuses et les classes oisives », et que « les relations entre les maîtres et les serviteurs doivent être supprimées ». Dans un petit nombre de villes de province, telles que Liverpool, Manchester, etc., il y eut des manifestations et une sorte de célébration du 1er mai comme la fête du travail, mais il n'y eut nulle part arrêt du travail et en général les manifestations furent assez mesquines. « La fédération nationale de tous les métiers et de toutes les industries ne survécut pas longtemps à l'organisation de ces manifestations, mais la ligue socialiste et la fédération démocratique et sociale semblent encore avoir une existence distincte, si jamais elles ont eu toutefois une vie indépendante. En ce qui concerne l'Angleterre les manifestations en faveur de la journée de huit heures n'ont soulevé aucun enthousiasme ; en réalité elles ont prouvé que la masse des ouvriers n'avait pas foi dans ce mouvement et qu'ils se défiaient des promoteurs de l'agitation suscitée pour arriver à l'émancipation des travailleurs par voie législative. Avec toute leur tendance à croire aux remèdes empiriques, prônés au coin des rues avec une voix éclatante, et l'accompagnement obligé des attestations des merveilleuses cures populaires opérées, les masses hésitent à croire que la fixation d'un jour de travail de huit heures soit le seul remède souverain pour tous les maux dont l'humanité qui travaille recueille le douloureux héritage sur cette terre d'épreuve.

Sur le continent, les manifestations semblent avoir été plus réelles et plus sérieuses ; les ouvriers du continent croient à l'intervention de l'État au moins en théorie. S'ils étaient aussi disposés à obéir à la loi qu'ils sont disposés à accroître son domaine, on pourrait croire que cette extension pourra produire quelque bien. Mais il n'en est rien, et les mêmes hommes qui dans ces pays font de l'agitation en faveur des lois ouvrières sont les premiers à attaquer et à mettre en question les lois en vigueur. Cela prouve une fois de plus que beaucoup de gens trouvent plus de plaisir à poursuivre un but qu'ils n'en éprouvent quand ils l'ont atteint. Il est plus que probable que si la loi de huit heures était votée, les premiers à se révolter contre ces entraves de fer seraient ceux qui crient le plus pour l'obtenir. D'après les journaux la plus grande manifestation a eu lieu à Vienne, on a estimé à 80.000 le nombre de ceux qui y ont pris part, il y eut des meetings dans quatre-vingt salles de réunion sans compter ceux tenus en plein air. A Berlin et dans d'autres parties de l'Allemagne, en France un peu partout, en Italie, en Espagne, en Autriche et en Hongrie, en Belgique, en Hollande, en Suisse, en Portugal, en Danemark, en Suède et Norwège, il y eut des manifestations le 1er mai en faveur de la solidarité des travailleurs, des huit heures et d'autres propositions utopiques. Heureusement tout s'est passé pacifiquement, excepté à Buda-Pesth où une émeute se produisit et où le sang coula; encore l'affaire n'a-t-elle eu aucune gravité.

Mais on avait fait à tous risques d'énormes préparatifs militaires. L'empereur d'Allemagne semble avoir montré à la fois la confiance que lui inspire son peuple et sa foi dans son programme spécial par l'envoi de troupes munies de cartouches à balle dans toutes les villes de province. A Rome les troupes furent équipées et armées de la même manière ; à Paris et sur d'autres points de la France on fit tous les préparatifs nécessaires pour réprimer les troubles qui pourraient se produire. Et tout cela parce que le peuple réclame plus de lois. Singulier commentaire à la fois pour les demandes faites par le peuple et pour l'attitude des gouvernements vis-à-vis de ceux qui demandent qu'on étende le champ d'action des lois. Les ouvriers anglais qui poursuivent le même but devraient méditer cette leçon.

Exaspéré par les attaques des socialistes et des Neo-Trade Unionistes et peut être stimulé par une certaine émulation, le *Conseil professionnel de Londres* fut amené à prendre une part active dans les manifestations du travail : mais il refusa énergiquement de s'associer à la demande de la journée légale de huit heures. Il finit pourtant par se résoudre à faire une grande manifestation en faveur de la réduction de la journée de travail à huit heures, le 4 mai à Hyde-Park. Presque tous les métiers de Londres prirent part à cette manifestation. Ils étaient divisés en huit groupes : 1° ouvriers en cuir ; 2° ouvriers en métaux ; 3° ébénistes et bimbelottiers ; 4° alimentation ; 5° industries maritimes ; 6° industrie du vêtement ; 7° papeterie et imprimerie ; 8° ouvriers du bâtiment. En outre toutes les professions qui ne rentrent pas dans ces huit sections et les différentes catégories de journaliers furent organisées en un contingent distinct sous la direction de la ligue socialiste. Au total quatre-vingt-dix branches d'industrie prirent part à la manifestation en faveur des huit heures considérées comme durée normale de la journée de travail. L'échec des socialistes et des Neo-Trade Unionistes dans leur tentative de faire entrer les ouvriers organisés de Londres dans la manifestation du 1er mai les amena à manœuvrer de toutes les manières pour avoir accès dans les réunions de délégués du conseil, et ils réussirent à y faire admettre plus tard un certain nombre de leurs adhérents. Le résultat fut que la formule de résolution qui avait été rédigée par le conseil fut élargie dans la dernière réunion des délégués dans laquelle elle fut adoptée. La résolution primitive soumise par le conseil à la réunion des délégués était ainsi conçue.

« Cette grande réunion des travailleurs de Londres sachant que la durée excessive des heures de travail dans beaucoup d'industries est la cause de l'irrégularité des engagements et qu'il en résulte beaucoup de misères et de démoralisation sociale, croit que la meilleure manière de remédier à ce mal est de réduire la durée des heures de travail à un maximum de quarante-huit heures de travail par semaine, félicite nos frères les travailleurs des autres pays de réclamer cette limitation des heures de travail, engage instamment nos concitoyens à faire des efforts incessants pour arriver à faire établir cette limite par tous les moyens en leur pouvoir, et comme premier point de départ demande au gouvernement impérial et à toutes les administrations locales de fixer dès maintenant la limite de huit heures dans tous les travaux qui sont sous leur dépendance. »

L'influence du parti d'action se manifeste dans la résolution ci-dessus qui fut en dernier lieu adoptée par les métiers ; elle est encore plus sensible dans les deux additions faites lors de la dernière réunion des délégués et qui sont celles-ci : « Nous engageons en outre les ouvriers dans les différentes circonscriptions électorales à faire tous leurs efforts auprès de leurs représentants élus pour obtenir du gouvernement et des administrations locales la réduction des heures de travail » et « nous émettons le vœu que le gouvernement soit invité à insérer une clause limitant à huit heures la durée du travail dans toutes les lois qui autorisent l'ouverture d'un chemin de fer, d'un tramway ou d'un canal. » Par là les Trade Unions de Londres ont en fait abandonné la situation qu'elles avaient prise et bien que sous une forme atténuée elles se sont laissées entraîner dans le tourbillon de l'intervention de l'État. On se servit plus tard dans le conseil de cette première concession pour faire adopter une résolution qui donne mandat aux délégués de voter pour la journée légale de huit heures au Congrès des Trade Unions. D'autres conseils professionnels dans différentes parties du royaume furent entraînés de la même manière dans un mouvement si contraire aux principes des Trade Unions, le recours au Parlement alors que les Unions avaient toujours revendiqué le droit de faire elles-mêmes leurs affaires sans se mettre dans le réseau de l'intervention législative. Jamais dans ce pays en n'a vu une semblable abdication à celle des Trade Unions qui ont ainsi compromis leur autorité et elles y ont été amenées par les conseils qui avaient été formés pour promouvoir et défendre leurs intérêts de toute nature.

En même temps que se produisait en dehors des Unions le mouvement dont nous venons de parler, mais bien avant le 1er mai et les manifestations auxquelles il a donné lieu, il avait été fait de grands efforts pour persuader aux Unions de jeter leur influence dans la balance en faveur de la limitation à huit heures par voie législative. Pour la plus grande partie ce mouvement tendait à peser sur les Congrès des Trade Unions, et par le moyen des Congrès à s'emparer de toutes les Unions. Au Congrès de Bradford en septembre 1888 une discussion très vive s'engagea sur ce point et elle eut pour résultat d'amener plus tard toutes les Sociétés à émettre un vote sur cette question. Les résultats de cette consultation furent communiqués au Congrès de Dundee en septembre 1889. Le rapport du comité parlementaire constate que 1.200 circulaires furent envoyées aux différentes sociétés professionnelles du Royaume-Uni. Les délégués présents à cette réunion (le Congrès de Dundee) représentaient 885.000 membres de ces sociétés. Cependant trente-sept sociétés seulement répondirent à la circulaire, et le nombre de leurs adhérents ne dépassait pas 178.376. Le scrutin enrigistré dans les procès-verbaux du Congrès montre que 67.390 suffrages se prononcèrent contre la journée de huit heures et que 39.656 furent exprimés en sa faveur ; majorité contre les huit heures, 27.283. Mais quand il s'agit de faire établir la limitation des huit heures par un acte du Parlement la majorité se trouva renversée comme suit : pour 28.511, contre 12.283, majorité pour 16.228. Si on additionne ces deux votes, on peut constater que 79.673 voix se sont prononcées contre les huit heures et 68.167 pour; la majorité opposée est donc encore de 11.506. Mais il faut encore tenir compte de 30.536 abstentions. Un tel vote ne peut, malgré tous les efforts d'imagination possibles, être considéré comme décisif à aucun point de vue, car 1.163 sociétés n'ont pas envoyé de rapports et 37 seulement avaient répondu. Mais on arrive à ce résultat négatif, c'est que la majorité des Unions se désintéressent de la question ; quelques-unes d'entre elles votèrent par entraînement dans le même sens; dans d'autres, il n'y a eu qu'un petit nombre de votes émis, dans un cas sur 10.000 adhérents 51 seulement votèrent ; dans l'autre on ne recueillit aucun vote. Si la question présentait autant d'intérêt pour les ouvriers qu'on l'a prétendu le résultat du vote eût été très différent.

Les promoteurs de la journée de huit heures ont ensuite concentré tous leurs efforts sur le Congrès de Liverpool fixé au mois de septembre 1890. Dans plusieurs districts les partisans de l'intervention de la loi furent secondés par les circonstances. En premier lieu les mineurs de Lancashire, du Yorkshire, du Midland et des South Wales donnèrent leur adhésion au mouvement, mais en spécifiant que la loi ne devrait s'appliquer qu'aux mineurs seulement. En second lieu, les manifestations du 1er mai furent considérées comme un symptôme favorable et en troisième lieu les Neo-Trade Unionistes se jetèrent à corps perdu dans l'agitation en faveur de la limitation par la loi des heures de travail.

Les partisans de l'intervention et de la réglementation déployèrent une grande activité, recrutèrent partout des adhérents et se préparèrent à livrer bataille à Liverpool. Ils semblent avoir pensé que s'ils pouvaient emporter le vote du Congrès des Unions la question serait réglée. Ils firent donc un suprême effort pour obtenir ce vote, et ils y ont réussi ; ils ont obtenu le résultat qu'ils attendaient. Nous allons voir comment ils y sont arrivés et quelle en sera la conséquence.

Le Congrès des Trade Unions tenu à Liverpool en septembre 1890 fut composé suivant le compte rendu officiel de 457 délégués envoyés par 311 sociétés qui comptent au total 1.810.191 adhérents ; ou bien en excluant les fédérations qui représentent, dit-on, 340.000 personnes, le nombre des ouvriers régulièrement représentés fut évalué à 1.470.191. Si on accepte ces chiffres comme exacts et on peut le faire, car ils sont basés sur les rapports des sociétés qui ont envoyé des délégués et ils ont été relevés conformément aux règlements, le dernier Congrès est la plus vaste réunion qui ait jamais été tenue. Mais sa composition fut un peu différente de celle des assemblées précédentes. Jusqu'alors les plus grandes Unions n'avaient été représentées que par un ou deux délégués ; et tel fut encore le cas pour quelques-unes au Congrès de Liverpool. Mais d'autres au contraire furent représentées par un nombre de délégués plus grand qu'on ne l'avait admis antérieurement. Comme on a fait certains comptes-rendus fantaisistes quant au caractère représentatif du Congrès et aussi en ce qui concerne le vote décisif en faveur de la journée de huit heures il n'est peut-être pas mauvais de donner ici une analyse succincte de cette réunion pour rétablir les faits et permettre de bien comprendre la portée réelle de ce vote. Nous avons groupé pour faciliter les comparaisons les différentes professions représentées; les chiffres donnés sont ceux qui figurent dans les procès-verbaux du Congrès.

Les mineurs furent représentés par 67 délégués, élus par un nombre de membres que le compte rendu officiel fixe à 412.430. Les ouvriers des docks, les charretiers, les manœuvres et journaliers de toute sorte, les ouvriers du gaz, etc., avaient 32 délégués, pour 412.485 membres. Les matelots et chauffeurs 26 délégués, 143.197 membres. Les autres industries maritimes, en dehors des constructeurs de navires en fer, 39 délégués pour 27.819 membres. Les employés de chemins de fer 8 délégués pour 99.845 membres. Les industries textiles 65 délégués pour 150.350 membres. Les industries du fer, de l'acier et des autres métaux, y compris les mécaniciens, chaudronniers et constructeurs de navires en fer, les mouleurs et les ouvriers de Sheffield avaient 54 délégués pour 196.072 membres. L'industrie du bâtiment 24 délégués pour 64.221 membres. Les imprimeurs 21 délégués pour 32.842 membres.

Les cordonniers et bottiers avaient 8 délégués pour 56.800 membres. L'industrie du vêtement, tailleurs, chapeliers, ouvriers 15 délégués, pour 28.071 membres. Les ébénistes, 4 délégués, 6.809 membres. Les mécaniciens des houillères, 4 délégués, 8.486 membres. Les boulangers, 4 délégués, 5.780 membres. Les fondeurs de cuivre, 4 délégués, 4.954 membres. Les verriers, 3 délégués, 3.354 membres. Les potiers 2 délégués, 1.200 membres : les ouvriers des produits chimiques, 6 délégués, 9.614 membres. Les industries diverses, carrossiers, cigariers, batteurs d'or, Union des ouvriers agricoles, etc., 14 délégués, 27.483 membres. Les conseils professionnels 60 délégués et 337.778 membres.

Les différents totaux ne correspondent pas exactement avec la récapitulation donnée dans le compte rendu du Congrès, même en ce qui concerne le nombre des délégués, car le rapport en signale 460 et on ne mentionne que 457 membres présents. Mais la différence ne signifie pas grand'chose, car 3 délégués ont pu, par suite d'empêchement, manquer à l'appel. La divergence la plus grande porte sur le nombre d'ouvriers qu'on dit avoir été représentés. Un coup d'œil sur les procès-verbaux prouve qu'il y a eu des erreurs et des exagérations. Les ouvriers des docks sont comptés deux fois pour le chiffre de 56.000, ce qui donne un total de 112.000 outre les doubles emplois.

On vient encore faire compter pour 50.000 hommes l'Union générale des ouvriers des docks, ce qui augmente l'erreur.

L'Union des ouvriers des chemins de fer est comptée pour 40.000, puis pour 20.000, sans tenir compte des Sociétés réunies qui existent en Angleterre, en Écosse et en Irlande. Puis c'est la Fédération nationale des mineurs qui est portée pour 120.000 adhérents, la Fédération du Lancashire pour 30.000, le North Wales pour 10.000 ; le North Strafford pour 9.500 et l'Union nationale des mineurs pour 50.000, sans compter la représentation des différentes Unions. Puis on voit la Fédération nationale du travail, 60.000 membres et l'Union nationale du travail, 40.000 membres ; au total, 100.000. Il est possible que ces exagérations ne soient pas voulues, mais comme le chiffre total a été donné comme officiel pour faire ressortir l'autorité du vote sur la question des huit heures, il est essentiel d'examiner quel était réellement en matière de vote l'étendue des droits (*voting power*) du Congrès. Il ne faut pas grossir les chiffres et de telles finesses ne sauraient longtemps prévaloir dans les luttes du travail. Le pouvoir des Trade Unions consiste dans leur force numérique réelle, mais il ne faut pas mettre des chiffres de fantaisie et il faut considérer seulement les membres qui font *bona fide* partie de la profession et qui paient réellement les cotisations, car c'est le capital mis en réserve qui constitue leur force en cas de conflit. Le succès dépend, en effet, de la manière dont les Unions usent de la puissance qu'elles ont conquise et aussi de l'aptitude des Unions à soutenir leurs membres dans les moments de crise, afin qu'ils ne se trouvent plus contraints d'accepter les premières offres d'emplois qui leur seront faites, même à des prix inférieurs à ceux qui sont fixés par les tarifs des Unions. Le Congrès de 1890 est le plus considérable qui ait jamais été réuni en dépit de toutes les soustractions à faire pour doubles emplois et exagérations. En supposant même que le nombre des travailleurs représentés ne dépasse pas les trois quarts d'un million, cela forme encore une magnifique armée de travailleurs capable de faire de grandes choses dans l'intérêt du travail. Les décisions d'un tel corps, prises après des délibérations régulières et accompagnées du sentiment de responsabilité qui doit toujours coexister avec la force, devront, si elles sont inspirées par la prudence et l'intelligence, mériter d'être prises par le public en grande considération. On peut craindre que ces éléments aient parfois fait défaut au dernier Congrès; de là vient que ces décisions n'ont pas eu toute l'influence qu'elles auraient dû exercer. La manière de voter fut également très défectueuse, comme nous le verrons en nous occupant de la question des huit heures.

Le nombre total des délégués accrédités au Congrès fut, d'après les comptes rendus, de 457. Sur ce nombre, 354 seulement prirent part au vote sur l'amendement de M. Paterson, relatif à la question des huit heures. L'amendement réunit 173 voix; il y eut contre lui 181 voix; la majorité contre fut donc seulement de 8 voix. Puis vint la véritable résolution en faveur de la journée légale de huit heures pour toutes les professions; il n'y eut que 348 votants, 6 voix de moins que lors du vote de l'amendement. Mais le résultat fut différent, la résolution réunit 193 voix, soit 12 de plus que la majorité qui s'était prononcée contre l'amendement; il y eut 155 votants contre, soit 18 de moins que le nombre de voix en faveur de l'amendement, en sorte que la majorité en faveur de la résolution fut de 38.

Le résultat de ce vote est si curieux qu'il est intéressant

d'étudier les deux méthodes employées pour recueillir les voix afin de les comparer.

Pour l'amendement.........	173	Pour la résolution...........	193
Contre l'amendement........	181	Contre la résolution........	155
Majorité contre.......	8	Majorité pour........	38
Total des votes exprimés....	354	Total des votes exprimés....	348
Abstentions................	103	Abstentions...............	109

On voit difficilement comment un vote semblable peut être considéré comme une épreuve concluante en faveur de la loi des huit heures. Il semble plutôt que les partisans de la loi aient mis tout en œuvre et usé de toute leur influence pour grossir le vote, tandis que ceux qui étaient opposés à la loi ne semblent pas s'être occupés très sérieusement de la question. Il n'est pas possible de se rendre compte de la valeur respective des suffrages exprimés, car les comptes rendus ne permettent, à cet égard, aucune constatation positive; mais, à en juger par les actes des différentes délégations, on peut conclure que les industries textiles se sont prononcées contre l'intervention du Parlement. Les mineurs étaient quelque peu divisés, Durham, Northumberland et Cleveland s'étant prononcés contre la résolution, tandis que les autres districts l'appuyaient. Les cordonniers et bottiers votèrent contre, ainsi que devaient le faire toutes les professions qui dépendent de la saison et à qui cette réglementation pourrait porter un coup funeste. Les partisans les plus déclarés, les plus persistants et les plus acharnés de la journée légale, ont dit dans le Congrès et hors du Congrès, et ont écrit, publié et répandu partout que 900.000 ouvriers représentés avaient voté en faveur de la résolution et seulement 540.000 avaient voté contre. Après ce que nous avons dit de la composition du Congrès, on peut juger de la valeur de cette assertion. Ce n'est pas l'indice d'une bonne cause que de la voir soutenue par l'exagération et la fiction. On ne peut pas nier que la majorité se soit prononcée en faveur de la proposition et il faut prendre le fait pour ce qu'il vaut. Mais en admettant même que la majorité ait voté dans ce sens, cela ne prouve pas que la tendance qu'elle indique soit praticable ou désirable. Ce qui diminue encore l'importance de ce vote, c'est que les mineurs se sont prononcés en faveur d'une loi applicable seulement aux mines.

Nos critiques s'adressent seulement à la limitation des heures de travail des adultes par voie législative. Dans aucun cas, nous n'entendons blâmer la réduction des heures de travail obtenue par les ouvriers par le moyen des associations et de la conciliation. Toute réduction obtenue ou demandée est, dans ce cas, appréciée à sa juste valeur et la durée du temps demandé ou obtenu est toujours conforme aux conditions particulières de l'industrie, en tenant compte du nombre d'heures usité dans la profession et des réductions qu'on peut encore espérer sans porter préjudice au capital et au travail. Chacune des réductions des heures de travail constitue une sorte de progrès naturel par voie de sélection. Mais un acte du Parlement, imposant huit heures comme maximum de la journée de travail pour toutes les classes et toutes les industries, serait une gêne que l'industrie et le commerce ne pourraient probablement pas supporter dans les conditions actuelles et provoquerait une crise qui risquerait d'entraîner une ruine totale. Quelques-unes des industries du pays pourraient peut-être sans grand inconvénient s'organiser de telle sorte que huit heures suffiraient pour le travail normal d'une journée. Que chaque profession, pour son propre compte, cherche à obtenir le travail de huit heures et prenne des mesures pour y arriver. L'opinion publique, tout en n'étant pas encore complètement favorable, est prête à seconder ceux qui marchent dans cette voie. Tout effort raisonnable dans ce sens rencontrera des sympathies. Mais les tentatives faites pour y arriver par l'intervention de la loi seront de plus en plus jugées défavorablement à mesure qu'on en comprendra mieux les suites et les conséquences et qu'on pourra en apprécier les résultats inévitables. Les pires ennemis de la journée de huit heures sont ceux qui veulent l'obtenir par la législation.

Les ouvriers des docks et les huit heures. — Le néo-trade unionisme est fécond en surprises. « L'imprévu arrive », a dit une fois un homme d'État qui, pendant très longtemps, a occupé, dans la politique anglaise, une situation éminente et qui était lui-même un maître dans l'art des surprises. L'exactitude de cette phrase fut singulièrement constatée par les agissements de l'Union des ouvriers des docks presque immédiatement après la grande bataille et la victoire signalée remportée par les partisans de la journée légale de huit heures, à Liverpool. Au Congrès des ouvriers des docks tenu presque immédiatement après, la question fut discutée et on pouvait croire qu'on s'empresserait de célébrer la victoire ; au lieu de cela, le Congrès vota une résolution déclarant que la journée de huit heures ne pouvait pas s'appliquer au travail dans les docks. Les délégués et les dignitaires représentant l'Union des docks qui, après mûre délibération, finirent par découvrir que l'introduction de la limitation des huit heures serait désastreuse pour les ouvriers des docks et désavantageuse pour le genre de travail qu'ils accomplissent, méritent des félicitations pour avoir eu le courage de le dire dans leurs résolutions, mais quel singulier commentaire de la conduite et des actes de leurs chefs et de leurs représentants qui ont presque à eux seuls assuré le succès du vote du Congrès des Trade Unions par leurs efforts et leur propagande. La victoire fut accueillie par des cris de triomphe presque sauvages ; et quand les vainqueurs sont venus annoncer leur succès aux hommes grâce au concours desquels ils l'ont obtenu, ceux-ci déclarent que cela ne les concerne pas, les conditions dans lesquelles ils exercent leur profession en rendant l'application impossible. Les délégués des ouvriers des docks avaient-ils donc réellement mandat de réclamer la limitation à huit heures pour toutes les industries? Ou bien le fait que nous venons de citer est-il un exemple d'une conversion subite? Ou bien les délégués ont-ils d'abord voté et engagé leur corporation dans une certaine politique, puis se sont-ils ravisés et ont-ils été pris de repentir? Il est difficile de trouver la justification d'une pareille conduite. Le fait acquis, c'est que les ouvriers des docks se sont officiellement prononcés contre l'application aux travaux des docks de la limitation obligatoire de la journée de travail en dépit des actes et des votes de leurs représentants accrédités au Congrès des Trade Unions et au Conseil professionnel de Londres. Ce fait doit être retenu pour permettre l'appréciation de la valeur de la victoire remportée à Liverpool.

Les mécaniciens et la journée de huit heures. — Le secrétaire de la Société des mécaniciens réunis fut violemment attaqué au Congrès des Trade Unions pour n'avoir pas rempli le mandat impératif qui lui avait été donné par son Comité exécutif, mandat qui, disait-on, l'obligeait à voter en faveur de la journée légale de huit heures. Le secrétaire répondit que la Société n'avait jamais ni directement ni indirectement provoqué un vote pour connaître l'opinion de la Société des mécaniciens au sujet de la loi des huit heures. Il déclara, en outre, qu'il n'était pas vrai que lui et ses collègues eussent reçu mandat de voter en faveur de la loi. Il proposa même de faire appel à sa Société pour avoir l'avis de la majorité sur ce sujet. La consultation eut lieu et, dans un rapport publié au mois de novembre, nous avons trouvé le passage suivant :

Les huit heures et les fédérations. — « Ce mois-ci, nous donnons pour nos adhérents quelques renseignements sur la question précitée, renseignements qui seront comme l'écho des opinions émises jusqu'ici par les personnes qui ont bien voulu nous les faire connaître. » Le document contient une sorte de résumé des votes et des décisions pris au sujet de la question des huit heures. En recourant aux tableaux, nous voyons que le nombre des sections qui ont envoyé des rapports sur ce point est de 17 sur un total de 415 sections ou branches existant dans le Royaume-Uni, sans parler des sections fondées à l'étranger. Sur les 17 branches qui ont pris la peine de voter, 13 se sont prononcées à l'unanimité pour l'action libre et deux seulement pour l'intervention législative. Dans les deux autres sections restantes il y avait eu partage. Dans la section de Battersea, 25 membres avaient voté en faveur de l'intervention du législateur et 20 en faveur de l'action volontaire ; tandis que dans la 3e section de Woolwich, 21 voix se prononçaient pour l'action législative et 1 seule voix contre. Une autre section de Woolwich a cependant voté contre toute intervention de l'État. La section d'Aberdeen et la 6e section de Glasgow sont favorables à l'intervention, tandis qu'une autre section de Glasgow et la 2e section de Greenock se sont prononcées pour la liberté. En passant en revue ces communications, le rapport dit : « Par ces documents courts et incomplets, on verra que 204 votes ont été exprimés pour la réduction de la journée à huit heures et 5 seulement se sont déclarés contraires. D'autre part, 46 votes ont exprimé le désir que cette réduction fût obtenue par l'action législative, tandis que 148 voix demandaient que cela fut laissé à l'initiative privée ; 4 sections se sont prononcées pour l'intervention, 13 pour la liberté. » Il est difficile d'accentuer d'une manière plus complète l'absurdité du vote du Congrès des Trade Unions.

Les industries textiles et la loi des huit heures. — Les représentants des industries textiles dans le Royaume-Uni ont gardé une attitude très ferme et ont exprimé très fortement leur opinion, contrairement à la résolution votée en faveur de la journée de huit heures rendue obligatoire pour toutes les industries par un acte du Parlement. La décision à prendre. par rapport à cette question, fut examinée par les délégués des différentes branches et le résultat fut la démission de M. Thomas Birtwistle J. P., qui abandonna sa place dans le Comité parlementaire, bien qu'il fût porté second sur la liste. Plus tard, M. J. Maudsley J. P., quoique le troisième sur la liste, donna également sa démission; M. Henri Slatter J. P. ayant refusé d'accepter le siège laissé vacant par M. Birtwistle, on le donna au délégué qui arrivait le premier après les membres élus, c'est-à-dire à un délégué qui, malgré toutes ses intrigues en faveur de la journée légale, n'avait pu obtenir un nombre de voix suffisant pour entrer au Comité, puisqu'il arrivait treizième. On craignait d'autres démissions, mais il paraît qu'on a pu les éviter.

Le Comité parlementaire et la loi des huit heures. — La proposition de loi demandant la limitation obligatoire à huit heures pour toutes les industries, conformément à la résolution du Congrès, a été présentée le 5 février 1891. Le secrétaire du Comité a refusé de s'en charger et de soutenir cette proposition devant la Chambre des communes. Cette proposition a été notifiée et elle avait été apportée *in dummy* par l'honorable membre du Lancashire, M. W. Abraham, un des représentants des mineurs, mais aucun autre membre appartenant au groupe du travail n'a voulu mettre son nom en tête de la proposition. On ne s'est pas disputé l'honneur de patronner cette proposition, c'était à qui refuserait tant le Parlement se montrait peu disposé à l'accueillir favorablement. La victoire remportée au Congrès aboutit donc à cette absurdité : le dépôt d'une proposition qu'aucun des représentants des travailleurs ne veut prendre sous sa responsabilité et qui n'a obtenu qu'une seule signature. Elle a été repoussée par les industries textiles, par les mécaniciens, par les cordonniers et bottiers et par les ouvriers des docks. Tandis que pas une des 37 corporations, dont les délégués ont voté en faveur de la mesure, n'a donné signe de vie en faveur de la proposition. Elle est donc condamnée par ceux-là mêmes en faveur desquels on dit l'avoir présentée.

La proposition ayant été déposée et distribuée avant que les épreuves de cet ouvrage ne fussent corrigées, nous pouvons en donner ici la principale disposition ainsi conçue :

§ 1. A partir du premier jour de janvier 1892, aucune personne ne pourra travailler, ordonner ou permettre à une autre de travailler, sur terre et sur mer, en quelque qualité que ce soit, quel que soit le mode de contrat ou d'engagement, la convention de louage d'ouvrage, la prise en service personnel sur terre et sur mer (sauf le cas d'accident) pendant plus de huit heures par jour de vingt-quatre heures ou pendant plus de quarante-huit heures par semaine. Des amendes et des peines devront être infligées au patron, au régisseur, ou à toute autre personne exerçant l'autorité ou le commandement. Le minimum de l'amende pour une infraction de ce genre étant de 10 l. st. et le maximum de 100 l. st. La proposition se passe de commentaires, elle est courte, concise et universelle dans ses applications. Elle ne prévoit aucune exception, sauf le cas d'accident visé dans le § 2.

CHAPITRE IX

LES FORCES MATÉRIELLES ET LES RESSOURCES DES TRADE UNIONS

Leur force et leur faiblesse, leurs succès et leurs échecs.

Premières luttes des Trade Unions.— Développement récent.— Acceptation de l'opinion publique. — Patronage des Trade Unions. — Leur force numérique. — Liste de leurs membres. — Stimulant apporté par le Néo-Trade Unionisme. — Unions fédérées et branches.— Revenu annuel. — Tableaux par périodes. — Dépenses annuelles. — Récapitulation par périodes. — Causes des grèves et institutions économiques. — Bilan financier. — Tableaux. — Causes de faiblesse des Trade Unions. — Leur inaptitude à résoudre le problème social. — Disputes stériles. — Manifestations populaires. — Fédérations. — Conseils professionnels.

Ainsi que nous l'avons fait voir dans les premiers chapitres de cet ouvrage, les Trade Unions ont eu à lutter pour la vie il y a environ un siècle. Pendant une longue période elles n'ont été que des machines de guerre, des coalitions faites en vue d'un but déterminé, mais n'ayant aucun caractère de permanence, de simples expédients bien plutôt que des institutions durables. C'étaient en outre des associations illégales — et dont le but était considéré comme illégal en raison même de ce que, dans le langage judiciaire, elles étaient destinées à porter atteinte à la liberté du travail. Quand le Parlement eut abrogé les lois qui interdisaient les associations et coalitions d'ouvriers, le droit d'association fut encore entravé par les lois qui punissaient les coalitions et par la fiction légale de l'atteinte à la liberté du travail ; dans la pratique le but que poursuivaient les Trade Unions était toujours considéré comme illégal, et les membres des Unions étaient souvent condamnés pour des faits qui n'auraient pas constitué un délit punissable s'ils avaient été commis par des personnes autres que des Unionistes. Jusqu'à l'année 1825 il n'y eut que très peu de Trade Unions; les ouvriers se bornaient à former des coalitions dans un but général ou particulier suivant les circonstances. Pendant les vingt-cinq années qui suivirent, on fit de grands progrès dans la voie de l'organisation pratique, et on établit les fondations en vue du développement futur de ces institutions. Les Trade Unions modernes n'ont réellement commencé à entrer dans la période d'activité que depuis cinquante ans; avant cette époque tous les efforts se manifestaient sous forme de tentatives et d'expériences. Durant les trente premières années de cette période les Unions restaient sous le coup de la loi, proscrites en réalité, n'ayant pas d'existence reconnue en tant qu'associations, privées de toute protection légale pour leurs caisses et leurs propriétés. En tant qu'institutions légalement reconnues, leur histoire ne date que de vingt ans; mais alors même et pendant les cinq premières années on put constater des efforts systématiques pour faire considérer les Trade Unions comme des sociétés criminelles, dans leur objet et dans leurs agissements, et ce n'est qu'à la suite d'une lutte opiniâtre que le stigmate, la tache d'infamie a pu leur être enlevée. Cette lutte, les Unionistes l'ont seuls soutenue avec leur argent, ce sont eux qui ont fourni les soldats et c'est parmi eux que se sont trouvés les officiers qui ont mené la campagne et finalement remporté la victoire.

Le développement des Trade Unions a été pendant longtemps assez lent, souvent irrégulier et spasmodique, mais cependant elles ont toujours été en progressant. Depuis les vingt dernières années, les progrès ont été considérables et soutenus et elles ont fini par trouver faveur dans la partie du public qui réfléchit. Au lieu d'être proscrites, elles sont maintenant adulées; et ces flatteries tendent à développer leurs défauts plutôt qu'à faire ressortir leurs vertus. Le Trade Unionisme est, dans son essence, destiné à vivre par lui-même et à se soutenir par lui-même. Il vit des contributions de ses membres. Les Unions sont si jalouses de tout concours extérieur qu'on ne permet pas l'assistance au congrès des Trade Unions à des personnes dont les dépenses seraient payées par des sociétés ou corporations autres que les Trade Unions qu'elles représentent *bona fide*; toute acceptation d'un secours individuel pour subvenir aux dépenses ferait disqualifier le délégué et le priverait du droit de siéger et de voter. On a souvent procédé à des expulsions pour ce motif, et l'expérience ne sera vraisemblablement pas recommencée. La valeur des Unions comme institutions dépend de leur propre initiative et de leur propre assistance. Aucune Union créée sous un patronage n'a pu vivre longtemps. Le plus triste exemple de ce genre est l'Union des ouvriers agricoles qui après avoir compté à une époque 50.000 adhérents, a peu à peu décru et se trouve réduite à un cinquième au plus. On a également tenté de donner des encouragements et des subventions à d'autres corporations d'ouvriers et récemment à des associations d'ouvrières en vue de créer des Unions pour certaines professions et certains métiers. Ces encouragements et cette assistance peuvent être une bonne chose dans les premiers moments de la fondation; mais une Trade Union doit pouvoir marcher toute seule. Elle doit se gouverner par elle-même — se suffire à elle-même, se protéger et s'administrer par elle-même si elle veut avoir une véritable force dans les conflits qui éclatent dans le monde du travail. Elle ne peut pas exister ou prospérer sur d'autres bases, on pourrait aussi bien essayer de faire tenir une pyramide sur la pointe que de fonder une Trade Union sous un patronage étranger avec l'espoir de lui voir atteindre son but et accomplir le bien qu'elle est destinée à produire. Elle doit tôt ou tard péricliter et mourir et c'est pour cela qu'il faut apprendre aux Unions à marcher seules en ne comptant que sur leur seule force et sur leurs seules ressources.

Force numérique. — Dans les précédents chapitres nous avons déjà indiqué dans quelle proportion les Trade Unions se sont développées, et on a pu constater le nombre des adhérents qui se sont fait représenter au mois d'octobre dernier au Congrès de Liverpool. Les 311 associations qui s'y firent représenter sont loin d'être les seules qui existent. On suppose qu'il y a dans le Royaume-Uni au moins quatre ou cinq fois plus d'Unions dont beaucoup n'ont encore jamais figuré dans ce congrès. Mais le nombre des associations ne donne plus la mesure de leur force numérique. En 1861, quand on établit le premier guide des Trades Unions, il existait au moins 2.000 Unions, qui devaient compter 1.000.000 ou 1.200.000 membres. A cette époque dans chaque profession il existait de nombreuses corporations locales étrangères les unes aux autres. Les sociétés agglomérées ou les Fédérations étaient encore dans l'enfance. Les mécaniciens ont ouvert la voie dans cette direction en 1850-51, lorsque les ouvriers appartenant aux diverses branches de l'industrie des machines fondirent leurs unions locales dans une seule grande association. De 1850 à 1860 leur tentative resta isolée. Cependant dans la décade qui suivit, en 1861-1870, plusieurs autres Unions imitèrent leur exemple et formèrent des sociétés unies, autrement dit des Fédérations. Du reste antérieurement à 1850 plusieurs Unions avaient étendu leur organisation au-delà des limites d'une seule localité, en dépit des obstacles légaux et des autres difficultés avec lesquelles il fallait compter. En effet, au début de ce siècle et bien des années après, les dispositions de la loi sur les *Corresponding societies* empêchaient la formation de Sociétés avec des branches ou sections s'étendant aux différentes parties du Royaume, et ses effets continuèrent à se faire sentir même après l'abrogation de la loi. Cependant dès l'origine il fut fondé quelques sociétés avec branches et deux ou trois de ces sociétés subsistent encore. Pendant les trente dernières années il y a eu tendance à fondre toutes les Unions locales dans de grandes corporations embrassant l'ensemble de la profession et quand la fusion n'était pas possible il se fonda de nouvelles Unions qui finirent par absorber toutes les Unions locales, devenues de simples branches de l'association ainsi formée. Il existe donc aujourd'hui beaucoup moins d'Unions ayant une existence distincte qu'il n'y en avait il y a 30 ans, mais la force et la puissance des Unions ont par le fait augmenté au lieu de diminuer. La centralisation a remplacé la division, la Fédération s'est substituée à l'isolement.

Il n'est pas nécessaire de donner une longue liste d'exemples indiquant la force numérique des Trade Unions actuelles, il suffira de quelques noms et les sociétés que nous citons sont celles qui ont des branches dans les différentes parties du royaume. Voici quel était leur effectif à différentes dates.

ANNÉE FINISSANT AU 31 DÉCEMBRE. — NOM DE LA SOCIÉTÉ.	1869. Membres.	1879. Membres.	1889. Membres.	1890. Membres.
Mécaniciens réunis	33.539	44.078	60.728	67.800
Fabricants de machines à vapeur	2.885	4.071	5.500	5.822
Chaudronniers	6.805	16.998	29.993	—
Fondeurs en fer	8.990	12.276	13.805	14.821
Mouleurs en fer. Ecosse	2.432	4.519	5.992	6.198
Forgerons	1.509	2.118	2.077	2.323
Charpentiers et menuisiers	9.305	17.350	26.472	31.784
Maçons en pierre	23.036	15.350	11.306	—
Maçons briquetiers	2.020	5.874	8.189	—
Tailleurs réunis	3.994	13.888	15.276	—
Compositeurs (Londres)	3.300	4.930	7.955	8.910
Association des Typographes	2.266	5.150	8.388	—
Union des carrossiers	5.719	6.908	4.983	5.367
Total : 13 Sociétés	105 216	155.184	200.666	

Le personnel de ces treize sociétés présente une augmentation considérable de 1869 à 1879 et à cette époque le progrès aurait encore été plus marqué sans la déplorable crise industrielle qui se produisit de 1875 à 1879 et qui en l'année 1879 sévit avec une intensité sans précédents du moins en ce qui concerne les Trade Unions. Les maçons en pierre avaient également à se remettre du plus grand échec qu'ils aient jamais éprouvé à la suite de la grève de 1877, grève qui comme résultat coûta à la Société près de 10.000 membres. Les progrès ont été surtout sensibles dans les sociétés qui ont été constituées sur les bases les plus larges, comme les mécaniciens, les fabricants de machines à vapeur, fondeurs en fer, chaudronniers, charpentiers et menuisiers, tailleurs et compositeurs. La caisse des chômages est certainement une des clefs de voûte des Unions modernes, quoique la cotisation nécessaire pour la faire vivre écarte les ouvriers les moins économes de la corporation. Un coup d'œil sur les tableaux précédents montre que plusieurs sociétés ont doublé leur nombre en vingt ans; dans un cas il a doublé, dans un autre cas il a quintuplé. Tout cela s'est fait avant que le Néo-Unionisme ne se soit affirmé et n'ait jeté le gant aux anciennes Unions.

Le Néo-Trade Unionisme a cependant été un stimulant pour les anciennes Unions qui ont dû déployer une activité plus grande. Quelques-unes des anciennes Unions s'étaient à tort abstenues de faire de la propagande; elles avaient pratiquement renoncé à ce système; ce qui avait pour résultat de faire jouir des avantages des Sociétés toute la masse des ouvriers de la profession tandis que c'était une minorité qui soutenait les luttes et remportait les victoires. Le mouvement qui se produisit parmi les ouvriers les moins instruits et parmi ceux qui n'ont aucun savoir professionnel (*unskilled*), donna une vive impulsion aux organisations mieux assises, plus prospères et plus anciennement fondées qui avaient déjà fait beaucoup de bien, mais qui semblaient se reposer un peu sur leurs avirons en se laissant dériver au courant. Il y eut un choc parmi les ossements desséchés ; une nouvelle vie fut infusée dans des institutions qui semblaient engourdies, et une renaissance se produisit qui laissera sa marque dans cette génération et sur la génération à venir. Le résultat de ce réveil apparaît dans la dernière colonne du tableau donnant le total des membres des Unions qui ont bien voulu fournir des rapports permettant d'avoir les chiffres jusqu'au mois de janvier 1891. Ces chiffres sont approximativement exacts, mais dans quelques cas les dernières corrections faites aux rapports annuels donneront une petite augmentation sur les chiffres que nous avons reproduits.

En ce qui touche les autres Unions qui ne sont pas mentionnées dans le tableau, les chiffres donnés dans le chapitre précédent indiquent suffisamment leur situation et leurs progrès. Les plus grands progrès ont été faits par les mineurs et l'Union des matelots et chauffeurs, qui au dernier exercice comptait 110.000 membres ; les ouvriers des docks dont l'Union compte 50.000 membres, les ouvriers du Gaz, les ouvriers des chemins de fer et d'autres corporations, dont quelques-unes sont de formation très récente. Il est probable que le nombre des personnes affiliées aux Trade Unions approche actuellement de deux millions. Cette force, si elle était utilisée et dirigée avec sagesse est capable d'accomplir de grandes choses pour le travail, pour les ouvriers soumis à cette organisation et pour tout l'ensemble des travailleurs. Aucune demande juste et raisonnable ne saurait être longtemps refusée à la force organisée et à l'énergie d'une semblable armée de travailleurs, animée par un noble but, inspirée par de hautes aspirations et poursuivant avec ensemble des objets à la fois bons et réalisables.

Branches ou Loges. — Toutes les sociétés réunies, et les Unions générales sont divisées en branches ou loges et leur direction est entre les mains d'un conseil central ou comité élu par les membres. Les branches se rassemblent toutes les semaines ou tous les 15 jours suivant les cas; elles reçoivent les cotisations, votent les dépenses, et discutent les questions qui intéressent la société. Elles sont régies par des statuts généraux; les règlements intérieurs à propos desquels certaines personnes malveillantes ou hostiles aux loges ont fait tant de bruit ne sont que de simples règlements particuliers aux loges et destinés à faciliter l'expédition des affaires. Dans beaucoup d'Unions les fonds sont répartis également tous les ans entre les branches ou loges, de telle sorte que chacune des branches n'est ni plus riche ni plus pauvre que les autres, en tenant compte du nombre des membres. Dans d'autres cas, le principe fédératif est appliqué; l'Union est gouvernée par les lois générales, les dépenses d'administration sont réparties également et les dignitaires sont élus par tous les adhérents. Par ailleurs chaque loge ou branche administre son patrimoine. Les branches sont responsables du bon emploi des fonds fait en conformité des règlements, elles choisissent leurs contrôleurs pour l'examen de leurs comptes. Mais l'autorité exécutive a le pouvoir d'envoyer un inspecteur spécial et de contraindre à rembourser les sommes qui auraient été indûment versées. La Société des compositeurs d'imprimerie de Londres est un des exemples d'une corporation locale sans branches. Elle est métropolitaine, les membres s'assemblent quatre fois par an pour discuter et régler les questions d'administration et de direction. Les mécaniciens ont actuellement (en janvier 1891) 497 branches ; sur ce nombre 418 se trouvent dans le Royaume-Uni, 42 sont aux États-Unis, 32 dans les colonies anglaises et le reste en pays étrangers. Les fondeurs de fer ont 116 branches ; les forgerons 42 branches; les chaudronniers et constructeurs de navires en fer 238 branches ; les charpentiers et menuisiers 501 branches; les tailleurs 355 branches et les autres sociétés sont dans la même proportion. Dans la capitale, et dans d'autres grandes villes où il y a souvent plusieurs branches de la même Union, les membres ont le droit de se visiter et d'assister aux réunions des autres branches mais pas d'y voter. Les différentes loges envoient tous les mois au conseil un rapport sur ce qu'elles ont fait et sur la situation de l'industrie ; des extraits de ces rapports sont publiés par la société et c'est dans ces documents que le correspondant du Board of Trade chargé des questions du travail compile ses rapports mensuels pour le journal du Board of Trade. Ces rapports mensuels ont une grande valeur pour les membres des différentes industries, et ils ont acquis un plus grand intérêt encore depuis qu'ils sont résumés et publiés d'une manière officielle. Les renseignements fournis sont sérieux et généralement dignes de toute confiance ; c'est le meilleur document qui soit publié périodiquement sur la situation de l'industrie.

Puissance financière. — Revenus annuels. — Les revenus de quelques-unes des plus grandes Unions prouvent à la fois leur puissance et dans une certaine mesure la popularité dont elles jouissent parmi les plus intelligents et les plus économes de la classe ouvrière. Les versements hebdomadaires dont se composent ces énormes revenus annuels montrent que les membres savent faire des sacrifices dans le présent pour s'assurer des secours dans l'avenir. Le montant total des cotisations hebdomadaires et des autres versements s'élèvent en moyenne à près d'un schelling (1 fr. 25) par semaine dans un très grand nombre de Sociétés, soit 65 francs par an ; dans d'autres, la moyenne par semaine dépasse ce chiffre. Dans quelques autres, les versements sont un peu plus faibles ; et enfin, dans les « Unions de combat » comme on les appelle, la cotisation hebdomadaire dépasse à peine un quart de cette somme ; mais aussi elles ne distribuent pas de secours sauf dans le cas de grève ou de lock-out. Les plus anciennes et les plus solides des

Unions donnent également de larges secours en cas de grève; mais elles ont à subvenir aux charges d'institutions d'assistance mutuelle qui procurent des avantages plus étendus et plus durables, et qui exercent une influence considérable sur les relations entre le capital et le travail bien que leurs effets échappent aux observateurs ignorants ou superficiels. Si nous prenons les Sociétés que nous avons déjà citées, nous trouvons comme revenu annuel dans les mêmes années les chiffres suivants :

ANNÉE FINISSANT AU 31 DÉCEMBRE — NOM DE LA SOCIÉTÉ.	1869. Revenu total.	1879. Revenu total.	1889. Revenu total.	1890. Revenu total.
	£	£	£	
Mécaniciens réunis	82.406	135.267	183.651	—
Fabricants de machines à vapeur	7.091	10.618	15.303	15.849
Chaudronniers	—	46.974	104.523	—
Fondeurs en fer	33.513	43.104	39.800	—
Mouleurs en fer (Ecosse)	6.478	14.123	20.983	22.161
Forgerons	2.181	3.352	4.585	—
Charpentiers et menuisiers	21.802	39.854	75.869	—
Maçons en pierre	21.835	31.213	19.043	—
Briquetiers	1.366	8.270	12.696	—
Tailleurs réunis	—	17.517	20.953	—
Compositeurs de Londres	4.366	7.712	14.242	16.533
Associations des Typographes	—	6.616	9.667	—
Carrossiers	10.285	30.699	10.971	11.953
Total : 13 Sociétés	192.787	395.319	531.486	
Soit en valeurs françaises. Fr.	4.819.675	9.882.975	13.287.150	

Les chiffres ci-dessus montrent une grande force de résistance et cette force peut être encore augmentée au moyen de contributions extraordinaires si les circonstances le rendent nécessaire. Tel fut le cas en 1879, dans bien des Sociétés il fallut faire des appels de fonds considérables, pour subvenir aux besoins des caisses de chômage, des caisses de maladies, de vieillesse et les secours temporaires et dons bienveillants.

Dépenses annuelles. — Il n'est que naturel, quand on considère les nombreuses institutions d'assistance qui existent dans ces Sociétés que la dépense se trouve également très grande ; parfois même la dépense excède le revenu et il faut faire appel au fonds de réserve. Par exemple, en 1879, il n'y a pas une seule Société qui ait pu vivre avec ses seuls revenus tant les besoins des caisses de secours de tout genre étaient pressants et continuels. On avait déjà traversé une pareille crise en 1866, mais elle avait été plus limitée à certaines industries et elle n'avait pas duré si longtemps. En fait, l'année 1879 fut le couronnement de plusieurs années déjà très dures surtout pour les Sociétés qui avaient des caisses de chômages. Le manque d'ouvrage implique le manque de ressources et le nombre des maladies résultant des privations et du besoin s'accroît proportionnellement. Les dépenses sont indiquées pour les trois années choisies précédemment ; deux de ces années peuvent être considérées comme normales tandis que la troisième, l'année 1879, fut exceptionnelle.

C'est ce que montre le tableau suivant :

Année finissant au 31 décembre NOM DE LA SOCIÉTÉ	1869 Dépenses	1879 Dépenses	1889 Dépenses	1890 Dépenses
	£	£	£	£
Mécaniciens unis..........	104.929	245.598	132.642	
Fabricants de machines à vapeur..................	5.006	8.761	19.357	10.553
Chaudronniers.............	—	66.299	56.655	
Fondeurs de fer...........	34.991	80.089	26.005	
Mouleurs en fer (Ecosse)....	6.072	21.530	15.133	10.297
Forgerons.................	1.792	5.570	2.892	
Charpentiers et menuisiers..	21.355	62.446	59.824	
Maçons....................	32.833	37.466	14.060	
Briquetiers...............	1.090	7.677	10.188	
Tailleurs réunis.......	—	19 519	19.836	
Compositeurs de Londres...	4.577	11.084	11.502	12.377
Association typographique..	—	6.537	9.253	
Carrossiers...............	10.923	41.841	10.707	9.841
Total des 13 Sociétés.....	225.468	614.417	388.054	
Soit en valeurs françaises Fr.	5.638.700	15.360.425	9.701.350	

Les chiffres ci-dessus montrent combien la dépense est supérieure aux revenus dans certaines années; en 1879 les dépenses de l'Union des mécaniciens dépassèrent les recettes de plus de 100.000 liv. sterling : chez les fondeurs l'écart fut de 40.000 £. Quelques Sociétés ressentirent la crise plus longtemps que les autres, mais généralement elle se fit sentir très durement dans toutes les professions à partir de 1875 jusqu'à la fin de 1879.

L'augmentation de dépense porte naturellement surtout sur les institutions d'assistance et de prévoyance. C'est sans doute ce fait qui a fait penser à quelques-uns des leaders ignorants des nouvelles Unions que si les Unions pouvaient se débarrasser de ces institutions et se constituer uniquement en vue de la lutte, il en résulterait de bien plus grands avantages pour les travailleurs. Les faits montrent au contraire qu'il en est tout autrement. Les grèves constituent une bien petite part dans l'organisation d'une forte Trade Union. La Société des maçons nous fournit à cet égard un des meilleurs exemples que nous puissions citer, car elle a toujours été au premier rang dans la bataille : cependant le relevé de ses dépenses, pendant un assez long espace d'années, montre qu'elle a employé en secours pour les maladies, la vieillesse, les chômages, l'assistance médicale, les accidents, les secours temporaires, les dons pour des œuvres de charité, les souscriptions à des hôpitaux, les dons à des orphelins et autres dépenses du même genre, une somme totale de £ *435.862.12* s. *6* d. tandis que durant la même période, les fonds de grève n'ont coûté que £ 108.404, 18 s. 0 d., bien que cette période comprenne les années les plus militantes de la guerre industrielle moderne. La proportion de la dépense occasionnée par les grèves est de 25 0/0 tandis que la dépense des institutions d'assistance dépasse 75 0/0.

En ce qui concerne les frais d'administration, le total ne dépasse pas de 10 à 12 0/0 en y comprenant toutes les dépenses des branches ou sections et celles de l'office central. Si l'on prend comme exemple l'Union des mécaniciens et celle des Charpentiers et Menuisiers qui comptent à peu près 500 branches chaque, les frais d'administration comprennent les salaires et les indemnités donnés à environ 200 dignitaires de tout grade, en outre les frais de loyer, d'impression, de fournitures de bureaux, d'affranchissements et autres dépenses accidentelles. Toutes les autres Unions sont à peu près dans la même proportion : chaque branche comprenant habituellement quatre à cinq dignitaires, un président, un secrétaire, un trésorier, un tyler, des commissaires et des curateurs. L'indemnité allouée est ordinairement très faible, l'honneur et le désir d'être utile étant géneralement les grands mobiles qui poussent à accepter ces charges et à courir le risque d'être renvoyé de l'atelier ou de l'usine dans laquelle on travaille. On peut donc dire avec vérité qu'en règle générale la besogne se fait économiquement et utilement et tout le mérite doit en revenir aux dignitaires des Unions.

Fonds de réserve à la fin de l'année. — Les ressources matérielles actuelles qui dénotent la puissance de combat d'une Union consistent dans les fonds dont elle peut avoir la disposition immédiate au moment d'un conflit. Il peut se faire que cela ne donne pas la mesure complète de sa force et que ce ne soit qu'une simple indication de sa puissance sur le pied de guerre telle qu'elle pourrait être appréciée par un spectateur étranger aux Unions. Les politiciens disent souvent que la meilleure manière d'assurer la paix est de se préparer à la guerre; tout en n'acceptant pas sans réserve cette proposition, nous trouvons la justification de ce principe dans la ligne de conduite suivie par les Trade Unions. Le seul fait que les industriels savent qu'une Union possède d'immenses ressources disponibles, réalisables au premier signal, tend à empêcher ceux d'entre eux qui pourraient en avoir le désir, d'engager un conflit qui serait long, et dont l'issue serait douteuse et problématique. Heureusement, l'accumulation de puissantes réserves n'a pas eu pour résultat de rendre les Unions plus disposées à la guerre industrielle; au contraire cela a contribué à leur donner plus de modération et plus de prudence. Cela fait naître en elles un sentiment nouveau de responsabilité, et non pas un sentiment de pusillanimité comme l'ont soutenu certains des nouveaux meneurs qui prétendent que l'accumulation des capitaux a paralysé les Unions. L'extrême prudence peut être un défaut aussi bien dans les luttes économiques qu'à la guerre; mais la témérité, l'ouverture des hostilités sans attendre à être prêt, avec des recrues mal disciplinés, sans le nerf de la guerre, sans un commissariat bien organisé et avec des armes de mauvaise qualité ne font que provoquer des défaites et précipiter les désastres.

On a pu gagner des batailles à force d'élan, par une attaque soudaine avant que l'ennemi ait pu concentrer ses forces; mais le risque est toujours grand, et un général qui dirigerait ainsi une campagne pourrait presque être accusé de pousser au massacre, tant cela ressemble à une échauffourée plutôt qu'à la guerre, telle que la comprend le Code encore barbare qui est accepté par les nations civilisées. Quelques batailles économiques ont eu ce caractère de soudaineté, tant au point de vue de la déclaration de guerre qu'au point de vue du commencement des hostilités; mais le succès n'a pas été assez grand pour encourager à généraliser le système même en n'envisageant que le succès et en ne tenant pas compte des autres considérations.

Le tableau suivant peut donner quelque idée de la situation financière des Unions de la classe la plus élevée. Nous y avons compris les mêmes Unions que précédemment, ce sont celles dont les institutions de secours ne sont pas seulement proportionnées aux cotisations versées par les membres, mais où elles sont établies de telle sorte que, d'après les calculs des actuaires les plus compétents, qui les ont étudiées à leur point de vue spécial et scientifique, ces Unions peuvent toujours faire face à leurs engagements en restant dans une situation de solvabilité assurée. Comme ces Sociétés n'ont pas cessé de publier leurs bilans depuis trente ou quarante ans, quelquefois même plus, les fonds de réserve qu'elles possèdent aujourd'hui peuvent satisfaire les plus sceptiques au point de vue de leur solidité.

La signification de ces chiffres est la suivante. Sauf une ou deux exceptions toutes les Unions qui ont le plus développé leurs institutions d'assistance ont augmenté leur réserve dans une bien plus grande proportion que celles qui n'ont que peu d'institutions de ce genre, ce qui prouve jusqu'à l'évidence que la surcharge qui résulte de ces institutions n'est pas une cause de faiblesse.

FONDS DE RÉSERVE RESTANT A LA FIN DE L'ANNÉE.

NOM DE LA SOCIÉTÉ.	1869.	1879.	1889.	1890.
	£	£	£	£
Mécaniciens unis.....	76.176	141.116	209.780	—
Fabricant de machines à vapeurs..........	6.006	8.761	19.357	24.654
Chaudronniers.......	5.253	9.195	100.896	139.147
Fondeurs en fer......	650	1.909	33.888	47.855
Mouleurs en fer. Ecosse	556	4.821	13.624	25.492
Forgerons associés...	1.789	3.326	4.864	—
Charpentiers et menuisiers...........	17.626	53.596	58.922	—
Maçons en pierre.....	3.496	978	4 559	—
Briquetiers..........	4.770	20.392	30.590	—
Tailleurs............	765	13.809	16.043	—
Compositeurs. Londres	49	10.727	25.432	29.587
Typographes.........	—	4.295	16.613	23.000
Carrossiers..........	4.886	580	6.668	8.786
Plâtriers............	—	11.850	2.064	
Employés de Chemins de fer........	—	24.118	81.764	
Total des Sociétés : 15	126.422	309.373	623.064	
Soit en valeurs franç...	3.159.350	7.734.325	15.576.600 fr.	

La force de combat des Unions, en hommes et en argent semble suffisante pour leur permettre d'affronter toutes les éventualités. Mais les chefs les plus expérimentés savent qu'il ne faut se permettre aucun gaspillage et qu'il ne faut pas se lancer dans des entreprises téméraires. Ils sont unanimes à reconnaître qu'il y a dans l'industrie des fluctuations qu'après la marée haute vient la marée basse, et qu'on est exposé à voir des périodes de morte eau de même que certaines grandes marées peuvent atteindre un niveau inconnu jusqu'alors. En considération de ces faits, quelques unes des Unions prennent pendant les périodes de prospérité des précautions en vue de l'adversité à venir, de manière à ce que les vieillards et les infirmes ne soient pas exposés à souffrir faute de secours et d'appui. Avec une prudence digne des anciens Romains, elles cherchent à bien s'assurer les conquêtes déjà faites avant de poursuivre d'autres conquêtes. Il est souvent plus facile de gagner une bataille que de conserver pour toujours les avantages en vue desquels on l'a livrée ; c'est un fait d'expérience ; c'est aussi ce que nous apprend la science qui nous fait bénéficier de l'expérience des autres. C'est un des faits qui ressortent le mieux de l'histoire des nations, de leurs monuments publics et de la biographie des hommes illustres. L'histoire des luttes économiques est remplie d'exemples qui dégagent une morale que tous ceux qui en parcourent les pages et notent les leçons peuvent y lire comme nous. Il y a encore un autre fait qui quoique moins évident n'en est pas moins certain, c'est que la force des Trade Unions qui représentent d'une manière générale la cause du travail ne dépend pas seulement du nombre de leurs membres ni des capitaux dont elles peuvent disposer. Elles ont une grande puissance morale et une réelle influence dont le poids et la force dépendent de la justice de leurs revendications et de la manière dont ces revendications sont présentées et soutenues. L'importance de ces facteurs va en augmentant et augmentera encore par l'emploi judicieux des moyens mis en œuvre pour arriver au but et à condition que ce but lui-même soit juste. Le travail a maintenant des alliés; il n'est plus l'Ismaël du désert, mais il doit respecter ses amis, s'il veut réussir dans ses luttes et dans ses grandes batailles.

Faiblesse du Trade Unionisme. — Le Trade Unionisme a des côtés faibles ; on peut les envisager d'une manière différente suivant le point de vue où on se place et l'ordre d'idées dans lequel on les étudie et certaines considérations ne rentreraient pas dans le cadre de cet ouvrage. Nous ne prétendons pas que les Trade Unions soient capables de résoudre le grand problème économique et social qui agite l'opinion publique et qui dans un avenir prochain s'imposera à l'attention de tous, non seulement en Angleterre, mais dans tout le monde civilisé. Leur rôle peut tout au plus consister à fournir des solutions provisoires permettant de régler les différentes questions au fur et à mesure qu'elles naissent. Leur grand avantage est d'avoir rétabli une sorte d'égalité entre le travail et le capital et d'avoir rendu à la loi de l'offre et de la demande une sincérité qui n'existait pas, quand au lieu de traiter au nom d'une puissante union, c'était un travailleur faible et isolé qui essayait de discuter avec une compagnie les conditions de son engagement. Encore à ce point de vue la force des Unions peut-être comparée à celle d'une chaîne qui aurait un anneau défectueux. A quoi cela tient-il ? Cela tient non pas à un défaut théorique dans la conduite suivie ni à des vices dans la composition et la constitution des Trade Unions ; cela tient à ce que, comparé à la masse des ouvriers employés dans différentes professions, le nombre des membres des Unions est relativement trop faible. Une Trade Union est forte dans la proportion du nombre d'adhérents qu'elle compte par rapport à l'ensemble des ouvriers travaillant au même métier. La meilleure preuve qu'on puisse en donner, c'est la puissance presque absolue conquise par les chaudronniers et les constructeurs de navires en fer, qui sont peut-être la plus puissante de toutes les Unions représentant une grande industrie nationale. Les mineurs du Durham et du Northumberland ont une situation également avantageuse. Quand une Union peut avoir l'assurance d'étendre son influence sur les deux tiers des ouvriers employés dans l'industrie, son pouvoir est presque sans limite ; quand, au contraire, la proportion est moindre, la lutte est continuelle, constante et pleine d'anxiété, parce qu'à chaque instant on doit se demander ce que les non-Unionistes pourront faire en cas de conflit. Les Unions doivent se préoccuper des moyens propres à développer l'esprit d'association dans tout le pays par des conférences et une propagande active ; elles doivent chercher à faire entrer le sentiment de la responsabilité et du respect de soi-même dans l'esprit de ceux qui jusqu'à présent ont été toujours prêts à récolter ce qu'ils n'ont pas semé. Tout ouvrier appartenant à une profession a des devoirs envers l'Union, qui dans cette profession soutient les intérêts du travail, et des différences d'opinion purement théoriques ne le dispensent pas d'accomplir ses devoirs. La plus grande cause de la faiblesse des Unions est l'abstention d'une partie des ouvriers qui négligent leurs véritables intérêts.

Les Unions ont d'autres causes de faiblesse auxquelles on pourrait remédier. L'argent est souvent gaspillé en grèves, sans motif ou pour des motifs futiles. Une grève entreprise mal à propos cause souvent plus d'irritation qu'une de ces luttes gigantesques dans lesquelles toutes les forces sont mises en jeu, pour arriver à un résultat pratique. L'objectif des Trade Unions doit être d'éviter un conflit toutes les fois que la chose est possible et de réserver toutes leurs forces pour les occasions plus importantes, dans lesquelles il faut lutter dans l'intérêt des travailleurs. Evidemment, on ne peut pas toujours éviter ces petits conflits ; les Unions ne peuvent pas toujours choisir leur terrain ni prendre leur temps ; en pareil cas, elles doivent faire pour le mieux. Les conflits les plus fâcheux sont ceux qui surgissent entre deux corporations ; ils sont parfois très irritants et très coûteux ; on devrait et on pourrait toujours les éviter. En pareil cas, les patrons souffrent sans qu'il y ait de leur faute, tandis que les Unions s'égorgent entre elles. Il y a aussi quelquefois une tendance à exagérer les griefs et à exaspérer certains patrons, soit par des déclamations dans les réunions, soit par la Presse. Si les patrons voulaient comprendre leur véritable intérêt, ils se mettraient tout de suite en communication avec le bureau des Unions et ils essaieraient d'arranger les choses. Ils trouveraient moins de passion, plus de raison et une très grande disposition à transiger en s'adressant tout de suite à l'état-major. Il peut y avoir des exceptions, mais en général il en sera ainsi. Les Neo-Unionistes ont un défaut qui leur est propre, ils cherchent toujours à étendre la ligne de bataille ; les plus vieilles Unions, au contraire cherchent à localiser les conflits et à les limiter. Une société qui possède des ressources presque illimitées, et étend son action sur les 5/6 ou les 7/8 de tous les travailleurs de la profession, pourrait évidemment, si elle le jugeait convenable, entraîner dans une seule campagne tout l'ensemble de l'industrie. La méthode la plus prudente est de localiser et de limiter le conflit, et de concentrer les forces sur un point donné. La faiblesse organique et économique des Trade Unions est qu'elles dépensent leur énergie et leurs forces pour n'arriver qu'à des palliatifs ; elles n'ont pas été capables, et peut-être n'était-ce pas possible, de prendre l'initiative d'une politique propre à résoudre le problème du travail, en plaçant les producteurs sur un pied d'égalité par rapport au capital ou plutôt en utilisant leur propre capital, pour arriver à produire elles-mêmes. La faute n'est pas imputable aux Unions ; elles sont soumises pieds et poings liés à l'inexorable nécessité.

Manifestations populaires. — Le Neo-Unionisme a un faible pour les manifestations, les musiques, les bannières et les emblèmes. Ce n'est qu'un retour à des usages qui étaient en vogue dans le second quart de ce siècle beaucoup plus qu'ils ne le sont actuellement, surtout depuis deux ou trois ans. Ces manifestations produisent souvent des résultats utiles. Elles réveillent les sympathies populaires. Dans d'autres cas, au contraire, elles provoquent des sentiments d'hostilité, par suite de la gêne réelle ou imaginaire que le passage de ces grands cortèges d'hommes occasionne dans les voies publiques. Les manifestations, comme celles qui sont devenues depuis quelque temps si fréquentes dans la capitale, ne doivent pas être considérées comme un jeu. Si on en abuse, elles perdent toute leur force. Le public se demande : Pourquoi faire? Où veut-on en venir? Quel but poursuit-on ? Que doit-il ou que peut-il en résulter? Considérées comme un simple déploiement de force, sous la forme d'une grande multitude, elles peuvent démontrer un fait; par exemple, quand les Trade Unions ont eu leur manifestation le 4 mai, elles ont bien indiqué leur désir d'arriver à la journée de 8 heures. Les ouvriers des Docks ont fait des processions pour susciter les sympathies du public, et créer un mouvement d'enthousiasme parmi ceux qui jusqu'alors s'étaient montrés réfractaires à toute organisation. Les mineurs font tous les ans des manifestations qui sont des jours de gala, pour se réjouir et se féliciter réciproquement. Mais quelle que puisse être leur utilité, ce n'est pas avec des processions, des défilés, des musiques, des bonnets Phrygiens et des drapeaux qu'on peut ordinairement mener à bien des grèves. Les murs de Jéricho sont tombés au son des cornets à bouquin, mais des miracles comme celui-là ne se reproduisent plus de nos jours. En général, ces manifestations coûtent beaucoup d'argent, comme les socialistes ont pu en faire l'expérience le 1er et le 4 mai; les Unions ont vite payé leurs dépenses mais les autres manifestants ont eu quelque peine à faire face aux engagements qu'ils avaient contractés.

Quelle que puisse être leur valeur les grandes manifestations ne pourront jamais remplacer les forces matérielles des Unions qui n'ont pas seulement pour elles le nombre, mais qui ont encore derrière elles un capital-argent suffisant pour pourvoir aux besoins des grévistes. Si à la fin de la première semaine, on ne trouve pas d'argent pour payer les hommes, ils se découragent, deviennent faibles et hésitants, et ils entrevoient comme issue l'insuccès et la ruine.

Des défilés et des démonstrations peuvent donner quelque force au mouvement, mais c'est une viande bien creuse pour ceux qui sont aux prises avec la faim, la souffrance et la misère.

Fedérations. — Les Néo-Unionistes ont aussi un faible pour les fédérations. Ils ont en elles une foi si robuste qu'ils semblent convaincus qu'une fédération de Sociétés faibles trouve dans la fédération la force nécessaire. Durant les 3e et 4e décades de ce siècle, il y eut un semblable mouvement en faveur des fédérations gigantesques, de la grève universelle et de la coopération internationale dans les conflits du travail. Tout cela n'a duré qu'un temps, les rêves se sont évanouis quand les meneurs se sont trouvés en présence de difficultés pratiques qu'ils étaient impuissants à surmonter. Des groupes d'ouvriers de la même profession ou de professions similaires, peuvent former une fédération défensive en cas d'attaque ; mais une grande fédération pouvant soutenir l'offensive et la défensive est chose à peu près impossible. Les industries maritimes l'ont tenté récemment ; dans une certaine mesure elles pourront réussir ; mais cela dépendra surtout de l'attitude que prendra la fédération maritime composée d'armateurs, de patrons et de capitalistes intéressés dans l'armement et dans les industries qui s'y rattachent. Les journaliers et manœuvres, employés dans les industries maritimes, représentés par des Unions récemment créées, ont voulu aussi faire une fédération, mais dès les premiers pas l'échec a été complet. Les mineurs ont mieux réussi, mais la fédération nationale elle-même n'embrasse pas l'ensemble de la population minière. C'est cependant la plus puissante Fédération qui existe. L'industrie du bâtiment, l'industrie de l'imprimerie, les industries textiles peuvent bien se réunir dans une seule grande fédération, en vue d'obtenir certains résultats pratiques et bien définis, mais la fédération de toutes les professions est un rêve chimérique impossible à réaliser. Cependant certains hommes ne s'instruisent que par des échecs ; l'histoire et l'expérience ne leur servent à rien à moins que l'expérience n'ait été acquise dans la sphère étroite de leur propre existence au prix de cruelles désillusions et d'insuccès plus cruels encore. Tous les ouvriers qui travaillent de leurs mains, soit qu'ils aient appris une profession, soit qu'ils ne disposent que de leur force matérielle ont beaucoup d'intérêts communs ; mais les intérêts des individus sont différents, aussi bien dans le monde du travail que dans l'industrie ou dans les centres commerciaux. La fusion de toutes les professions dans une seule grande association est une impossibilité ; et quand même la chose serait possible, elle ne serait pas désirable dans l'intérêt même du travail. Sa tendance inévitable serait de niveler les salaires par en bas et non par en haut ; l'émulation qui existe aujourd'hui serait étranglée ; l'habileté professionnelle n'aurait plus aucune supériorité ; la valeur morale même perdrait sa force. Les Unions peuvent se venir en aide, s'assister, lorsque l'occasion se présente ; mais une fusion de tous leurs éléments serait fatale ; elles se neutraliseraient et s'annihileraient réciproquement.

Trades-Councils. — Les Conseils professionnels appartiennent à la première organisation du Trade Unionisme. Le Conseil professionnel de Londres, par exemple, fut fondé en 1860 ; il fut créé à la suite d'une conférence que les différentes professions exercées dans la Métropole tinrent ensemble, en 1859, à la suite de la grève du bâtiment et du lockout qui y répondit. La conférence n'était qu'une assemblée temporaire réunie pour parer à des difficultés accidentelles, mais elle devint le noyau du Conseil professionnel de Londres qui a toujours existé depuis. Les Conseils professionnels sont excessivement limités dans leur sphère d'action. Ils peuvent prendre les résolutions les plus extrêmes, mais les corporations qui ont nommé les délégués restent libres de les accepter ou de les repousser comme bon leur semble. Ils n'ont aucun pouvoir exécutif; ils n'ont que les pouvoirs qui leur sont délégués et qui peuvent leur être retirés à tout moment par les Corporations qui n'approuvent pas leur programme, leurs propositions où leurs travaux. Un vote émis par le Conseil, fût-il émis à l'unanimité des délégués qui le composent, ne lie pas les Corporations : elles peuvent dans une de leurs réunions subséquentes ou bien se les approprier par un vote conforme où les rejeter. Un Conseil professionnel est un corps consultatif plutôt qu'exécutif, mais il exerce une grande influence dans la région où il existe. Son principal rôle est de résumer et de concilier dans les questions économiques d'un intérêt général les opinions qui se sont fait jour dans les différentes Corporations ou qui ont été émises par les chefs; ils aident beaucoup à faire mûrir ces opinions par la discussion et la publicité.

Mais il ne peut pas s'immiscer dans la direction des Unions dans aucun cas et sur aucune question. Par conséquent, alors même que les socialistes arriveraient à se rendre maître des Conseils professionnels, dans l'espoir de pousser à l'accomplissement de leurs desseins, ce serait une victoire stérile. Le principal élément de force des Conseils professionnels, c'est qu'ils représentent les membres les plus actifs et les plus autorisés des Trade Unions existant dans la région où ils sont établis. Ils ont été très utiles dans bien des cas durant ces trente dernières années et leur utilité peut être encore augmentée beaucoup. Mais s'ils essayaient d'usurper le pouvoir exécutif, le pouvoir qui leur est délégué leur serait retiré et ils cesseraient d'être la représentation des diverses professions. On sait dans les Conseils professionnels la jalousie avec laquelle les Comités directeurs des Unions envisagent toute intervention dans leurs attributions; cela les oblige à modifier leur orientation et à modérer leur action dans les mouvements auxquels ils prennent part.

CHAPITRE X

LE TRADE UNIONISME

Sa méthode, ses moyens d'action et son fonctionnement. — Grèves. — Conciliation. — Coopération. — Résultats obtenus.

Les Trade Unions ne sont pas seules responsables des méthodes ou des moyens d'action qu'elles emploient. — Grèves, arbitrage et conciliation. — Capital et travail associés. — Participation aux bénéfices. — Coopération. — Nouvelle impulsion donnée au mouvement ouvrier. — Pas de concours de l'État.

Les Trade Unions ne sont pas absolument responsables des méthodes qu'elles ont adoptées, des moyens qu'elles emploient ou des campagnes qu'elles entreprennent. Elles ont été surtout le résultat des circonstances et des événements. Elles n'ont pas même pu choisir leur forme d'organisation et leur constitution, tant elles étaient resserrées, emprisonnées et paralysées par la législation existante. Si donc leur constitution est restée imparfaite, si leur direction générale est parfois défectueuse et si elles ne se sont pas toujours montrées à la hauteur des problèmes sociaux et économiques, ce n'est pas tout à fait leur faute.

Les grands penseurs qui les critiquent au point de vue des principes les plus élevés devraient se remémorer leur origine, leur histoire, leurs luttes et leurs souffrances. Elles n'ont pas la prétention d'être des associations pour la régénération de l'espèce humaine ; elles se bornent aux questions pratiques et réalisables ou du moins qui leur semblent pouvoir se réaliser à un moment ou à un autre. Ce n'est qu'accidentellement qu'on a pu reprocher à une Union d'avoir provoqué un conflit, presque toutes les grèves ont été causées par les agissements des patrons. Ceux-ci de leur côté, ne sont pas toujours blâmables; ils agissent sous la pression des événements et des exigences de la situation économique. La position relative des deux parties est plus simple qu'elle ne semble à première vue, les difficultés provenant de circonstances extérieures et de préventions amassées par les siècles, toutes choses dont aucune d'elles n'est directement responsable. Personnellement patrons et ouvriers se trouvent ainsi en présence : les premiers ont besoin de la main-d'œuvre, les autres ont besoin des salaires qui rémunèrent cette main-d'œuvre. La question sociale et économique à résoudre est donc celle-ci : trouver le moyen de mettre les deux parties en situation de faire des marchés équitables aux meilleures conditions possibles, de telle sorte qu'aucun des deux n'ait sur l'autre un avantage injuste. Les Trade Unions visent à l'équilibre des deux forces; et jusqu'à présent on n'a pas trouvé pour y arriver une meilleure méthode que la leur. Une Union puissante met ses membres sur le pied d'égalité vis-à-vis des patrons; ce ne sont plus désormais des malheureux se disputant un emploi et acceptant de l'ouvrage à tout prix pour assouvir leur faim.

Grèves. — L'arme dont se servent les Trade Unions pour donner à leurs adhérents le pouvoir de faire des marchés dans des conditions aussi équitables que possible et faire respecter les conventions arrêtées c'est la grève. Ce peut être un moyen violent, un moyen brutal, disent les gens collet monté; mais quelle autre méthode ces hommes pourraient-ils employer? Les ouvriers ne sont pas précisément dans la même situation que les gens qui vendent des objets de consommation, sauf ceux qui achètent eux-mêmes les matières premières qu'ils mettent en œuvre pour les revendre ensuite comme produits fabriqués. Mais ceux-là ne sont pas des ouvriers salariés; leur situation est très différente bien que leur sort soit quelquefois aussi dur, et même plus dur que celui des ouvriers salariés. Dans l'état économique actuel, étant données les conditions d'existence du commerce et de l'industrie, le salariat semble inévitable. On peut cependant imaginer certaines modifications de nature à améliorer les relations entre le capital et le travail; mais ce serait changer absolument ce qui existe actuellement. Les Trade Unions prennent les choses comme elles sont, non comme elles pourraient être, car de telles réformes soulèvent des questions complexes d'économie politique et sociale et de législation morale. Dans l'évolution de la société, les Unions auront beaucoup à faire; elles devront veiller au bien-être de leurs membres dans les changements qui se produiront. Elles devront aussi faciliter beaucoup les changements qui devront amener ces heureux résultats.

Mais pour organiser une croisade, pour promouvoir de grands changements sociaux et économiques, elles devraient renoncer à leur rôle actuel, et certainement ce serait au grand détriment du travail tel qu'il fonctionne actuellement. Les grèves ne sont pas par elles-mêmes recommandables, mais on peut les justifier. Le travail affamé est un mal pire que les grèves, qui finissent par améliorer le sort des travailleurs. Si on pouvait arriver à cette amélioration sans récourir à la grève, cela n'en vaudrait que mieux pour tous les intéressés. Les grèves sont l'arme des ouvriers dans la lutte pour l'existence, le tout est d'en bien user. Quand on s'en sert mal, il en peut résulter et il en est résulté des effets désastreux pour ceux qui les provoquent; elles font alors l'effet d'un canon défectueux qui jette la mort et la destruction dans les rangs des défenseurs d'une forteresse, au lieu de semer le carnage dans le rang des assaillants. On peut citer bien des désastres de ce genre.

Conciliation et arbitrage. — Les grèves en tant que moyen de régler les conflits du travail doivent toujours être considérées comme une ressource suprême, dont on ne doit user que lorsque tous les autres moyens ont échoué. En mettant les choses au mieux, elles comportent une dépense de force inutile. La conciliation est un premier degré absolument nécessaire, pour régler les questions du travail. Il est essentiel que les parties s'entendent pour se réunir et discuter leurs intérêts. Un refus de se réunir et de discuter les griefs et les conditions ne saurait se justifier; dans certains cas un tel refus mérite d'être sévèrement condamné. Près de 90 0/0 de toutes les conflits industriels pourraient être prévenus par des conseils de conciliation établis d'après un système convenable basé sur le consentement mutuel. Sur les 10 0/0 qui restent 5 ou 6 0/0 pourraient être arrêtés par l'arbitrage lorsque la conciliation n'aurait pas réussi. Dans quelques cas seulement, on en arrrivera peut-être à la lutte ouverte qu'il est parfois impossible d'empêcher; mais [avec un peu d'expérience on pourrait sans doute éviter toutes les grèves. Le principe commence à trouver faveur dans l'opinion publique et il est probable qu'avant longtemps des conseils d'arbitrage et de conciliation seront établis dans toute l'Angleterre. Il est trop tôt pour prédire ce qui résultera des efforts tentés dans ce sens par les Chambres de commerce; mais les efforts de la Chambre de commerce de Londres sont dignes de tous nos éloges et méritent de réussir. Le Conseil de conciliation et d'arbitrage du Nord de l'Angleterre, le Bureau des salaires du Midland, les Comités mixtes des mineurs et autres corps semblables montrent que ce mode de règlement des conflits du travail est pratique, et qu'on peut par là éviter une énorme perte d'argent et de grandes souffrances. Si ces conseils pouvaient s'entendre une bonne fois pour régler la question des heures de travail dans les professions qu'ils représentent, ils pourraient la trancher d'une manière conforme aux exigences des différentes industries. C'est là le véritable moyen de traiter une question d'une portée aussi vaste que celle des heures de travail. Les salaires peuvent monter et baisser suivant une échelle mobile; mais en règle générale, les heures de travail ne peuvent pas varier. Il faut qu'il y ait une certaine régularité et même une certaine uniformité dans les différentes industries. Toutes ces matières doivent être discutées et réglées par les intéressés et on ne peut mieux les résoudre que par la voie de l'arbitrage et de la conciliation.

Union du capital et du travail. — On a beaucoup parlé depuis quelque temps de supprimer les capitalistes dans l'organisation de l'industrie. Une réconciliation serait cependant possible et praticable ; l'abolition du capital est une utopie qui ne saurait trouver place dans une œuvre sérieuse comme celle-ci. Il y a deux manières de trouver un mode d'arrangement assurant au travail ses droits légitimes au moins dans les conditions actuelles de la grande industrie. Mais les deux systèmes qui tous deux ont été proposés et dans une certaine mesure appliqués avec succès sont repoussés par les Neo-Unionistes — nous voulons parler de la participation aux bénéfices etde la coopération.

Participation aux bénéfices. — Ce système n'a été adopté d'une manière générale dans aucun pays ; mais il est appliqué en France dans la maison Leclaire, la maison Bord et un certain nombre d'autres entreprises et il fonctionne également d'une manière assez étendue en Suisse, en Allemagne et aux Etats-Unis en donnant d'admirables résultats. On doit supposer que les ouvriers ayant un intérêt direct dans le bon fonctionnement et la prospérité de l'entreprise sont par là même engagés à tout faire pour l'avantage commun. Mais, pour la plupart, les ouvriers anglais envisagent ce système d'un mauvais œil. Dans l'opinion de beaucoup d'entre eux il entraîne trop de responsabilités et de réglementation, et ceux qui lui font le plus d'opposition sont ceux-là même qui veulent la réglementation par l'État et par la commune. S'ils ne se sentent pas capables d'accepter le premier système qui est absolument facultatif, comment pourront-ils se soumettre à un régime d'obligation sous une réglementation légale.

Coopération. — Cette méthode de production a été tentée sur une très grande échelle dans ce pays et a généralement réussi. Elle a été mise en pratique par des ouvriers, dirigée par eux et administrée avec succès. Cependant là encore, nous devons constater que ces entreprises industrielles et coopératives ont été fréquemment l'objet d'attaques publiques dans les Congrès des Trade Unions. On aurait pu croire que le patrimoine corporatif et les fonds amassés par les Unions pourraient trouver dans la production coopérative un mode d'emploi fructueux en même temps qu'ils contribueraient de la sorte à faciliter la solution du problème social. Mais il n'en est pas ainsi. Beaucoup de gens qui rêvent d'arriver dans un siècle à la production coopérative sous la direction de l'Etat, se refusent à prendre l'initiative de ce mouvement ou à favoriser des tentatives qui pourraient tout au moins atténuer les maux du système actuel de concurrence sans frein. Dans l'un ou l'autre de ces systèmes, le travail peut arriver à déterminer la part qui lui revient. Mais cela demande quelque aptitude, quelque prévoyance, beaucoup de patience et un certain esprit de sacrifice en vue du bien général. C'est peut-être le sentiment de leur incapacité qui pousse beaucoup de travailleurs à souhaiter une sorte de discipline militaire appliquée à la production industrielle, sous l'autorité et l'action de l'État, avec l'obligation et le contrôle légal suppléant à la confiance qui leur fait défaut.

Conclusion. — Dans les pages qui précèdent, nous avons cherché à esquisser les principaux traits des Trade Unions et à indiquer en quoi les vieilles Unions diffèrent de celles qu'on nomme les nouvelles Unions. Nous croyons avoir démontré que sur tous les points essentiels, la constitution et le but de toutes les Unions qui méritent cette appellation sont identiques dans la pratique ; que la différence entre les différentes associations de métier, consiste uniquement dans la nature et le nombre des institutions de Prévoyance qu'elles ont fondées et dont elles assurent le bénéfice à leurs adhérents ; et qu'en réalité la vraie différence entre l'ancien et le Neo-Trade Unionisme provient surtout des tendances avouées, des moyens employés et du résultat ultérieur auquel visent les nouveaux meneurs; de même que l'antagonisme qu'on veut faire naître entre les deux résulte bien plutôt des motions et des résolutions votées dans certains meetings que d'une différence réelle dans la constitution et l'organisation des Unions elles-mêmes. Les petites différences signalées lors de la fondation de quelques-unes des Unions les plus récentes ont déjà plus ou moins disparu, car l'expérience a appris aux nouveaux venus que par suite des nécessités de leur situation, il fallait revenir aux anciens errements.

Il ne faut pas nier que dans ces deux dernières années, le développement des Unions se soit accentué plus encore par suite de ce renouveau et de cette agitation. Le mouvement en faveur du travail a reçu de tous les côtés du sang nouveau; et surtout on a réussi à amener en ligne la masse énorme des ouvriers sans profession déterminée, des manœuvres et journaliers. On a réussi à leur faire comprendre pour la première fois que la condition des travailleurs ne peut être améliorée que par l'assistance mutuelle et l'association, et pour la première fois aussi on a pu les réunir en nombre suffisant. L'association augmente et fortifie chez l'individu la confiance dans sa propre force et dans sa propre énergie, ce n'est que par elle que le travail peut dans les conditions de l'industrie moderne obtenir son salaire légitime. Malheureusement en même temps que ces vérités se répandaient, on préconisait certaines idées qui détruiraient absolument le pouvoir des Unious, c'est-à-dire la confiance dans l'appui de l'État, dans la réglementation et le contrôle de l'État. Les deux systèmes ne peuvent coexister, ils sont opposés et contradictoires l'un à l'autre. Le système militaire appliqué à l'industrie entraîne des conséquences inadmissibles. Les maux du système de la libre concurrence peuvent être atténués dans une certaine mesure par l'assistance mutuelle et la conciliation; ils peuvent disparaître grâce à un système de coopération sagement développé dans lequel le capital et le travail obtiendraient tous deux leur juste rémunération.

TABLE DES MATIÈRES

CHAPITRE PREMIER

Organisation du travail. — 1re Partie. — Période primitive. — Le régime des ghildes.

CHAPITRE II

Organisation du travail. — 2e Partie. — Seconde période. — La Réglementation par l'Etat.

CHAPITRE III

Origine et progrès des Associations ouvrières.

CHAPITRE IV

Les Trade Unions. — Leur origine. — Leurs développements et leurs progrès.

CHAPITRE V

Le vieux Trade Unionisme. — 1re Partie. Organisation et Administration.

CHAPITRE VI

Le vieux Trade Unionisme. — 2e Partie. — Les Institutions de Prévoyance et la Caisse des Grèves.

CHAPITRE VII

Le Néo-Trade Unionisme. — 1re Partie. — Caractères distinctifs des nouvelles Unions.

CHAPITRE VIII

Le Néo-Trade Unionisme. — 2e Partie. — Concours de l'État. — Réglementation par l'État et contrôle par l'État.

CHAPITRE IX

Les forces matérielles et les ressources des Trade Unions. — Leur puissance et leur faiblesse, leurs succès et leurs échecs.

CHAPITRE X

Trade Unionisme. — Sa méthode. — Ses moyens d'action et son fonctionnement. — Grèves. — Conciliation. — Coopération. — Résultats obtenus.

FIN DE LA TABLE DES MATIÈRES

Paris. — Typ. A. DAVY, 52, rue Madame. — *Téléphone*.

RECUEILS — ANNUAIRES

JOURNAL DES ÉCONOMISTES

REVUE MENSUELLE

DE LA SCIENCE ÉCONOMIQUE ET DE LA STATISTIQUE

QUARANTE-NEUVIÈME ANNÉE

Rédacteur en chef : M. G. de MOLINARI, correspondant de l'Institut.

CONDITIONS DE L'ABONNEMENT :

France et Algérie.	un an,	**36 francs;**	six mois, **19 francs.**
Pays de l'Union postale	—	**38** —	— **20** —
Autres pays étrangers	—	**44** —	— **22** —

On ne fait pas d'abonnement pour moins de *six mois.* — Ils partent de janvier ou de juillet.

PRIX DU NUMÉRO : **3** francs **50**

NOUVEAU DICTIONNAIRE D'ÉCONOMIE POLITIQUE, publié sous la direction de MM. LÉON SAY, membre de l'Académie française et de l'Académie des sciences morales et politiques, et JOSEPH CHAILLEY.

Prix des deux volumes, grand in-8° jésus. . . . . 55 fr.

Demi-reliure, veau ou chagrin. . . . . 64 fr.

PETITE BIBLIOTHÈQUE ÉCONOMIQUE FRANÇAISE ET ÉTRANGÈRE, publiée sous la direction de M. JOSEPH CHAILLEY.

Chaque volume se vend séparément.

Prix du volume in-32, cartonné et orné d'un portrait. . . . . 2 fr. 50

En vente quatorze volumes. (*Voir Économie politique, page* 3.)

ANNUAIRE DE L'ÉCONOMIE POLITIQUE ET DE LA STATISTIQUE, fondé par MM. GUILLAUMIN et JOSEPH GARNIER, continué par M. MAURICE BLOCK, membre de l'Institut. — France, Ville de Paris, Algérie et Colonies, Pays étrangers au point de vue de la population, de l'agriculture, de l'industrie, des finances, moyens de transports, etc. 1887 à 1892. — 44e à 49e année. Prix de chaque vol. . . . . 9 fr.

ANNALES DE LA SOCIÉTÉ D'ÉCONOMIE POLITIQUE, publiées sous la direction de ALPHONSE COURTOIS FILS. Tome 1er, 1846-1853. — Tome 2e, 1854-1857. — Tome 3e, 1858-1859. Prix de chaque volume. . . . . 9 fr.

ÉCONOMIE POLITIQUE, SOCIALE ET INDUSTRIELLE

ŒUVRES DE CHARLES DUNOYER, revues sur les manuscrits de l'auteur. Tomes I et II, *De la Liberté du travail*. 2 vol. in-8. Prix .... 20 fr.

ESSAI SUR LA RÉPARTITION DES RICHESSES et sur la tendance à une moindre inégalité des conditions, par PAUL LEROY-BEAULIEU, membre de l'Institut, professeur d'économie politique au collège de France. 3e édition, revue et corrigée. 1 vol. in-8. Prix. 9 fr.

PRÉCIS D'ÉCONOMIE POLITIQUE, par LE MÊME. 1 vol. in-18. Prix......... 2 fr. 50

LA MORALE ÉCONOMIQUE, par G. DE MOLINARI, correspondant de l'Institut, rédacteur en chef du *Journal des Économistes*. 1 vol. in-8. Prix.......................... 7 fr. 50

LES LOIS NATURELLES DE L'ÉCONOMIE POLITIQUE, par LE MÊME. 1 volume in-18. Prix... 3 fr. 50

LES PROGRÈS DE LA SCIENCE ÉCONOMIQUE DEPUIS ADAM SMITH, revision des doctrines économiques, par MAURICE BLOCK, membre de l'Institut. 2 vol. in-8. Prix. 16 fr.

LES QUESTIONS D'ÉCONOMIE SOCIALE DANS UNE GRANDE VILLE POPULAIRE, (*étude et action*) avec une statistique des institutions de prévoyance et de philanthropie à Marseille, par EUGÈNE ROSTAND, lauréat de l'Académie française, président de la Caisse d'épargne et de prévoyance des Bouches-du-Rhône. 1 vol. in-8. Prix.......... 10 fr.

LA QUESTION SOCIALE ET SA SOLUTION SCIENTIFIQUE, par JULES EDOUARD BLONDEL. 1 vol. in-8. Prix.. 9 fr.

ÉCONOMIE SOCIALE OU SCIENCE DE LA VIE, par l'abbé CAMILLE RAMBAUD. 1 vol. in-8. Prix... 4 fr.

NOUVEL EXPOSÉ D'ÉCONOMIE POLITIQUE ET DE PHYSIOLOGIE SOCIALE, par ADOLPHE COSTE. 1 vol. in-18. Prix...................................... 3 fr. 50

ÉTUDE SUR L'ABOLITION DE LA VÉNALITÉ DES OFFICES, par M. L. THEUREAU, avocat. 1 vol. in-8. Prix.. 5 fr.

RICHARD COBDEN, notes sur ses voyages, correspondances et souvenirs recueillis par Mme SALIS SCHWABE, avec une préface par M. G. DE MOLINARI, correspondant de l'Institut. 1 vol. in-8. Prix... 6 fr.

— Cartonné toile. Prix.. 7 fr.

CHARLES DARWIN, par GRANT ALLEN, traduit de l'anglais par M. Paul Le Monnier. 1 vol. in-18. Prix.. 3 fr. 50

— Cartonné toile. Prix.. 4 fr. »

DU PONT DE NEMOURS et L'ÉCOLE PHYSIOCRATIQUE, par G. SCHELLE, chef de Division au Ministère des Travaux publics. 1 vol. in-8. Prix................ 7 fr. 50

PETITE BIBLIOTHÈQUE ÉCONOMIQUE FRANÇAISE ET ÉTRANGÈRE, publiée sous la direction de M. JOSEPH CHAILLEY. XIV volumes parus. Chaque vol. se vend séparément. Prix du volume in-32 cart. et orné d'un portrait.......................... 2 50

I. **VAUBAN. DÎME ROYALE**, par GEORGE MICHEL. 1 vol. in-32.

II. **BENTHAM. PRINCIPES DE LÉGISLATION**, par Mlle S. RAFFALOVICH. 1 vol. in-32.

III. **HUME. ŒUVRES ÉCONOMIQUES**, par M. LÉON SAY, de l'Académie française. 1 vol. in-32.

IV. **J.-B. SAY. ÉCONOMIE POLITIQUE**, par M. H. BAUDRILLART, membre de l'Institut. 1 volume in-32.

V. **ADAM SMITH. RICHESSE DES NATIONS**, par M. COURCELLE-SENEUIL, membre de l'Institut. 1 vol. in-32.

VI. **SULLY. ÉCONOMIES ROYALES**, par M. JOSEPH CHAILLEY. 1 vol. in-32.

VII. **RICARDO. RENTE, SALAIRES ET PROFITS**, par M. P. BEAUREGARD. 1 vol. in-32.

VIII. **TURGOT. ADMINISTRATION ET ŒUVRES ÉCONOMIQUES**, par M. ROBINEAU. 1 volume in-32.

IX. **JOHN-STUART MILL. PRINCIPES D'ÉCONOMIE POLITIQUE**, par M. LÉON ROQUET. 1 vol. in-32.

X. **BASTIAT. ŒUVRES CHOISIES**, par M. ALF. DE FOVILLE. 1 vol. in-32.

XI. **MALTHUS. PRINCIPES DE POPULATION**, par M. G. DE MOLINARI. 1 volume in-32.

XII. **FOURIER. ŒUVRES CHOISIES**, par M. CH. GIDE. 1 vol. in-32.

ÉLÉMENTS D'ÉCONOMIE POLITIQUE PURE ou théorie de la richesse sociale par LÉON WALRAS, professeur d'économie politique à l'Académie de Lausanne, 2e édit. 1 vol. in-8. Prix........ 10 fr.

PREMIERS PRINCIPES DE L'ÉCONOMIQUE, par ADOLPHE HOUDARD. 1 volume in-18. Prix........ 4 fr.

DÉPRÉCIATION DES RICHESSES, *crise qu'elle engendre, maux qu'elle répand, souffrances qu'elle provoque dans les classes laborieuses.* Mémoire lu à l'Académie des sciences morales et politiques de France, par M. ALPHONSE ALLARD accompagné des observations de MM. Frédéric Passy, Paul Leroy-Beaulieu, Levasseur, H. Germain, Léon Say, membres de l'Institut, suivi de l'avis de M. Emile de Laveleye, correspondant de la même Académie. 1 vol. in-8. Prix........ 6 fr.

LA RÉPUBLIQUE DU TRAVAIL ET LA RÉFORME PARLEMENTAIRE, par GODIN, fondateur du familistère de Guise (œuvre posthume). 1 vol. in-8. Prix........ 8 fr.

ÉTUDE SUR L'ÉTAT ÉCONOMIQUE DE LA FRANCE PENDANT LA PREMIÈRE PARTIE DU MOYEN AGE, par CH. LAMPRECHT, professeur à l'université de Bonn, traduit de l'allemand, par A. MARIGNAN. 1 vol. grand-in-8. Prix........ 12 fr.

LA VIE. ÉTUDE D'ÉCONOMIE POLITIQUE, par VICTOR MODESTE. 1 volume in-18. Prix........ 3 fr. 50

CAHIERS DE 1889. LES SYNTHÈSES ÉCONOMIQUES, par CLÉMENT FAVAREL, pour faire suite à la *Théorie du Crédit* du même auteur. 1 vol. in-18. Prix........ 3 fr.

LA QUESTION DES MONOPOLES. — LES POUDRES ET SALPÊTRES, CONFÉRENCES DOCUMENTAIRES, par J.-A. DE SAINT-ANDRÉ. 1 vol. in-8. 2e édition. Prix........ 5 fr.

DE L'ADMISSION ET DE L'EXPULSION DES ÉTRANGERS PAR L'ÉTAT, par M. H. PASCAUD, conseiller à la Cour d'appel de Chambéry. Broch. in-8. (*Épuisé.*)

LA FIN DE LA CRISE, par H. BOVET-BOLENS. 1 vol. in-8. Prix........ 4 fr.

LA CRISE ÉCONOMIQUE ET SOCIALE EN FRANCE ET EN EUROPE, par AMBROISE CLÉMENT, correspondant de l'Institut. 1 vol. in-8. Prix........ 2 fr. 50

LE VRAI REMÈDE A LA CRISE SOCIALE, exposé succinct des institutions créées en vue du bien être matériel, moral et intellectuel des classes travailleuses, par ÉDOUARD MICHAUX. Broch. in-8. Prix........ 1 fr.

LE TRAVAIL ET LA MANIVELLE DE SISMONDI. Étude économique, par M. E. CHEYSSON ingénieur en chef des ponts et chaussées. Broch. in-8. Prix........ 1 fr. 50

L'ÉCONOMIE SOCIALE A L'EXPOSITION UNIVERSELLE DE 1889. Communication faite au congrès d'Économie sociale le 13 juin 1889, par le même; broch. in-8°. Prix... 1 fr.

L'ASSISTANCE RURALE ET LE GROUPEMENT DES COMMUNES. Communication faite à la société d'économie sociale, le 20 mai 1886, par LE MÊME. Broch. in-8. Prix. 1 fr. 50

L'INDIVIDU ET L'ÉTAT, par M. ÉDOUARD VIGNES, membre de la Société d'Économie politique de Paris. Broch. in-8. Prix........ 1 fr.

LES FONCTIONS PUBLIQUES ET LA RÉFORME ADMINISTRATIVE, par JULES CLAVÉ. Broch. in-8. Prix........ 1 fr.

LORD SHAFTESBURY, SA VIE ET SES TRAVAUX, par SOPHIE RAFFALOVICH. Broch. in-8. Prix........ 1 fr.

JOHN BRIGHT ET HENRI FAWCETT, par LA MÊME. 1 vol. in-32. Prix........ 2 fr.

L'ALCOOLISMO sue conseguenze morali e sue cause par le Dr NAPOLEONE COLAJANNI. 1 vol. in-18. Prix.. 3 fr.

LE CENTENAIRE DE PELLEGRINO ROSSI, par ALPHONSE COURTOIS fils. Broch. in-8. Prix.. 1 fr.

ALLÉGORIE SOCIALE. — CAIN ET ABEL. — Légende du Pays Basque, par J.-B. LESCARRET, correspondant de l'Institut. 1 vol. in-18. Prix.................... 1 fr.

CONTES ET ALLÉGORIES SOCIALES, par LE MÊME. 1 vol. in-18. Prix...... 2 fr. 50

SANITATION VERSUS MILITARIANISM, by EDWIN CHADWICK, C. B. Broch. in-8. Prix.. 1 fr.

UN CENTENAIRE ÉCONOMIQUE 1789-1889. Communication faite à la Société de statistique de Paris, par M. ALFRED NEYMARCK. Broch. grand in-8. Prix............ 3 fr.

L'ÉCONOMIE SOCIALE A L'EXPOSITION DE 1889, par M. E. FOURNIER DE FLAIX. Broch. in-8° prix.. 1 fr.

LES CONGRÈS D'ÉCONOMIE SOCIALE A L'EXPOSITION DE 1889, par le même. Broch. in-8°, prix.. 1 fr.

L'ÉCONOMIE SOCIALE, SA MÉTHODE, SES PROGRÈS, par LE MÊME. Broch. in-8. Prix.. 1 fr. 50

LES RÉFORMES ÉCONOMIQUES A LA FIN DU XIXe SIÈCLE, par PROSPER DELAFUTRY. Broch. in-18. Prix.. 1 fr.

L'ÉCONOMIE SOCIALE A L'EXPOSITION UNIVERSELLE DE PARIS EN 1889, par ANTONY ROULLIET. Broch. in-8°, prix.. 1 fr.

FINANCES PUBLIQUES — IMPOTS — CRÉDIT PUBLIC OCTROIS

TRAITÉ DE LA SCIENCE DES FINANCES, par PAUL LEROY-BEAULIEU, membre de l'Institut, professeur au collège de France, 5e édition. 2 forts vol. in-8. Prix..... 25 fr.

COURS DE FINANCES. — LE BUDGET, SON HISTOIRE ET SON MÉCANISME, par RENÉ STOURM, professeur à l'École libre des Sciences politiques. 1 vol. in-8. Prix... 9 fr.

L'IMPOT SUR L'ALCOOL DANS LES PRINCIPAUX PAYS, par LE MÊME. 1 vol. in-18. Prix.. 3 fr.

LES BUDGETS CONTEMPORAINS. — LES BUDGETS DE LA FRANCE DEPUIS VINGT ANS ET LES PRINCIPAUX ÉTATS DE L'EUROPE DEPUIS 1870. Développement des chemins de fer.— Navigation. — Commerce. — Forces militaires des principaux pays, par FÉLIX FAURE, député. 1 vol. in-4. Prix.................... 30 fr.

LES SOLUTIONS DÉMOCRATIQUES DE LA QUESTION DES IMPOTS. Conférences faites à l'école des sciences politiques, par M. LÉON SAY, membre de l'Institut, sénateur. 2 vol. in-18. Prix.. 6 fr.

MÉLANGES DE FINANCES ET D'ÉCONOMIE POLITIQUE ET RURALE. — FINANCES, par LE COMTE DE LUCAY, ancien maître des requêtes. 1 vol. in-8. Prix........... 5 fr.

LE MONOPOLE DE L'ALCOOL ET LES RÉFORMES FISCALES, par ÉTIENNE MARTIN. 1 vol. in-18. Prix.. 3 fr.

L'ALCOOL ET L'IMPOT DES BOISSONS, par GEORGES HARTMANN. 1 vol. gr. in-8. Prix.. 5 fr.

L'IMPOT SUR LES ALCOOLS ET LE MONOPOLE EN ALLEMAGNE, par A. RAFFALOVICH. Broch. in-8. Prix.. 1 fr. 50

L'IMPOT SUR LE REVENU. Rapport fait au nom de la commission du budget sur les questions soulevées par diverses propositions relatives à l'impôt sur le revenu, par M. YVES GUYOT, député. 1 vol. in-18. Prix.. 3 fr. 50

LA CRISE AGRICOLE ET L'IMPOT EN MATIÈRE D'ENREGISTREMENT, de notariat et de procédure civile, par XAVIER CAPMAS. 1 vol. in-8. Prix........................ 2 fr.

UN NOUVEL IMPOT SUR LE REVENU, par le docteur KOENIG, mémoire qui a inspiré le projet du gouvernement relatif à la réforme de la Contribution personnelle mobilière déposé sur le bureau de la chambre, par M. Dauphin, ministre des finances, le 26 février 1887. 1 vol. in-18. Prix.. 3 fr.

LES IMPÔTS SUR LE REVENU EN FRANCE AU XVIIIe SIÈCLE. *Histoire du dixième et du cinquantième.* Leur application dans la généralité de Guyenne. Par MAURICE BOUQUES-FOURCADE, docteur en droit, avocat à la Cour d'appel de Bordeaux. 1 vol. gr. in-8, Prix.. 5 fr.

LES RÉFORMES FISCALES. — *Révolution pacifique par l'impôt sur les revenus.* Système de M. JACQUES LORRAIN, premier Lauréat du concours ouvert par la Société d'Études Économiques, fondée en 1878, par A. RAYNAUD, avec une préface d'AUGUSTIN GALOPIN. 1 vol. In-8. Prix.. 6 fr.

TRAITÉ DE CRITIQUE ET DE STATISTIQUE COMPARÉE DES INSTITUTIONS FINANCIÈRES SYSTÈME D'IMPÔTS ET RÉFORMES FISCALES DES DIVERS ÉTATS AU XIXe SIÈCLE. Par E. FOURNIER DE FLAIX. — Première série. Angleterre. — Canada et Dominion. — Colonies anglaises d'Afrique. — Australasie. — États-Unis. — Russie. — Empire d'Allemagne. — États Allemands. — Italie.

De nombreux tableaux sont affectés aux impôts et aux finances de chaque état. 1 vol. in-8, prix.. 15 fr.

DE LA SUPPRESSION DES OCTROIS ET DE LEUR REMPLACEMENT, suivi d'un résumé des taxes commerciales établies en Belgique, par ALFRED GUIGNARD, 1 vol. in-8°, prix.. 6 fr.

LA SUPPRESSION DES OCTROIS DE LA VILLE DE PARIS, par CHARLES CARRÉ, négociant. 1 vol. gr. in-8. Prix.. 4 fr.

LES VALEURS MOBILIÈRES EN FRANCE, Étude financière lue à la société de Statistique de Paris le 16 mai 1888, par M. ALFRED NEYMARCK, broch. in-4°, prix.... 2 50

UN CONSEIL SUPÉRIEUR DES FINANCES, par LE MÊME. Broch. in-8. Prix..... 1 fr.

UN PLAN DE FINANCES; DES DIFFICULTÉS ET DE LA NÉCESSITÉ DE SON APPLICATION, par LE MÊME. Broch. in-8. Prix........................ 1 fr. 50

ÉTUDE SUR LA RÉFORME DE L'ASSIETTE DE L'IMPÔT. — *L'impôt sur le capital fixe*, (unique et proportionnel), par M. FÉLIX ROY, broch. in-4, prix.......... 2 fr.

LES FINANCES DE L'ÉTAT EN 1889, par ALBERT AUBRY, broch. in-8, prix 1 50

ESSAI SUR LES LOIS DE L'IMPÔT PROGRESSIF, par M. JULES CARVALLO, broch. in-8, prix.. 1 fr.

L'IMPÔT SUR LES RAFFINERIES, question des sucres, par MARCEL POULLIN, broch. in-8, prix.. 1 50

LE RÉTABLISSEMENT D'UN IMPOT SUR LA PETITE VITESSE, ses inconvénients ses dangers, par EUGÈNE LAHAYE. Broch. in-8. Prix........................ 1 fr

RÉFORME DE L'IMPOT FONCIER, par H. DELEUZE. Broch. in-8. Prix........ 75 c.

LA RÉFORME DE L'IMPOT FONCIER ET LE PROJET DE BUDGET DE 1891, par ALPH. VIVIER, broch. in-8. Prix.. 1 fr

ÉTUDES D'HISTOIRE FINANCIÈRE ET MONÉTAIRE, par TH. DUCROCQ, professeur de droit administratif à la Faculté de droit de Paris. 1 vol. in-8. Prix.......... 7 fr

SUPPRESSION DES OCTROIS ET DE TOUTES LES TAXES FRAPPANT LES BOISSONS HYGIÉNIQUES, LES HUILES, ETC., par UN CONTRIBUABLE, — graphiques et tableaux. Broch. in-8. Prix.. 1 fr. 25

DEUX RÉFORMES POSSIBLES EN MATIÈRE DE CONTRIBUTIONS DIRECTES. Broch. in-8. Prix........ 1 fr.

LES DANGERS DE L'AUGMENTATION DES DROITS D'ENTRÉE SUR LES CÉRÉALES ET LES BESTIAUX EN FRANCE, par PAUL PIERRARD, membre de la Société de statistique de Londres. Broch. in-8. Prix........ 60 c.

MONNAIES — CRÉDIT — BANQUES — CRÉDIT FONCIER CRÉDIT POPULAIRE

NOUVEAU TRAITÉ D'ÉCONOMIE POLITIQUE ET MONÉTAIRE, la Banque de France. — Renouvellement de son privilège. — la lutte pour l'or, — les crises, — causes et remèdes, — tableau encyclopédique, — études comparatives des principales Banques d'émission de l'étranger, par P. DUCHATEIL, 1 vol. in-4, prix........ 15 fr.

LE CRÉDIT TERRITORIAL EN FRANCE ET LA RÉFORME HYPOTHÉCAIRE par FLOUR DE SAINT-GENIS, conservateur des hypothèques. 1 vol. in-8, prix........ 6 50

LE PRIVILÈGE DE LA BANQUE DE FRANCE, Réponse à l'Économiste français, par P. F. DEGOIX, broch. in-8, prix........ 2 50

LE CRÉDIT AGRICOLE MOBILIER, par JULES JEANNENEY, docteur en droit, avocat à la cour d'appel de Paris. 1 vol in-8, prix........ 6 fr.

ÉTUDE SUR LA CRISE AGRICOLE, COMMERCIALE ET OUVRIÈRE et ses causes monétaires en Angleterre, par M. ALPHONSE ALLARD. 1 vol. in-4, prix........ 7 50

LA CRISE SOCIALE. DISCOURS prononcé par le même au Congrès monétaire international de Paris, 1889, par LE MÊME. Broch. in-8. Prix........ 1 fr. 50

LE CHANGE FOSSOYEUR DU LIBRE ÉCHANGE, par LE MÊME, broch. in-8. Prix........ 1 fr. 50

LE PRÊT A INTÉRÊT DERNIÈRE FORME DE L'ESCLAVAGE, question de droit, par M. VICTOR MODESTE. 1 vol. in-18, prix........ 3 50

ANATOMIE DE LA MONNAIE, par HENRI CERNUSCHI. Broch. in-8. Prix........ 2 fr.

LE PAIR BIMÉTALLIQUE, notes soumises à la Gold and silver Commission, par LE MÊME. 1 vol. in-8. Prix........ 3 fr.

LA MONNAIE, par l'abbé E. GELIN, docteur en philosophie. Broch. in-8, (*Épuisé.*)

VADEMECUM DES PROMOTEURS DES BANQUES POPULAIRES ET LE MOUVEMENT COOPÉRATIF, par FRANCESCO VIGANO. Broch. in-8. Prix........ 3 fr.

LES BANQUES POPULAIRES ET LE CRÉDIT AGRICOLE, par A. VILLARD, avocat. Broch. in-8. (*Épuisé.*)

LES CHAMBRES SYNDICALES ET LE RENOUVELLEMENT DU PRIVILÈGE DE LA BANQUE DE FRANCE. Observations et discours prononcés au syndicat général de l'Union du Commerce et de l'Industrie (alliance des Chambres syndicales) dans ses séances des 10 novembre, 8 décembre 1886, 9 février et 8 mars 1887, par M. ALFRED NEYMARCK. Broch. in-8. Prix........ 2 fr. 50

DE LA NÉCESSITÉ D'UN EMPRUNT DE LIQUIDATION ET DES MOYENS D'Y POURVOIR, par LE MÊME. Broch. in-8. Prix........ 2 fr.

L'ÉPARGNE FRANÇAISE ET LES COMPAGNIES DE CHEMINS DE FER, classement et répartition des actions et obligations dans les portefeuilles au 31 décembre 1889, communication faite à la société de statistique de Paris, par le même. Broch. in-8. 1 fr. 50

LES PLUS HAUTS ET LES PLUS BAS COURS DES PRINCIPALES VALEURS depuis 1870. Première partie : Rentes françaises, actions et obligations de chemins de fer français. Banques, Sociétés de crédit françaises et étrangères. Banques coloniales, Société immobilières, Fonds d'États étrangers, par LE MÊME. 1 vol. in-8. Prix........ 3 fr.

LE DERNIER MOT SUR UNE CONTROVERSE RELATIVE A LA NOTION DE LA VALEUR. Véritable théorie de la valeur, par HIPPOLYTE DABOS. Broch. in-8. Prix. 1 fr. 50

LA QUESTION DES CAISSES D'ÉPARGNE, par ADOLPHE GUILBAULT. Broch. in-8. Prix........ 1 fr.

LE BILLET DE BANQUE FIDUCIAIRE, sa fabrication, son mode d'émission, son rôle, sa suppression, par ARTHUR LEGRAND, député. Broch. in-8. Prix........ 1 fr.

LES MARCHÉS DE LONDRES DE PARIS ET DE BERLIN, par ARTHUR RAFFALOVICH. Broch. in-8. Prix........ 1 fr.

L'EFFONDREMENT DU COMPTOIR D'ESCOMPTE, par LE MÊME. Broch. in-8. Prix........ 1 fr.

LE CONGRÈS MONÉTAIRE INTERNATIONAL de 1889, par LE MÊME Broch. in-8. Prix........ 1 fr. 50

LA BOURSE DE PARIS ET LE MONOPOLE DES AGENTS DE CHANGE, par LE MÊME. Broch. in-8. Prix........ 50 c.

LA QUESTION MONÉTAIRE EN BELGIQUE en 1889. Échange de vues entre MM. FRÈRE-ORBAN et EM. DE LAVELEYE. 1 vol. in-8. Prix........ 3 fr. 50

LA QUESTION MONÉTAIRE EN 1889. Discours prononcé au Congrès monétaire international de 1889. Compte rendu critique des débats. Les métaux précieux et la question monétaire. Rapport au Congrès sur les matérialien du docteur Adolphe Soetbeer, par ADOLPHE COSTE. Broch. in-8. Prix........ 3 fr. 50

SUPPLÉMENT A LA QUESTION MONÉTAIRE EN BELGIQUE en 1889. Observations présentées à M. *Frère-Orban*, par M. ROCHUSSEN, ancien Ministre, membre du Conseil d'État des Pays-Bas. Broch. grand in-8. Prix........ 1 fr.

MONNAIES (MÉTALLIQUES ET FIDUCIAIRES) DES DIVERS ÉTATS DU MONDE et leur rapport exact avec les monnaies, poids et mesures de France, par M. A. de MALARCE. Broch. in-4, contenant un résumé des travaux de l'auteur). Prix........ 2 fr.

DU RELÈVEMENT DU MARCHÉ FINANCIER FRANÇAIS, par JACQUES SIEGFRIED, ancien banquier et RAPHAEL GEORGES LÉVY, banquier 2e édition. Broch. in-8. Prix...... 1 fr.

DISCOURS DE M. FRÉDÉRIC PASSY, membre de l'Institut au Congrès *monétaire international de* 1889. Broch. in-8. Prix........ 1 fr.

CONGRÈS MONÉTAIRE INTERNATIONAL. RAPPORT SUR L'ENQUÊTE MONÉTAIRE ANGLAISE, par M. FOURNIER DE FLAIX. Broch. in-8. Prix........ 2 fr.

LE PROBLÈME MONÉTAIRE — AVEC TABLEAUX, par LE MÊME. 1 vol. in-8. Prix........ 5 fr.

PREMIER CONGRÈS DES BANQUES POPULAIRES FRANÇAISES (associations coopératives de Crédit), tenu à Marseille du 2 au 5 mai 1889. *Actes du Congrès.* 1 vol. in-8. Prix........ 3 fr.

CONGRÈS MONÉTAIRE INTERNATIONAL DE PARIS. SEPTEMBRE 1889, communication de M. PEDRO S. LAMAS. Broch. in-8. Prix........ 1 fr.

LE BIMÉTALLISME INTERNATIONAL, par ÉMILE DE LAVELEYE, broch. in-8. (*Épuisé.*)

POPULATION

LA CHARITÉ AVANT ET DEPUIS 1789 dans les campagnes de France, avec quelques exemples tirés de l'étranger, par P. HUBERT-VALLEROUX, avocat à la Cour d'appel, docteur en droit. 1 vol. in-8. Prix........ 8 fr.

(Ouvrage couronné par l'Académie des Sciences morales et politiques.)

L'INDIGENCE ET L'ASSISTANCE DANS LES CAMPAGNES, DEPUIS 1789 JUSQU'A NOS JOURS, par G. SAUNOIS DE CHEVERT, licencié en droit, officier d'Académie. 1 vol. in-8. Prix .... 10 fr.

(Ouvrage récompensé par l'Académie des sciences morales et politiques.)

MALTHUS. *Essai sur le principe de population*, par G. de MOLINARI, correspondant de l'Institut. 1 vol. in-32. Prix .... 2 fr. 50

(Fait partie de la Petite Bibliothèque économique française et étrangère.)

DE L'ASSISTANCE DANS LES CAMPAGNES, *indigence prévoyance, assistance*, par ÉMILE CHEVALLIER, docteur en droit, Maître de Conférences à l'institut agronomique, avec une préface de M. LÉON SAY, de l'Académie Française, ouvrage couronné par l'Institut. 1 vol. in-8. Prix .... 9 fr.

LA QUESTION DE LA POPULATION EN FRANCE ET A L'ÉTRANGER. Rapport fait à la société d'économie sociale dans la séance du 20 mai 1883, par E. CHEYSSON, ingénieur en chef des ponts et chaussées. Broch. in-8. Prix .... 1 fr. 50

RAPPORT CONCERNANT L'APPLICATION DE LA LOI DU 23 DÉCEMBRE 1874, présenté à M. le Ministre de l'intérieur, au nom du Comité supérieur de *protection des enfants du premier âge*, par M. PAUL BUCQUET. Broch. in-4. Prix .... 2 fr.

COUP D'OEIL SUR L'ASSISTANCE, PAR UN ANCIEN ADMINISTRATEUR DE BUREAU DE BIENFAISANCE. Broch. in-18. Prix .... 60 c.

QUESTIONS OUVRIÈRES

ENQUÊTE DE LA COMMISSION EXTRAPARLEMENTAIRE DES ASSOCIATIONS OUVRIÈRES, nommé par M. LE MINISTRE DE L'INTÉRIEUR, 3e partie, 1 vol. in-4. Prix. 10 fr.

LE LOGEMENT DE L'OUVRIER ET DU PAUVRE. — États Unis. — Grande Bretagne. — France. — Allemagne. — Belgique, par ARTHUR RAFFALOVICH. 1 vol. in-18. Prix, 3 fr. 50

DES HABITATIONS A BON MARCHÉ. — LÉGISLATION, par ANTONY ROULLIET. 1 vol. grand in-8. Prix .... 2 fr.

QUELQUES MOTS SUR L'HABITATION OUVRIÈRE, par CH. LAGASSE, ingénieur en chef, directeur des ponts et chaussées. Broch. in-8. Prix .... 1 fr.

LES SOCIÉTÉS COOPÉRATIVES, par le même. 1 vol. in-18. Prix .... 1 fr.

LA QUESTION DES HABITATIONS OUVRIÈRES EN FRANCE ET A L'ÉTRANGER. — La situation actuelle, — ses dangers, — ses remèdes. Conférence faite à l'exposition d'hygiène de la caserne Lobau, le 17 juin 1886, par M E. CHEYSSON, ingénieur en chef des ponts et chaussées. Broch. in-8. Prix .... 1 fr. 50

LA LÉGISLATION INTERNATIONALE DU TRAVAIL, par LE MÊME. Broch. in-8. Prix .... 1 fr.

BIBLIOGRAPHIES DES HABITATIONS A BON MARCHÉ, par MM. ARTHUR RAFFALOVICH ET ANTONY ROULLIET. Broch. in-8 pur. Prix .... 1 fr. 50

DEUXIÈME CONGRÈS DES SOCIÉTÉS COOPÉRATIVES DE CONSOMMATION DE FRANCE, tenu à Lyon les 19, 20, 21 et 22 septembre 1886, au palais des Beaux-Arts. Broch. in-4. Prix .... 1 fr.

TROISIÈME CONGRÈS DES SOCIÉTÉS COOPÉRATIVES DE CONSOMMATION DE FRANCE, tenu à Tours les 18, 19 et 20 septembre 1887. Broch. in-4. Prix.... 1 fr.

CONGRÈS INTERNATIONAL DE LA PARTICIPATION AUX BÉNÉFICES, tenu au Palais du Trocadéro et au Cercle populaire de l'Esplanade des Invalides du 16 au 19 juillet 1889. *Compte rendu in extenso des Séances*. 1 vol. grand in-8. Prix .... 3 fr.

LA PARTICIPATION AUX BÉNÉFICES, *Etudes pratiques sur ce mode de rémunération du travail*, par le Dr VICTOR BÖHMERT, directeur du Bureau statistique de Saxe, traduit de l'allemand avec l'autorisation de l'auteur et mis à jour par ALBERT TROMBERT, avec une préface de M. CHARLES ROBERT, ancien Conseiller d'État. 1 vol. gr. in-8. (*Épuisé.*)

TROISIÈME CONGRÈS NATIONAL DES SOCIÉTÉS DE SECOURS MUTUELS DE PRÉVOYANCE ET DE RETRAITES, tenu à Paris les 4, 5, 6, 7, 8 et 9 juin 1889, sous la présidence de M. HIPPOLYTE MAZE, sénateur. *Compte rendu des Travaux*. 1 vol. grand in-8. Prix........ 5 fr.

HISTOIRE DE LA COOPÉRATION A NIMES ET SON INFLUENCE SUR LE MOUVEMENT COOPÉRATIF EN FRANCE, par DE BOYVE. Broch. in-8. Prix........ 2 fr.

LES CAISSES DE PRÉVOYANCE OBLIGATOIRES AU PROFIT DES OUVRIERS MINEURS, par CHARLES GOMEL, ancien maître des requêtes au Conseil d'État. Broch. in-8. Prix. 1 fr.

LES SOCIÉTÉS DE SECOURS MUTUELS. — LÉGISLATIONS COMPARÉES QUI LES RÉGISSENT. RÉFORMES NÉCESSAIRES, par A. VILLARD. Broch. grand in-8. Prix........ 2 fr.

UNE SOCIÉTÉ DE SECOURS MUTUELS DE PROVINCE. — L'Émulation chrétienne de Rouen, aperçu historique, analytique et critique. Broch. in-8. Prix........ 1 fr.

LES SYNDICATS PROFESSIONNELS, leur rôle historique et économique avant et depuis la reconnaissance légale. La loi du 21 mars 1884, par ÉMILE REINAUD, avocat à la Cour de Nîmes, docteur en droit. 1 vol. in-18. Prix........ 3 fr. 50

LES SYNDICATS PROFESSIONNELS ET AGRICOLES. Le crédit agricole, par VICTOR DU BLED, docteur en droit. Broch. in-18. Prix........ 50 c.

LES SYNDICATS PROFESSIONNELS, esquisse de leur législation, par PROSPER CASTANIER. Broch. in-12. Prix........ 50 c.

LES SYNDICATS INDUSTRIELS ET EN PARTICULIER. LES SYNDICATS MINIERS EN ALLEMAGNE, par M. ED. GRUNER, ingénieur civil des mines. Broch. in-8. Prix........ 1 fr.

DISCOURS PRONONCÉS, par M. FRÉDÉRIC PASSY, à la Chambre des députés, séances des 2, 9, 12 et 18 juin 1883. Première délibération sur le projet et la proposition de loi concernant la loi *sur le travail des enfants, des filles et des femmes dans les établissements industriels*. Broch. in-32. Prix........ 60 c.

DISCOURS PRONONCÉS, par M. FRÉDÉRIC PASSY, à la Chambre des députés, séances des 25 et 26 juin, 2, 5 et 10 juillet. Deuxième délibération sur le projet et les propositions de loi *relatifs à la responsabilité des accidents dont les ouvriers sont victimes dans leur travail*. Broch. in-32. Prix........ 60 c.

PROTECTION ET ORGANISATION DU TRAVAIL, par ED. GUILLARD. 1 vol. in-18. Prix........ 1 fr. 50

PROFIT SHARING BETWEEN, EMPLOYER AND EMPLOYEE, a Study in the evolution of the Wages system by Nicholas Paine Gilman. 1 vol. in-18. Prix........ 10 fr.

ÉTUDE SUR LA RÉTRIBUTION LÉGITIME DU TRAVAIL MANUEL INTELLECTUEL ET DU CAPITAL, par J.-J.-A. CLOUZARD. 1 vol in-18. Prix........ 3 fr.

DE LA LIMITATION DES HEURES DE TRAVAIL, par M. GEORGES SALOMON, ingénieur civil des mines. Broch. in-8. Prix........ 1 fr

(Extrait des mémoires de la Société des Ingénieurs civils.)

LA PARTICIPATION DES OUVRIERS AUX BÉNÉFICES DES PATRONS, par JEAN BOURLIER, avocat à la cour de Paris. Broch. in-8. Prix........ 1 fr.

HISTOIRE DES GRÈVES, par CHARLES RENAULT, docteur en droit. 1 vol. in-18. Prix. 3 fr. 50

Ouvrage couronné par l'Académie des Sciences morales et politiques.

LA LIBERTÉ DU TRAVAIL ET LES GRÈVES, par A. GIBON, directeur des usines de Commentry. Broch. in-8. Prix........ 2 fr.

LES ACCIDENTS DU TRAVAIL ET L'INDUSTRIE, par LE MÊME. 1 vol. in-4. Prix. 3 fr.

CONSEILS DE L'INDUSTRIE ET DU TRAVAIL, par CH. MORISSEAUX, directeur de l'industrie et des travaux publics. 1 vol. in-8. Prix........ 6 fr.

LA QUESTION OUVRIÈRE A BERLIN, 1890, par ALPHONSE ALLARD. Broch. in-8. Prix........ 1 fr.

SOCIALISME

PROGRÈS ET PAUVRETÉ, *enquête sur la cause des crises industrielles et de l'accroissement de la misère au milieu de l'accroissement de la richesse. Le remède,* par HENRY GEORGE, traduit de l'anglais sur la dernière édition, par P. LE MONNIER. 1 vol. in-8. Prix... 9 fr.

LE SOCIALISME MODERNE, SON DERNIER ÉTAT, par A. VILLARD. 1 vol. in-18, prix........ 3 50

L'ASSISTANCE DES INDIGENTS A DOMICILE. Les œuvres d'initiative privée, le dispensaire général de Lyon. Étude par J.-C. PAUL ROUGIER, avocat. Broch. in-8. Prix .. 1 fr.

L'INTERNATIONALE ET LE SOCIALISME, par EUGÈNE GUYON, broch. in-8. Prix........ 1 fr.

LA QUESTION SOCIALE. — LE CHÈQUE BARRÉ, par ERNEST GRILLON. 1 vol. in-8. Prix........ 5 fr.

QUESTIONS COLONIALES

L'ALGÉRIE ET LA TUNISIE, par PAUL LEROY-BEAULIEU, membre de l'Institut, professeur au collège de France. 1 vol. in-8. Prix........ 8 fr.

LA FRANCE DANS L'AFRIQUE DU NORD, par LOUIS VIGNON, ancien chef du Cabinet du président du Conseil, ministre des finances. 2e édition. 1 vol in-8. Prix....... 7 fr.

(Ouvrage honoré d'une récompense par l'Académie des sciences morales et politiques.)

QUESTIONS COLONIALES. — CONSTITUTION ET SENATUS-CONSULTES, par A. ISAAC, sénateur de la Guadeloupe. 1 vol. in-18. Prix........ 3 fr.

LA QUESTION DE L'ESCLAVAGE AFRICAIN et la conférence de Bruxelles, par G. DE MOLINARI. Broch. in-8, Prix........ 1 fr.

(Extrait du *Journal des Économistes,* décembre 1889.)

COLONISONS LA FRANCE. Conférences faites à la loge « Les vrais frères » Orient de Bergerac, par M. AUGUSTE DESMOULINS, publiciste. Broch. in-8. Prix........ » 40

QUESTIONS PÉNITENTIAIRES

DE L'ÉTAT ANORMAL EN FRANCE DE LA RÉPRESSION EN MATIÈRE DE CRIMES CAPITAUX et des moyens d'y remédier, précédé d'un avant-propos et d'une introduction, par M. CH. LUCAS, membre de l'Institut. 1 vol. in-8. Prix........ 3 fr.

DE L'INDEMNITÉ ALLOUÉE AUX INDIVIDUS INDUMENT CONDAMNÉS OU POURSUIVIS *en matière criminelle, correctionnelle ou de police,* par HENRI PASCAUD, conseiller à la cour d'appel de Chambery, (mémoire lu au congrès des Sociétés Savantes à Paris le 24 mai 1888). Broch. in-8. Prix........ 2 fr.

ÉCONOMIE RURALE — QUESTIONS AGRICOLES

TRAITÉ D'ÉCONOMIE POLITIQUE RURALE, *Agriculture, Économie forestière,* élevage des chevaux et du bétail, — industrie des châlets et des basses-cours, — chasse et pêche d'eau douce, par GUILLAUME ROSCHER, professeur à l'université de Leipzig, traduit sur la dernière édition par CHARLES VOGEL, avec une préface de M. LOUIS PASSY, secrétaire perpétuel de la société d'Agriculture de France. 1 fort vol. in-8. Prix........ 18 fr.

(Fait partie de la collection des Économistes et Publicistes contemporains.)

LES POPULATIONS AGRICOLES DE LA FRANCE, par H. BAUDRILLART, membre de l'Institut. — *Maine, Anjou, Touraine, Poitou, Flandre, Artois, Picardie, Ile-de-France*, — passé et présent, — mœurs, coutumes, instruction, population, famille, valeur et division des terres, fermage et métayage, ouvriers ruraux, salaire, nourriture, habitation. 1 fort vol. in-8. Prix .... 10 fr.

LES ENTREPRISES AGRICOLES ET LA PARTICIPATION DU PERSONNEL AUX BÉNÉFICES. par ALBERT CAZENEUVE. 1 vol. grand in-8. Prix........ 5 fr.

DE L'ASSISTANCE DES CLASSES RURALES AU XIXe SIÈCLE, par LÉON LALLEMAND, conclusions d'un mémoire couronné par l'Académie des Sciences morales et politiques. 1 vol. in-8. Prix........ 3 fr.

L'AGRICULTURE DANS SES RAPPORTS AVEC LE PAIN ET LA VIANDE, par JULES LECONTE (médaille d'or de la Société des Agriculteurs de France). 1 vol. in-8. Prix.. 2 fr.

CARTE ÉCONOMIQUE DE LA FRANCE, au point de vue des principales productions naturelles et industrielles du sol, ainsi que des secours à distribuer par les bureaux de Bienfaisance. 1 feuille-raisin. Prix .... 1 fr. 50

Carte extraite de l'ouvrage : *L'Indigence et l'assistance dans les campagnes en France depuis 1789 jusqu'à nos jours*, par G. SAUBOIS de Chevert.

ÉTUDE D'ÉCONOMIE RURALE. *Une ferme de 100 hectares*, d'après les données moyennes de l'enquête agricole de 1882, par ADOLPHE COSTE. Broch. in-8. Prix........ 1 fr.

LIBERTÉ COMMERCIALE

PROTECTION OU LIBRE ÉCHANGE, *examen de la question du tarif en ce qui concerne les intérêts des classes laborieuses*, par HENRY GEORGE, traduit de l'anglais et précédé d'une préface, par LOUIS VOSSION, consul de France à Philadelphie, orné d'un portrait de l'auteur. 1 vol. in-8. Prix........ 9 fr.

LES COALITIONS DE PRODUCTEURS *et le protectionnisme* par ARTHUR RAFFALOVICH. Broch. in-8. Prix........ 1 fr.

DE L'ÉGALITÉ DANS LA PROTECTION DOUANIÈRE, par E. MARTINEAU, juge d'instruction. Broch. in-8. Prix........ 1 fr.

(Extrait du *Journal des Économistes*, n° mai 1888.)

A PROPOS D'UN PROJET D'UNION DOUANIÈRE ENTRE LES ÉTATS DU CENTRE DE L'EUROPE, par HENRI CHARDON, auditeur au Conseil d'État. Broch. in8. Pr. 1 fr.

LES TRAITÉS DE COMMERCE. par M. ALFRED NEYMARCK. Broch. in-4. Prix... 1 50

STATISTIQUE

ANNUAIRE DE L'ÉCONOMIE POLITIQUE ET DE LA STATISTIQUE, fondé par MM. GUILLAUMIN et JOSEPH GARNIER, continué par MAURICE BLOCK, membre de l'Institut. — Années 1887 à 1892. (49e année), prix de chaque année........ 9 fr.

LE CONSEIL SUPÉRIEUR DE STATISTIQUE DE FRANCE. Rapport fait au nom de la commission spéciale par M. E. CHEYSSON, ingénieur en chef des ponts et chaussées. Broch. in-8. Prix........ 1 fr. 50

LES CHARGES DE L'AGRICULTURE ET LES MONOGRAPHIES DE FAMILLES. Communication faite à la société de statistique dans la séance du 17 avril 1889, par LE MÊME. Broch. in-8. Prix........ 1 fr.

LES MOYENNES EN STATISTIQUE. Rapport fait à la société de statistique de Paris, au nom du jury du concours des moyennes, par LE MÊME. Broch. in-8. Prix.... 1 fr. 50

LES CARTOGRAMMES A TEINTES GRADUÉES. Système de classification rendant comparables les divers cartogrammes d'une même série, par LE MÊME. Broch. in-8. Prix. 1 fr. 50

LES MÉTHODES EN STATISTIQUE, par LE MÊME. Broch. in-8. Prix......... 1 fr. 50

BULLETIN ANNUEL DES FINANCES DES GRANDES VILLES. Septième, huitième et neuvième années, 1883, 1884 et 1885, par JOSEPH KÖRÖSI. broch., in-4. Prix chacun... 2 fr.

LA FRANCE ÉCONOMIQUE STATISTIQUE RAISONNÉE ET COMPARÉE, territoire, population, propriété, agriculture, industrie, commerce, moyens de transports, monnaie, par ALFRED DE FOVILLE, professeur au Conservatoire des Arts et Métiers. Année 1889. 1 vol. in-18. Prix.. 6 fr.

ÉTUDE STATISTIQUE SUR LES SALAIRES DES TRAVAILLEURS ET LE REVENU DE LA FRANCE, par ADOLPHE COSTE. Broch., grand in-8. Prix................. 1 fr.

LA STATISTIQUE DES RELIGIONS — AVEC TABLEAUX, par M. FOURNIER DE FLAIX. Broch. in-4. Prix.. 3 fr.

ADMINISTRATION

L'ÉTAT MODERNE ET SES FONCTIONS, par PAUL LEROY BEAULIEU, membre de l'Institut. 2e édition. 1 vol. in-8. Prix.. 9 fr.

LA RÉORGANISATION CADASTRALE, ET LA CONSERVATION DU CADASTRE EN FRANCE, par JULES BRETON, ancien géomètre de la compagnie des chemins de fer de l'Ouest, 1 vol. in-8. Prix.. 7 fr. 50

RÉFORME DES SERVICES DE LA TRÉSORERIE ET RÉORGANISATION DE L'ADMINISTRATION DES CONTRIBUTIONS DIRECTES, par R. LEMERCIER DE JAUVELLE, directeur des contributions directes. 1 vol. in-8. Prix.................. 3 fr. 50

LES TRAVAUX PUBLICS ET LE BUDGET, par CH. GOMEL, ancien maître des requêtes au Conseil d'État, broch. in-8. Prix.............................. 1 fr.

POLITIQUE

ÉTAT DE LA FRANCE EN 1789, par PAUL BOITEAU. Deuxième édition, ornée d'un portrait de l'auteur avec une notice par M. LÉON ROQUET et des annotations de M. GRASSOREILLE. archiviste. 1 vol. in-8. Prix.............................. 10 fr,

LA FRANCE AVANT ET PENDANT LA RÉVOLUTION. Les classes, les droits féodaux, les services publics, par EDOUARD OLIVIER. 1 vol. in-18. Prix............... 3 fr. 50

LA NUIT DU 4 AOUT 1789-1889, par VICTOR MODESTE. 1 vol. in-18. Prix...... 3 fr.

LA DÉMOCRATIE, par J.-G. COURCELLE-SENEUIL, membre de l'Institut. Broch. in-8. Prix.. 1 fr.

L'ÉCOLE DE LA LIBERTÉ, conférence faite à Genève le 9 avril 1890, par M. FRÉDÉRIC PASSY, membre de l'Institut. 1 vol. in-18. Prix.............................. 2 fr.

ESSAI DE RÉFORME CONSTITUTIONNELLE 1887. 1 vol. in-8. Prix......... 3 fr.

LES ÉLECTEURS PURS ET CANDIDATS. — LES ÉLUS CONSTITUANTS. — LÉGISLATEURS ET CENSEURS, par LOUIS-JACQUES ALLARD. 1 vol. in-18. Prix........ 3 fr.

LE ROLE ET LA LIBERTÉ DE LA PRESSE, par DUPONT-WHITE. Broch. in-8. Prix. 1 fr.

LE SUFFRAGE UNIVERSEL, par LE MÊME. *(Épuisé.)*

LA REPUBLIQUE RÉVOLUTIONNAIRE, par F. DUHAMET. 1 vol. in-18. Prix.. 3 fr. 50

LA LIBERTÉ DE LA PRESSE ET LE SUFFRAGE UNIVERSEL, par M. DUPONT-WHITE. Broch. in-8. Prix.. 2 fr.

LA POLITIQUE SOCIALE EN BELGIQUE, par A. BÉCHAUX, professeur d'Économie politique à la Faculté de droit de Lille. Broch. in-8. Prix.................................. 3 fr.

L'AFFRANCHISSEMENT DU SUFFRAGE UNIVERSEL, par ERNEST BRELAY. Broch. in-8. Prix.. 1 fr.

RECHERCHE DE LA MEILLEURE DES RÉPUBLIQUES, par EMILE LEFEVRE, architecte. 1 vol. in-18. (*Épuisé.*)

LA RÉFORME ÉCONOMIQUE ET LE RÉGIME PARLEMENTAIRE, par A. DE LA CROISERIE. 1 vol. in-18.. 2 fr. 50

UN CHAPITRE DES MŒURS ÉLECTORALES EN FRANCE, dans les années 1889 et 1890, par PAUL LEROY-BEAULIEU, membre de l'Institut, broch. in-8. Prix.... 75 cent.

DROIT, LÉGISLATION

PRÉPARATION A L'ÉTUDE DU DROIT. Études des principes, par J.-G. COURCELLE-SENEUIL, membre de l'Institut. 1 vol. in-8. Prix.................................. 8 fr.

ÉTUDES DE DROIT PUBLIC, par TH. DUCROCQ, professeur de droit administratif à la Faculté de droit de Paris. 1 vol. in-8. Prix.................................. 7 fr.

L'ANCIEN DROIT CONSIDÉRÉ DANS SES RAPPORTS AVEC L'HISTOIRE DE LA SOCIÉTÉ PRIMITIVE ET AVEC LES IDÉES MODERNES, par HENRI SUMNER MAINE, professeur de droit à l'Université d'Oxford, ci-devant membre jurisconsulte du suprême gouvernement de l'Inde, traduit sur la 4e édition anglaise, par J.-G. COURCELLE-SENEUIL, membre de l'Institut. 1 vol. in-8. Prix.................................. 7 fr. 50

LES PRINCIPES FONDAMENTAUX DU DROIT, par le comte de VAREILLES-SOMMIÈRES, doyen de la faculté catholique de droit de Lille. 1 vol. in-8. Prix.......... 8 fr. 50

LE DROIT ET LES FAITS ÉCONOMIQUES, par A. BÉCHAUX, professeur d'économie politique à la faculté libre de droit de Lille (ouvrage récompensé par l'Institut prix Wolowski). 1 vol. in-8. Prix.................................. 6 fr.

LE SYNDIC DE FAILLITE (fonctions et pouvoirs), par PAUL FOSSÉ, docteur en droit, avocat à la Cour d'appel de Paris. 1 vol. in 8. (*Épuisé.*)

DÉFENSE DE LA PROPRIÉTÉ MOBILIÈRE, discours prononcé à l'hôtel de l'Union des syndicats le 24 avril 1888, par M. ERNEST BRELAY. Broch. in-8. Prix.......... 1 fr.

DÉFENSE DE LA PROPRIÉTÉ IMMOBILIÈRE. *Réformes fiscales projetées*, 2e discours prononcé à la salle des Conférences le 26 avril 1889, par LE MÊME. Broch. in-8. Prix.. 1 fr.

LES PROJETS DE RÉFORME DE LA LÉGISLATION SUR LES MINES, par M. C. GOMEL, ancien maître des requêtes au Conseil d'État. Broch. in-8. Prix.................. 2 fr.

LE PROJET DE LOI SUR LES DÉLÉGUÉS MINEURS, par LE MÊME. Broch. in-8. Prix.. 1 fr.

LES DÉLÉGUÉS MINEURS, par ERNEST NIBAUD, ingénieur civil. 1 vol. in-18. Prix. 1 fr. 50

OBSERVATIONS RELATIVES AU PROJET DE LOI BAIHAUT SUR LES MINES, par LE MÊME. 1 vol. in-18. Prix.................................. 2 fr.

UNE INIQUITÉ SOCIALE. LES FRAIS DE VENTES JUDICIAIRES D'IMMEUBLES, par GEORGES MICHEL. Broch. in-8. Prix.................................. 1 fr.

DROIT DES GENS

LE DROIT INTERNATIONAL CODIFIÉ, par BLUNTSCHLI, traduit de l'allemand, par C. LARDY, docteur en droit, précédé d'une biographie de l'auteur par ALPH. RIVIER, secrétaire de l'Institut de droit international, professeur à l'Université de Bruxelles. 4e édition, revue et très augmentée, accompagnée d'un portrait de l'auteur, des actes de la Conférence africaine de 1885, etc. 1 vol. in-8. Prix........................... 10 fr.

LE DROIT INTERNATIONAL THÉORIQUE ET PRATIQUE, précédé d'un exposé historique des progrès de la science du droit des gens par CH. CALVO, envoyé extraordinaire et ministre plénipotentiaire de la République Argentine, auprès de S. M. l'empereur d'Allemagne. 5 volumes grand in-8. Prix........................... 75 fr.

ASSURANCES

LE LIVRE D'OR DES ASSURANCES, par E. LECHARTIER. Tome 2e. Compagnie d'assurances sur la vie. 1 vol. in-8, relié. Prix........................... 25 fr.

LES RÉSULTATS DE L'ASSURANCE OBLIGATOIRE CONTRE LES ACCIDENTS. (Loi allemande du 6 juillet 1884), par CHARLES MORISSEAUX. Broch. in-4°. Prix.... 2 fr. 50

L'ASSURANCE DES OUVRIERS CONTRE LES ACCIDENTS. Exposé fait à la société d'Économie politique le 5 mars 1888, par M. E. CHEYSSON. Broch. in-8. Prix.... 1 fr

ÉDUCATION — ENSEIGNEMENT

PROGRAMMES GÉNÉRAUX DES COURS D'ENSEIGNEMENT COMMERCIAL ET TECHNIQUE, institués en 1857, par la ville de Lyon et la Chambre de Commerce, publiés par mademoiselle E. LUQUIN, officier de l'instruction publique. Broch, in-4. Prix...... 3 fr.

LA QUESTION DU LATIN. Discours prononcé par M. FRÉDÉRIC PASSY, membre de l'Institut, député de la Seine, à la distribution des prix du lycée Janson-de-Sailly, le 3 août 1886. Broch. in-8. Prix........................... 1 fr.

CONFÉRENCE SUR L'ENSEIGNEMENT PROFESSIONNEL EN FRANCE DEPUIS 1789, par M. CHARLES LUCAS, architecte. Broch. in-8. Prix........................... 1 fr.

LES FACULTÉS DE DROIT ET L'ENSEIGNEMENT DES SCIENCES POLITIQUES, par GABRIEL ALIX. Broch. in-8. Prix........................... 1 fr.

MORALE ET PHILOSOPHIE

LA MORALE ÉCONOMIQUE, par G. DE MOLINARI, correspondant de l'Institut, rédacteur en chef du *Journal des Économistes*. 1 vol. in-8. Prix........................... 7 fr. 50

(Fait partie de la collection des Économistes et Publicistes contemporains).

COMMERCE — INDUSTRIE — QUESTIONS COMMERCIALES QUESTIONS INDUSTRIELLES

LE COMMERCE, ENSEIGNEMENT SYNTHÉTIQUE EN SEIZE TABLEAUX, renfermés dans un carton, par Mlle ÉLISE LUQUIN, officier de l'Instruction publique, lauréat de l'Académie des Sciences morales et politiques. In-plano. Prix.................. 30 fr.

ÉTUDES COMMERCIALES. — COMPTABILITÉ. — TENUE DES LIVRES; par LA MÊME. 1 vol. in-8. Prix.. 8 fr.

DES CRISES COMMERCIALES ET DE LEUR RETOUR PÉRIODIQUE EN FRANCE, EN ANGLETERRE ET AUX ÉTATS-UNIS, par CLÉMENT JUGLAR, vice-président de la Société d'Économie politique. Deuxième édition, mémoire couronné par l'Institut (Académie des Sciences morales et politiques). 1 fort vol. grand in-8. Prix.............. 12 fr.

L'INDUSTRIE MINÉRALE EN FRANCE ET A L'ÉTRANGER, par M. CHARLES GOMEL, ancien maître des requêtes au Conseil d'État. Broch. in-8, Prix.................. 1 fr.

CONGRÈS INTERNATIONAL DU COMMERCE ET DE L'INDUSTRIE, tenu à Paris du 23 au 28 septembre 1889 sous la présidence de M. POIRRIER, sénateur, président de la Chambre de commerce de Paris, *Rapports, discussions, travaux et résolutions du Congrès,* publiés sous la direction de M. JULIEN HAYEM, secrétaire général. Ouvrage honoré de la souscription du Ministère du commerce, de l'industrie et des colonies, 1 vol. in-8. Prix.. 9 fr.

COMPTE RENDU DES TRAVAUX DU CONGRÈS INTERNATIONAL AYANT POUR OBJET L'ENSEIGNEMENT TECHNIQUE COMMERCIAL ET INDUSTRIEL sous le patronage de M. le Ministre du commerce et de l'industrie, de M. le Ministre de l'instruction publique, du département de la Gironde, de la ville et de la chambre de commerce de Bordeaux. 20-25 septembre 1886. 1 vol. gr. in-8. Prix.................. 5 fr.

LA STATISTIQUE GÉOMÉTRIQUE, méthode pour la solution des problèmes commerciaux et industriels. Conférence faite au Congrès de l'enseignement technique industriel et commercial à Bordeaux, le 24 septembre 1886, par M. E. CHEYSSON, ingénieur en chef des ponts et chaussées. Broch. in-8°. Prix.................. 1 fr. 50

L'ENSEIGNEMENT PROFESSIONNEL, INDUSTRIEL ET COMMERCIAL, par GEORGES SALOMON, ingénieur civil des mines, conférence faite à la Bibliothèque Forney, le 31 mars 1887. Broch. in-18. Prix.. 1 fr.

THE STANDARD WOOL-BALE and the improvement necessary in the *universal wool-trade* par PAUL PIERRARD. Broch. in-8. Prix.................. 1 fr. 50

LA CRISE DE L'INDUSTRIE DU SUCRE EN RUSSIE, par EDMOND DE MOLINARI. Broch. in-8. Prix.. 1 fr.

ESSAI SUR LE COMMERCE DE MARSEILLE. — Marine. — Commerce. — Industrie, 1875-1884, par LOUIS BERNARD, ancien avoué, 1 vol. in-4°. (*Épuisé.*)

Ouvrage qui a obtenu le prix de 10 000 francs au concours fondé par le baron Félix de Beaujour.

LA CHAMBRE DE COMMERCE DE PARIS ET LA REPRÉSENTATION COMMERCIALE, par GEORGES HARTMANN. Broch. in-8. Prix.................. 2 fr.

CALCUL — CHANGES — BANQUE — COMPTABILITÉ

TRAITÉ COMPLET D'ARITHMÉTIQUE THÉORIQUE ET APPLIQUÉE AU COMMERCE, A LA BANQUE, AUX FINANCES ET A L'INDUSTRIE. Avec un traité des poids et mesures, un recueil de problèmes raisonnés et diverses notes et notices, par JOSEPH GARNIER, membre de l'Institut. 4e édition, avec figures, revue et augmentée. 1 vol. in-8. Prix. 8 fr.

ORGANISATION ET COMPTABILITÉ INDUSTRIELLES, par Jules Gernaert. 1 vol. in-4. Prix........ 6 fr. 50

THÉORIE ET PRATIQUE DE L'INTÉRÊT ET DE L'AMORTISSEMENT, par E. Cugnin. 1 vol. grand in-8. Prix........ 10 fr.

FORMULAIRE COMMERCIAL DE L'EXPORTATION ET L'IMPORTATION. Comptes faits, formules, notes, tables relatives aux poids, mesures, monnaies, changes, heures des divers pays. Tables d'intérêts, d'escompte, de change, etc., par Pierre V. Aznavour. 1 vol. in-32. Prix........ 2 fr.

THÉORIE DE LA COMPTABILITÉ EN PARTIE DOUBLE, par un mathématicien. 2e édition. Broch. in-4°. Prix........ 2 fr. 50

BARÈME DÉCIMAL OU INTÉRÊTS CALCULÉS DEPUIS 2 A 10 POUR 100. TABLES DE MULTIPLICATION ET DE DIVISION DEPUIS 1 A 2 000. — NOUVELLE MÉTHODE DE TENUE DES LIVRES EN PARTIE DOUBLE, mise à la portée de tout le monde. — **THÉORIE DES COMPTES COURANTS**, par Ad. Willequet, directeur de banque. 2e édition. 1 vol. in-8. Prix........ 4 fr.

LE CALCUL MENTAL, par le système de l'unité, méthode rapide, raisonnée et facile sur la manière de calculer mentalement, par Henri Edom. Broch. in-8. Prix........ 2 fr.

CALCUL DES OBLIGATIONS, par A. Arnaudeau, ingénieur civil. Broch. in-8. Prix.. 2 fr.

LA SCIENCE DES COMPTES MISE A LA PORTÉE DE TOUS. TRAITÉ THÉORIQUE ET PRATIQUE DE COMPTABILITÉ DOMESTIQUE, COMMERCIALE, INDUSTRIELLE, FINANCIÈRE ET AGRICOLE, à l'usage des capitalistes, des commerçants en général, de l'administrateur, des comptables et des professeurs de comptabilité, par Eugène Léautey et Adolphe Guilbault, 5e édit. 1 vol. in-8. Prix........ 7 fr. 50

NOUVELLE MÉTHODE DE COMPTABILITÉ DE BANQUE ET DE BOURSE, par E. Mairel, directeur de banque, premier lauréat du concours de comptabilité de l'Union des Banquiers des départements. 1 vol. in-8. Prix........ 10 fr.

COMPTABILITÉ NOUVELLE DONNANT LA PARTIE DOUBLE par les seules écritures de la partie simple, par L. Tissot. 1 vol. gr. in-8. Prix........ 7 fr. 50

VOIES DE COMMUNICATION

LE TRANSPORT PAR LES CHEMINS DE FER. — HISTOIRE. — LÉGISLATION, par Arthur T. Hadley, traduit, par A. Raffalovich et L. Guérin, précédé d'une préface, par Arthur Raffalovich. 1 vol. in-8. Prix........ 7 fr.

LE RÉGIME DES CHEMINS DE FER FRANÇAIS DEVANT LE PARLEMENT 1871-1887, par Véron Duverger, ancien Conseiller d'État, ancien directeur général des chemins de fer 1 vol. in-8. Prix........ 7 fr.

TRAVERSES DE CHEMINS DE FER, LEUR CONSERVATION PAR LA CRÉOSOTE, par A. Lekeu et J. Gernaert, ingénieurs. Broch. in-8. Prix........ 2 fr. 50

L'ORGANISATION GÉNÉRALE DES CHEMINS DE FER FRANÇAIS et les systèmes de tarification des transports, par M. Charles-M. Limousin. Communication faite à la section d'économie politique de l'association française pour l'avancement des Sciences au congrès de Nancy (1886). Broch. in-8. Prix........ 1 fr.

LES PRIVILÉGIÉS DE LA NAVIGATION INTÉRIEURE (une gratification de 91 millions), par le même. Broch. in-18. Prix........ 1 fr.

ÉTUDE FINANCIÈRE. — LES CHEMINS DE FER FRANÇAIS, ALGÉRIENS ET COLONIAUX, actions et obligations, leur valeur réelle, leur valeur relative, leurs garanties respectives, par P.-F. Degoix et J. Meyer. 1 vol. gr. in-8. Prix........ 2 fr.

LE MONOPOLE DE L'ALCOOL EN SUISSE, ÉTUDE SUR LA LOI FÉDÉRALE DU 25 DÉCEMBRE 1886, concernant les spiritueux, par HENRI PASCAUD, Conseiller à la Cour d'Appel de Chambéry. Broch. in-8. Prix........ 1 fr. 50

LES CAISSES RURALES ITALIENNES. RAPPORT POUR L'EXPOSITION UNIVERSELLE DE PARIS EN 1889, par M. LÉONE WOLLEMBORG. Broch. in-4. Prix........ 3 fr.

IL VÉRITAS FINANZIARIO, Annuario delle Banche, dei Banchieri e del capitalista. Anno I. 1 vol. gr. in-8. Prix........ 20 fr.

BATTELLO SOTTOMARINO E REGNO DI GIORDANO BRUNO. Romanzo bizzarro di FRANCESCO VIGANO. Seconda Edizione. 1 vol. in-18. Prix........ 3 fr. 50

NOTICE GÉOGRAPHIQUE ET ÉCONOMIQUE SUR LA TUNISIE, par ERNEST FALLOT, rédacteur au gouvernement Tunisien. 1 vol. in-8. Prix........ 2 fr. 50

STATISTIQUE DU COURS DU CHANGE ET DES EFFETS PUBLICS AUX BOURSES DE RUSSIE EN 1887. Broch. gr. in-8. Prix........ 3 fr.

LES FINANCES DE LA RUSSIE 1887-1889. Documents officiels avec une préface, par ARTHUR RAFFALOVICH. 1 vol gr. in-8. Prix........ 2 fr. 50

MÉLANGES — DIVERS

MÉLANGES SCIENTIFIQUES ET LITTÉRAIRES, par LOUIS PASSY, secrétaire perpétuel de la société nationale d'agriculture. 2 vol. in-8. Prix........ 12 fr.

DISCOURS SUR LES TRAVAUX PUBLICS, prononcés par M. ALBERT CHRISTOPHLE, ministre des travaux publics. 1 vol. in-8. Prix........ 6 fr.

CE QUE LA FRANCE A GAGNÉ A L'EXPOSITION DE 1889. Communication faite à la Chambre syndicale des industries diverses, séance du 19 novembre 1889, par M. ALFRED NEYMARCK. Broch. in-8. Prix........ 3 fr.

LES FORCES PRODUCTIVES DE LA FRANCE COMPARÉES 1789-1889, par M. E. FOURNIER DE FLAIX. Broch. in-8. Prix........ 2 fr.

NOTICE SUR LA VIE ET LES TRAVAUX DE MICHEL CHEVALIER, par ALPH. COURTOIS fils, secrétaire perpétuel de la Société d'économie politique. Broch. in-8. Prix.... 1 fr.

L'EXPLOITATION DES TÉLÉPHONES. Rapport présenté à la Chambre syndicale des industries diverses, séance du 28 février 1888, par LÉON DUCRET. Broch. in-18. Prix. 1 fr.

RETRAITES. QUESTIONS DIVERSES. La caisse des retraites. Mari et femme. L'enfant. Retraites scolaires. Variation du taux d'intérêt, par PAUL MATRAT. Broch. in-8. Prix. 1 fr.

LE LANOMÈTRE OU DENSIVOLUMÈTRE breveté en France et à l'Etranger, par PAUL PIERRARD. Broch. in-8. Prix........ 1 fr.

LA TOUR EIFFEL, leçon faite au Conservatoire des arts et métiers, le 20 novembre 1888, par A. DE FOVILLE. Broch. in-8. Prix........ 1 fr.

LE PAIN DU SIÈGE, *conférence faite à l'École supérieure de guerre*, par M. E. CHEYSSON, ingénieur en chef des ponts et chaussées. Broch. in-8. Prix........ 1 fr. 50

LES FABLES DE LA FONTAINE, conférence faite à la mairie de Passy sous la présidence de M. LÉON DONNAT, conseiller municipal, par M. FRÉDÉRIC PASSY, membre de l'Institut. Broch. in-8. Prix........ 1 fr.

L'INSTITUT DE FRANCE. Tableau des cinq académies au 1er juillet 1887, par M. EDMOND RENAUDIN. Broch. in-8. Prix........ 1 fr.

AVIS

Baisse de prix de 50 % sur les ouvrages suivants :

P. ROSSI

Cours d'économie politique, revu et augmenté de leçons inédites recueillies par M. A. Porée, avec une notice bibliographique sur les œuvres de Rossi par Joseph Garnier, membre de l'Institut. 5e édition. 4 vol. in-8. **Au lieu de 30 fr.** .... 15 fr. »

Cours de droit constitutionnel, professé à la Faculté de droit de Paris, recueilli par M. A. Porée, précédé d'une introduction par M. C. Bon-Compagni. 2e édition. 4 vol. in-8. **Au lieu de 30 fr** .... 15 fr. »

Traité de droit pénal, avec une introduction par M. Faustin-Hélie. 4e édit. 2 vol. in-8. **Au lieu de 15 fr** .... 7 fr. 50

MAC CULLOCH

Principes d'économie politique suivis de quelques recherches relatives à leur application et d'un tableau de l'origine et du progrès de la science, traduit de l'anglais par Augustin Planche. 2e édition. 2 vol. in-8. **Au lieu de 12 fr.** 6 fr. »

CIBRARIO

Économie politique du moyen âge, traduit de l'italien par M. Barneaud et précédé d'une introduction par M. Wolowski, membre de l'Institut, 2 vol. in-8. **Au lieu de 12 fr** .... 6 fr. »

MARQUIS DE MIRABEAU

L'Ami des hommes, avec une préface et une notice bibliographique par M. Rouxel. 1 vol. in-8. **Au lieu de 10 fr** .... 5 fr. »

GROTIUS

Le Droit de la guerre et de la paix divisé en trois livres. trad. par Pradier-Fodéré, prof. de droit public et d'économie politique. 3 vol. in-8. **Au lieu de 25 fr** .... 12 fr. 50

Le même. 3 volumes in-18. **Au lieu de 15 fr** .... 7 fr. 50

G.-F. DE MARTENS

Précis du droit des gens modernes de l'Europe, augmenté des notes de Pinheiro-Ferreira, précédé d'une introduction par M. Ch. Vergé, membre de l'Institut. 2e édition. 2 vol. in-8. **Au lieu de 14 fr** .... 7 fr. »

Le même, 2 vol. in-18. **Au lieu de 8 fr** .... 4 fr. »

J.-L. KLUBER

Le Droit des gens modernes de l'Europe, revu, annoté et complété par A. Ott. 2e édition. 1 vol. in-8. **Au lieu de 8 fr** .... 4 fr. »

Le même. 1 vol. in-18. **Au lieu de 5 fr** .... 2 fr. 50

LÉON FAUCHER

Études sur l'Angleterre. 2e édition. 2 vol. in-8. **Au lieu de 12 fr** .... 6 fr. »

Mélanges d'économie politique et de finances. 2 vol. in-8. **Au lieu de 12 fr** .... 6 fr. »

Le même. 2 vol. in-18. **Au lieu de 7 fr** .... 3 fr. 50

PAUL BOITEAU

Fortune publique et finances de la France. 2 vol. in-8. **Au lieu de 15 fr** .... 7 fr. 50

Les Traités de commerce. Texte de tous les traités en vigueur, notamment les traités conclus avec l'Angleterre, la Belgique, la Prusse (Zollverein) et l'Italie. 1 vol. in-8. **Au lieu de 7 fr. 50** .... 3 fr. 75

MARQUIS D'AUDIFFRET

Système financier de la France. 3e édition, revue et augmentée. 6 vol. gr. in-8 et une introd., *Souvenirs de ma carrière*. 1 vol., ensemble 7 *vol*. gr. in-8. **Au lieu de 50 fr** .... 25 fr. »

MAURICE BLOCK

Statistique de la France comparée avec les divers pays de l'Europe. 2e édit., augmentée et mise à jour. 2 vol. in-8. **Au lieu de 24 fr** .... 12 fr. »

LÉON BIOLLAY

Les Prix en 1790. 1 vol. in-8. **Au lieu de 6 fr** .... 3 fr. »

Collection d'auteurs étrangers contemporains

HISTOIRE. — MORALE. — ÉCONOMIE POLITIQUE

VOLUMES PARUS

THOROLD ROGERS

Professeur d'Économie politique à l'Université d'Oxford.

INTERPRÉTATION ÉCONOMIQUE DE L'HISTOIRE

TRADUCTION ET INTRODUCTION

Par M. CASTELOT, ancien consul de Belgique.

1 vol. in-8°, cartonné.. 10 fr.

HOWELL

Membre de la Chambre des Communes.

QUESTIONS SOCIALES D'AUJOURD'HUI

LE PASSÉ ET L'AVENIR DES TRADE UNIONS

TRADUCTION ET PRÉFACE

Par M. LE COUR GRANDMAISON, député.

1 vol. in-8°, cartonné.. 7 fr.

GOSCHEN

THÉORIE DES CHANGES ÉTRANGERS

Traduction et préface de **M. LÉON SAY**, de l'Académie française.

TROISIÈME ÉDITION FRANÇAISE

SUIVIE DU RAPPORT DE 1875 SUR LE PAYEMENT DE L'INDEMNITÉ DE GUERRE

Par le Même

1 vol. in-8°, cartonné.................................. 9 fr.

HERBERT SPENCER

JUSTICE

Traduction de **M. E. CASTELOT**, ancien consul de Belgique.

1 vol. in-8, cartonné et orné d'un portrait........ 9 fr.

LOUIS GUMPLOWICZ

Professeur de sciences politiques à l'Université de Gratz.

LA LUTTE DES RACES

RECHERCHES SOCIOLOGIQUES

Traduction de **M. Charles BAYE**

1 vol. in-8°, cartonné.. 9 fr.

PETITE BIBLIOTHÈQUE ÉCONOMIQUE FRANÇAISE ET ÉTRANGÈRE

PUBLIÉE SOUS LA DIRECTION DE M. J. CHAILLEY

VOLUMES PARUS

Ier volume
VAUBAN
DIME ROYALE
Par M. G. Michel

IIe volume
BENTHAM
PRINCIPES DE LÉGISLATION
Par Mlle Raffalovich

IIIe volume
HUME
ŒUVRE ÉCONOMIQUE
Par M. Léon Say

IVe volume
J.-B. SAY
ÉCONOMIE POLITIQUE
Par M. H. Baudrillart

Ve volume
ADAM SMITH
RICHESSE DES NATIONS
Par M. Courcelle-Seneuil

VIe volume
SULLY
ÉCONOMIES ROYALES
Par M. J. Chailley

VIIe volume
RICARDO
RENTES, SALAIRES ET PROFITS
Par M. P. Beauregard

VIIIe volume
TURGOT
ADMINISTRATION ET ŒUVRES ÉCONOMIQUES
Par M. L. Robineau

IXe volume
JOHN-STUART MILL
PRINCIPES D'ÉCONOMIE POLITIQUE
Par M. Léon Roquet

Xe volume
MALTHUS
PRINCIPE DE POPULATION
Par M. G. de Molinari

XIe volume
BASTIAT
ŒUVRES CHOISIES
Par M. de Foville

XIIe volume
FOURIER
ŒUVRES CHOISIES
Par M. Ch. Gide

XIIIe volume
F. LE FLAY
ÉCONOMIE SOCIALE
Par M. F. Auburtin

XIVe volume
COBDEN
LIGUE CONTRE LES LOIS - CÉRÉALES
ET DISCOURS POLITIQUES

EN PRÉPARATION

Karl Marx, par M. Vilfredo Pareto.
Quesnay, par M. Yves Guyot.
Schulze-Delitzsch, par M. A. Raffalovich.
Michel Chevalier, par M. P. Leroy-Beaulieu.

Chaque volume se vend séparément.

Prix du volume in-32, cartonné et orné d'un portrait........ 2 fr. 50

TABLE

PAR ORDRE ALPHABÉTIQUE DES NOMS D'AUTEURS

DES 1er ET 2e SUPPLÉMENTS AU CATALOGUE GÉNÉRAL

	PRIX	Pag.
CARVALLO (Jules). Essai sur les lois de l'impôt progressif. Br. in-8	1 »	6
CASTANIER (Prosper). Les syndicats professionnels. Br. in-12	» 50	10
CAZENEUVE (Albert). Les entreprises agricoles. 1 vol. in-8	5 »	12
CERNUSCHI (Henri). Anatomie de la monnaie. Broch. in-8	2 »	7
— Le Pair bimétallique. 1 vol. in-8	3 »	7
CHADWICK (Edwin). Sanitation versus militarianism. Broch. in-8	1 »	5
— De l'administration préventive. Br. in-8	1 »	19
— Ou préventive, administration. Br. in-8	1 »	19
— Circulation or, stagnation. Br. in-8	1 25	19
CHAILLEY (Joseph). Voy. Nouveau dictionnaire d'Economie politique.		
— Voy. **SULLY**.		
CHAMAISON (X.). Guide pratique et raisonné en matière de transport par chemin de fer. 1 vol. in-8	2 50	18
CHARDON (Henri). A propos d'un projet d'union douanière entre les Etats du centre de l'Europe. Br. in-8	1 »	12
CHEVALLIER (Emile). Les salaires au dix-neuvième siècle. 1 vol. in-8	8 »	9
— De l'assistance dans les campagnes. 1 vol. in-8	9 »	9
CHEVERT (G. Sannois de). L'indigence et l'assistance dans les campagnes. 1 vol. in-8	10 »	9
CHEYSSON (E.). La statistique géométrique. Br. in-8	1 50	16
— Les moyennes en statistique. Br. in-8	1 50	13
— Le conseil supérieur de statistique de France. Br. in-8	1 50	12
— La question des habitations ouvrières en France et à l'étranger. Br. in-8	1 50	9
— La question de la population en France et à l'étranger. Br. in-8	1 50	9
— Le Travail et la manivelle de Sismondi. Br. in-8	1 50	4
— L'assistance rurale et le groupement des communes. Br. in-8	1 50	4
— Les cartogrammes à teintes graduées. Br. in-8	1 50	13
— Le pain du siège. Br. in-8	1 50	20
— L'économie sociale à l'Exposition de 1889. Br. in-8	1 »	4
— La législation internationale du travail. Br. in-8	1 »	9
— Les charges de l'agriculture et les monographies de famille. Br. in-8	4 »	13
— L'assurance des ouvriers contre les accidents. Br. in-8	1 »	15
— Les méthodes en statistique. Br. in-8	1 50	13
CHRISTOPHE (Albert). Discours sur les travaux publics. 1 vol. in-8	6 »	20
CLAVÉ (Jules). Les fonctions publiques et la réforme administrative. Br. in 8	1 »	4
CLÉMENT (Ambroise). La crise économique. 1 vol. in-8	2 50	4
CLOUZARD (J.-J.-A). Etude sur la rétribution légitime du travail. 1 vol. in-18	3 »	10
COLAJANNI (Napoleone). L'alcoolismo. 1 vol. in-18	3 »	5
Compagnie générale transatlantique. Br. in-4	1 50	18
Congrès (Deuxième) des sociétés coopératives de consommation de France. Br. in-4	1 »	9
Congrès (Troisième) des sociétés coopératives de consommation de France. Br. in-8	1 »	9
Congrès international de l'enseignement technique, commercial et industriel. (Compte rendu des travaux du). 1 vol. in-8	5 »	16
Congrès (Premier) des banques populaires françaises. 1 vol. in-8	3 »	8
Congrès international de la participation aux bénéfices. 1 vol. gr. in-8	3 »	9
Congrès (Troisième) national des sociétés de secours mutuels de prévoyance et de retraite. 1 vol. gr. in-8	5 »	10
Congrès international du commerce et de l'industrie. 1 vol. gr. in-8	9 »	16
COSTE (Adolphe). Nouvel exposé d'économie politique. 1 vol. in-18	3 50	3
— La question monétaire en 1889. (Discours). Br. in-8	3 50	8
— Etude d'Economie rurale. Br. gr. in-8	1 »	12
— Etude statistique sur les salaires des travailleurs. Br. in-8	1 »	13
Coup d'œil sur l'assistance par un ancien administrateur de bureau de bienfaisance. Br. in-18	» 60	9
COURCELLE-SENEUIL. Préparation à l'étude du droit. 1 vol. in-8	8 »	14
— La démocratie. Br. in-8	1 »	13
— Voy. **SUMNER-MAINE.**		
— Voy. **ADAM SMITH.**		
COURTOIS fils (Alph.). Le centenaire de Pellegrino Rossi. Br. in-8	1 »	5
— Notice sur la vie et les travaux de Michel Chevalier. Br. in-8	1 »	20
— Voy. **Annales de la société d'économie politique.**		
CROISERIE (A. de la). La réforme économique et le régime parlementaire. 1 vol. in-18	2 50	14
CUGNIN (E.). Théorie et pratique de l'intérêt et de l'amortissement. 1 vol. in-8	10 »	17

D

	PRIX	Pag.
DABOS (Henri). Le dernier mot sur une controverse relative à la notion de la valeur. Br. in-8	1 50	7
DANA-HORTON. The silver Pound and England. 1 vol. gr. in-8	20 »	19
DARWIN (Charles). Par Grant-Allen, traduit par Paul Le Monnier. 1 vol. in-18. Br.	3 50	3
Cartonné	4 »	3
DEGOIX (P.-F.). Le privilège de la banque de France. Br. in-8	2 50	7
— (P.-F.) et **J. MEYER**. Etude financière. Les chemins de fer français, algériens et coloniaux. 1 vol. in-8	2 »	17
DELAFUTRY (Prosper). Les réformes économiques à la fin du XIXe siècle. Br. in-18	1 »	5
DELEUZE (H.). Réforme de l'impôt foncier. Br. in-8	» 75	6

	PRIX	Pag.
DESMOULINS (Auguste). Colonisons la France. Br. in-8	» 40	11
Deux réformes possibles en matières de contributions directes, Br. in-8	1 »	7
DUCHATEIL (P.). Nouveau traité d'économie politique et monétaire. 1 vol. in-4.	15 »	7
DUCRET (Léon). L'exploitation des téléphones. Br. in-18	1 »	20
DUCROCQ (Th.). Etudes d'histoire financière et monétaire. 1 vol. in-8	7 »	6
— Etudes de droit public. 1 vol. in-8	7 »	14
DUHAMET (F.). La République révolutionnaire. 1 vol. in-18	3 50	13
DUNOYER (Ch.). Œuvres. Tomes 1 et 2. Liberté du travail. 2 vol. in-8	20 »	3
DUPONT-WHITE. Le rôle et la liberté de la presse. Br. in-8	1 »	13
— Le suffrage universel.	» »	13
— La liberté de la presse et le suffrage universel. Br. in-8	2 »	14

E

	PRIX	Pag.
EDOM (Henri). Le calcul mental. Br. in-8	2 »	17
Enquête de la commission extra-parlementaire des associations ouvrières 3e partie. 1 vol. in-4	10 »	9
Essai de réforme constitutionnelle 1 vol. in-8	3 »	13

F

	PRIX	Pag.
FALLOT (Ernest). Notice géographique et économique sur la Tunisie. 1 vol. in-8.	2 50	20
FAURE (Félix). Les budgets contemporains. 1 vol. in-4	30 »	5
FAVAREL (Clément). Les cahiers de 1889. Les synthèses économiques. 1 vol. in-18	3 »	4
FLAISLEN (G.). De la nature de la mission consulaire en général. 1 vol. in-4.	3 »	19
FOURIER. Œuvre choisie, par M. Ch. Gide. 1 vol. in-32.	» »	4
Cartonné	2 50	4
FOURNIER de FLAIX. L'appropriation des ports à la grande navigation. Br. in-8	2 50	18
— Traité de critique et de statistique comparée des institutions financières. 1 vol. in-8	15 »	6
— Congrès monétaire international. Rapport sur l'enquête monétaire anglaise. Br. in-8	2 »	8
— L'Economie sociale à l'Exposition de 1889. Br. in-8	1 »	5
— Les congrès d'économie sociale à l'Exposition de 1889. Br. in-8	1 »	5
— Les forces productives de la France comparées 1789-1889. Br. in-8	2 »	20
— Statistique des religions. Br. in-4	3 »	13
— Le problème monétaire. 1 vol. in-8	5 »	8
— L'Économie sociale. — Sa méthode. br. in-8	1 »	5
FOSSÉ (Paul). Le syndic de faillite. 1 vol. in-8	» »	14
FOVILLE (Alfred de). La France économique. Statistique raisonnée 1889. 1 vol. in-18	6 »	13
— La Tour Eiffel. Br. in-8	1 »	20
— Voy. **BASTIAT.**		

G

	PRIX	Pag.
GARNIER (Joseph). Traité complet d'arithmétique théorique et appliquée au commerce, etc. 1 vol. in-8	8 »	16
GELIN (E.). La monnaie. Br. in-8	» »	7
GEORGE (Henri). Protection ou libre-échange. 1 vol. in-8	9 »	12
— Progrès et pauvreté. 1 vol. in-8	9 »	11
GERNAERT (Jules). Organisation et comptabilité industrielles. 1 vol. in-4	6 50	17
— Traverses de chemins de fer leur conservation par la créosote. Br. in-8	2 50	17
GIBON (A.). La liberté du travail et les grèves. Br. in-8	2 »	10
— Les accidents du travail et l'Industrie. 1 vol. in-4	3 »	10
GIDE (Charles). Voy. **FOURIER.**		
GILMAN (Nicholas Paine). Profit sharing 1 vol. in-18	10 »	10
GODIN. La République du travail et la réforme parlementaire. 1 vol. in-8	8 »	4
GOMEL (Charles). Les travaux publics et le budget. Br. in-8	1 »	13
— Les projets de réforme de la législation des mines. Br. in-8	2 »	14
— Les caisses de prévoyance obligatoires au profit des ouvriers mineurs. Br. in-8.	1 »	10
— L'industrie minérale en France et à l'étranger Br. in-8	1 »	16
— Le projet de loi sur les délégués mineurs. Br. in-8	1 »	14
— La crise des transports et les économies des compagnies de chemin de fer. Br. in-8	1 »	18
GOURY du ROSLAN (J.). Essai sur l'histoire économique de l'Espagne. 1 vol. in-8	7 50	19
GRANT-ALLEN. Charles Darwin. 1 vol. in-18	3 50	3
— cartonné toile	4 »	3
GRILLON (Ernest). La question sociale. 1 vol. in-8	5 »	11
GRUNER (Ed.). Les syndicats industriels. Br. in-8	1 »	10
GUIGNARD (Alfred). De la suppression des octrois et de leur remplacement. 1 vol. in-8	6 »	6
GUILAINE (Louis). La République Argentine physique et économique. 1 vol. in-8	7 50	19
GUILBAULT (Adolphe). La question des caisses d'épargne. Br. in-8	1 »	3
GUILLARD (Ed.). Protection et organisation du travail. 1 vol. in-18	1 50	10
GUILLOT (Denis). Etude sur la marine marchande. 1 vol. in-18	2 »	13
GUYON (Eugène). L'internationale et le socialisme. Br. in-8	1 »	11
GUYOT (Yves). L'impôt sur le revenu. 1 vol. in-18	3 50	6

H

	PRIX	Pag.
HADLEY (E.). Le transport par les chemins de fer, traduit par A. Raffalovich et L. Guérin. 1 vol. in-8	7 »	17

	PRIX	Pag.
HARTMANN (Georges). L'alcool et l'impôt des boissons. 1 vol. in-8	5 »	5
— La Chambre de commerce de Paris et la représentation commerciale. Br. in-8.	2 »	16
HAYEM (Julien). Voy. Congrès international du commerce et de l'industrie.		
HOUDARD (Adolphe). Premier principe de l'économique. 1 vol. in-18	4 »	4
HOUQUES-FOURCADE (Maurice). Les impôts sur le revenu en France au XVIIIe siècle. 1 vol. in-8	5 »	6
HUBERT-VALLEROUX. La charité avant et depuis 1789. 1 vol. in-8	8 »	8
HUME. Œuvres économiques par Léon Say. 1 vol. in-32	» »	3
Cartonné	2 50	3
I		
ISAAC (A.). Questions coloniales. Constitution et sénatus-consultes. 1 vol. in-18.	3 »	11
J		
JEANS. La suprématie de l'Angleterre, traduit par Baille. 1 vol. in-8	10 »	18
JEANNENEY (Jules). Le crédit agricole mobilier. 1 vol. in-8	6 »	7
Journal des Économistes	36 »	2
JUGLAR (Clément). Des crises commerciales et de leur retour périodique en France, en Angleterre et aux États-Unis. 1 vol. gr. in-8	12 »	16
K		
KOENIG. Un nouvel impôt sur le revenu. 1 vol. in-18	3 »	6
KOROSI (Joseph). Bulletin annuel des finances des grandes villes. 7e, 8e et 9e années 1883 1884, et 1885. Chacune	2 »	13
L		
LAGASSE (Charles). Les Sociétés coopératives. 1 vol. in-18	1 »	9
— Quelques mots sur l'habitation ouvrière. Br. in-8	1 »	9
LAHAYE (Eugène). Le rétablissement d'un impôt sur la petite vitesse. Br. in-8	1 »	6
LALLEMAND (Léon). De l'assistance des classes rurales au XIXe siècle. 1 vol. in-8	3 »	12
LAMAS (Pedro S.). Congrès monétaire international de Paris. 1889. Br. in-8	1 »	8
— Situation économique et financière de la République Argentine. Br. in-18	1 »	19
LAMPRECHT (Ch.). Étude sur l'Etat économique de la France. 1 vol. gr. in-8.	12 »	4
LARDY. Voy. **BLUNTSCHLI**.		
LAVELEYE (Emile de). Le bimétallisme international. Br. in-8	» »	8
LEAUTEY (Eug.). La science des comptes mise à la portée de tous. 1 vol. in-8.	7 50	17
LECHARTIER (E.). Le livre d'or des assurances. Tome 2e. 1 vol. in-8 relié	25 »	15
LECONTE (Jules). L'agriculture dans ses rapports avec le pain et la viande. 1 vol. in-8	2	12
LEFEVRE (Emile). Recherche de la meilleure des Républiques. 1 vol. in-18	» »	14
LEGRAND (Arthur). Le billet de banque fiduciaire. Br. in-8	1 »	8
LEMERCIER DE JAUVELLE (R.). Réforme sur le service de la trésorerie et réorganisation des contributions directes. 1 vol. in-8	3 50	13
LE MONNIER (Paul). Voy. **GRANT-ALLEN**.		
— Voy. **GEORGE** (Henri).		
LEROY-BEAULIEU (Paul). Traité de la science des finances. 2 vol. in-8	25 »	5
— Essai sur la répartition des richesses. 1 vol. in-8	9 »	3
— L'Algérie et la Tunisie. 1 vol. in-8	8 »	11
— Précis d'Economie politique. 1 vol. in-18	2 50	3
— L'Etat moderne et ses fonctions. 1 vol. in-8	9 »	13
— Un chapitre des mœurs électorales en France dans les années 1889 et 1890. Br. in-8	» 75	14
LESCARRET (J.-B.). Allégorie sociale. Caïn et Abel. 1 vol. in-18	1 »	5
— Contes et allégories sociales. 1 v. in-18.	2 50	5
LEVY (Raphaël-Georges). Voy. **SIEGFRIED**.		
LIMOUSIN (Ch.-M.). L'organisation générale des chemins de fer français. Br. in-8	1 »	17
— Les privilèges de la navigation intérieure. Br. in-18	1 »	17
LORRAIN (Jacques). Réformes fiscales. 1 vol. in-8	6 »	6
LUCAS (Charles). Conférence sur l'enseignement professionnel en France depuis 1789. Br. in-8	1 »	15
LUCAS (Charles), de l'Institut. De l'état en France de la répression en matière de crimes capitaux. 1 vol. in-8	3 »	3
— De l'état anormal en France de la répression en matières de crimes. Br. in-8	3 »	11
LUÇAY (Comte de). Mélanges de finances et d'économie politique. — Finances. 1 vol. in-8	5 »	5
LUQUIN (Mlle E.). Programmes généraux des cours d'enseignement commercial et technique. Br. in-4	3 »	15
— Etudes commerciales ; comptabilité, tenue des livres. 1 vol. in-8	8 »	16
— Le commerce, enseignement synthétique en seize tableaux. in-plano	30 »	16
M		
MAIREL (E.). Nouvelle méthode de comptabilité de banque et de bourse. 1 vol. in-8	10 »	17
MALARCE (A. de). Monnaies métalliques et fiduciaires des divers Etats du monde. Br. in-4	2 »	8
MARIGNAN (A.). Voy. **LAMPRECHT**.		
MALTHUS. Principes de population par M. G. de Molinari. 1 vol. in-32	» »	4
Cartonné	2 50	4
MARTIN (Étienne). Le monopole de l'alcool. 1 vol. in-18	3 »	5
MARTINEAU (E.). De l'égalité dans la protection douanière. Br. in-8	1 »	12

	PRIX	Pag.
MATRAT (Paul). Retraites questions diverses. Br. in-8	1 »	20
MECHELIN (L.). Précis de droit public du grand duché de Finlande. 1 vol. in-8.	3 50	
MEYER (J.). Voy. **DEGOIX** (P.-F.)		
MICHAUX (Edouard). Le vrai remède à la crise sociale. Br. in-8	1 »	4
MICHEL (Georges). Une iniquité sociale Br. in-8	1 »	14
— Voy. **VAUBAN.**	»	3
MILL (John-Stuart). Principe d'économie politique, par M. Léon Roquet. 1 vol. in-32,	» »	4
Cartonné	2 50	4
MODESTE (Victor). La vie. Etude d'économie politique. 1 vol. in-18	3 50	4
— Le prêt à intérêt dernière forme de l'esclavage. 1 vol. in-18	3 50	7
— La nuit du 4 août 1789-1889. 1 v. in-18.	3 »	13
MOLINARI (G. de). Les lois naturelles de l'économie politique. 1 vol. in-18	3 50	8
— La morale économique. 1 vol. in-8	7 50	8
— Question de l'esclavage africain. Br. in-8	1 »	11
— A Panama, l'isthme de Panama, la Martinique, Haïti. 1 vol. in-18	1 »	19
— Voy. **MALTHUS.**		
MOLINARI (Edmond de). La crise de l'industrie du sucre en Russie. Br. in-8,	1 »	16
MORISSEAUX (Ch.). Conseils de l'industrie et du travail. 1 vol. in-8	6 »	10
— Les résultats de l'assurance obligatoire contre les accidents. Br. in-4	2 50	15
MULLER (Paul). Les finances de l'empire d'Allemagne. Br. in-8	1 »	

N

	PRIX	Pag.
NACIAN (J.-J.) La Dobroudja économique et sociale. 1 vol. in-18	3 50	19
— De l'immixion de la politique allemande en Roumanie. Br. in-8	1 »	19
NEYMARCK (Alfred). Un conseil supérieur des finances. Br. in-8	1 »	6
— Un plan de finances. Br. in-8	1 50	6
— Les chambres syndicales et le renouvellement du privilège de la banque de France. Broch. in-8	2 50	7
— Un centenaire économique 1789-1889. Br. gr. in-8	3 »	5
— Les valeurs mobilières en France. Br. in-4	2 50	6
— L'épargne française et les compagnies de chemins de fer. Br. in-8	1 50	7
— De la nécessité d'un emprunt de liquidation. Br. in-8	2 »	7
— Les plus hauts et les plus bas cours des principales valeurs. 1 vol. in-8	3 »	7
— Les traités de Commerce. Br. in-4	1 50	12
— Ce que la France a gagné à l'exposition de 1889. Br. in-8	3 »	20
— L'Epargne française et les Compagnies de chemins de fer. Br. in-8	1 50	7
NIBAUD (Ernest). Les délégués mineurs 1 vol. in-18	1 50	14
— Observations relatives au projet de loi Baihaut sur les mines. 1 vol. in-18	2 »	14
Nouveau dictionnaire d'Économie politique. 2 vol. gr. in-8	55 »	1
Demi-reliure veau ou chagrin	64 »	»

O

	PRIX	Pag.
OLIVIER (Édouard). La France avant et pendant la Révolution. 1 vol. in-18.	3 50	13
OVALE CORREA (Édouard). Les finances du Chili. 1 vol. in-8	4 »	19

P

	PRIX	Pag.
PASCAUD (H.)	» »	4
de l'expulsion des étrangers. Br. in-8	» »	4
— De l'indemnité à allouer aux individus indûment condamnés. Br. in-8	2 »	11
— Le monopole de l'alcool en Suisse. Br. in-8	1 50	20
PASSY (Frédéric). La question du latin. Br. in-8	1 »	15
— Discours au congrès monétaire international de 1889. Br. in-8	1 »	8
— Discours sur le travail des enfants des filles et des femmes dans les établissements industriels. Br. in-32	» 60	10
— Discours sur la responsabilité des accidents dont les ouvriers sont victimes dans leur travail. Br. in-32	» 60	16
— Les fables de La Fontaine. Br. in-8	1 »	20
— L'Ecole de la liberté. 1 vol. in-18	2 »	13
PASSY (Louis). Mélanges scientifiques et littéraires. 2 vol. in-8	12 »	20
— Voy. **ROSCHER** (Guillaume).		
PEAGE (Le). Sur les voies navigables Br. in-8	1 »	18
Petite Bibliothèque française et étrangère. 14 vol. parus in-32. Cartonné toile	2 50	21
I. **VAUBAN.** Dime royale, par Georges Michel		3
II. **BENTHAM.** Principes de législation, par M. Sophie Raffalovich		3
III. **HUME.** Œuvres économiques, par Léon Say		3
IV. **J.-B. SAY.** Economie politique par H. Baudrillart		3
V. **ADAM SMITH.** Richesse des nations, par M. Courcelle-Seneuil		3
VI. **SULLY.** Economies royales par Joseph Chailley		3
VII. **RICARDO.** Rente salaires et profits, par M. Paul Beauregard		4
VIII. **TURGOT.** Administration et œuvres économiques par M. Robineau.		4
IX. **JOHN-STUART MILL,** Principes d'économie politique, par M. Léon Roquet		4
X. **BASTIAT.** Œuvres choisies, par A. de Foville		4
XI. **MALTHUS.** Principes de population, par M. G. de Molinari		4
XII. **FOURIER,** Œuvres choisies, par M. Ch. Gide		4
PIERRARD (Paul). Le danger de l'augmentation des droits d'entrée sur les céréales et les bestiaux en France. Br. in-8	» 60	7
— The Standard wool bale. Br. in-8	1 50	16
— Le lanomètre ou densivolumètre. Br. in-8	1 »	20

	PRIX	Pag.
POULLIN (Marcel). L'impôt sur les raffineries. Br. in-8	1 50	6
Q		
Question (La) monétaire en Belgique en 1889. 1 vol in-8	3 50	8
R		
RAFFALOVICH (Arthur). L'impôt sur les alcools et le monopole en Allemagne. Br. in-8	1 50	5
— Le logement de l'ouvrier et du pauvre. 1 vol. in-18	3 50	9
— Les finances de la Russie 1887-1889. 1 vol. in-8	2 50	20
— Conversion de la dette 3 o/o anglaise. Br. in-8	1 »	19
— Les coalitions de producteurs. Br. in-8.	1 »	12
— Les marchés de Londres, de Paris et de Berlin. Br. in-8	1 »	8
— L'effondrement du comptoir d'escompte Br. in-8	1 »	8
— Le congrès monétaire international de 1889. Br. in-8	1 50	8
— La bourse de Paris et le monopole des agents de change. Br. in-8	» 50	8
— Voy. **HADLEY** (T.).		
RAFFALOVICH (Arth.) et **ROULLIET** (Antony). Bibliographie des habitations à bon marché. Br. in-8	1 50	9
RAFFALOVICH (Sophie). Lord Shaftesbury, sa vie et ses travaux. Broch. in-8	1 »	5
— John Bright et Henri Fawcett. 1 vol..		
— Voy. **BENTHAM.**		
RAMBAUD (Camille). Economie sociale ou science de la vie. 1 vol. in-8	2 » 4 »	5 3
RAYNAUD. Les réformes fiscales. 1 vol. in-8	6 »	6
REINAUD (Emile). Les syndicats professionnels. 1 vol. in-18	3 50	10
RENAUD (Charles). Histoire des grèves. 1 vol. in-18	3 50	10
RENAUDIN (Edmond). L'institut de France au 1er juillet 1887. Br. in-8	1 »	20
RICARDO. Rente, salaires et profits par Paul Beauregard. 1 vol. in-32.	» »	4
Cartonné	2 50	4
ROBINEAU. Voy. **TURGOT.**		
ROCHAID (Alph.). Marine marchande et colonies. 1 vol. in-18	1 50	18
— Commerce extérieur. Br. in-8	1 »	18
ROCHUSSEN. Supplément à la question monétaire en Belgique en 1889. Br. in-8.	1 »	8
ROQUET (Léon). Voy. **JOHN STUART MILL.**		
ROSCHER (Guillaume). Traité d'économie politique rurale. 1 vol. in-8	18 »	11
ROSTAND (Eugène). Les questions d'économie sociale dans une grande ville populaire. 1 vol. in-8	10 »	3
ROUGIER (Paul). L'assistance des indigents à domicile. Broch. in-8	1 »	11
ROULLIET (Antony). L'économie sociale à l'Exposition universelle de Paris en 1889. Br. in-8	1 »	5
ROULLIET (Antony). Des habitations à bon marché vol. gr. in-18	2 »	6

	PRIX	Pag.
— Bibliographie. V. **RAFFALOVICH.**		
ROUSSEAUX (A.). Considérations économiques sur les tarifs de chemin de fer. Br. in-8	1 »	18
ROY (Félix). Etude sur la réforme de l'assiette de l'impôt. 1 vol. in-4	2 »	6
S		
SAINT-ANDRÉ (J. A. de). La question des monopoles. Les poudres et salpêtres. 1 vol. in-8	5 »	4
SAINT-GENIS (Flour de). Le crédit territorial en France. 1 vol. in-8	6 50	7
SAY (J.-B.). Economie politique par M. Baudrillart. 1 vol. in-32.	» »	3
Cartonné	2 50	3
SAY (Léon). Les solutions démocratiques de la question des impôts. 2 vol. in-18.	6 »	5
— Voy. **NOUVEAU DICTIONNAIRE D'ECONOMIE POLITIQUE.**		
— Voy. **HUME.**		
SALOMON (Georges). L'enseignement professionnel, industriel et commercial. Br. in-8	1 »	16
— De la limitation des heures de travail. Br. in-8	1 »	10
SCHELLE (G.). Du Pont de Nemours. 1 vol. in-8	7 50	3
SCHWABE (Mme Salis). Richard Cobden. 1 vol. in-8	6 »	3
— cartonné toile	7 »	3
SIEGFRIED (Jacques) et **LEVY** (Raphael-Georges). Du relèvement du marché financier français. Br. in-8	1 »	8
SMITH (Adam). Richesse des nations par M. Courcelle-Seneuil. 1 vol. in-32.	» »	3
Cartonné	2 50	3
Société (une) de secours mutuels de province. Br. in-8	1 »	10
Statistique du cours du change et des effets publiés aux bourses de Russie en 1887. Br. gr. in-8	3 »	20
STOURM (René). L'impôt sur l'alcool dans les principaux pays. 1 vol. in-18	3 »	5
— Le Budget. 1 vol. in-8	9 »	5
SULLY. Economies royales par Joseph Chailley, 1 vol. in-32.	» »	3
Cartonné	2 50	3
SUMNER-MAINE (Henri). L'ancien droit, traduit par Courcelle-Seneuil. 1 vol. in-8	7 50	14
Suppression des octrois et de toutes les taxes frappant les boissons hygiéniques. Br. in-8	1 25	6
T		
Théorie de la comptabilité en partie double. Broch. in-4	2 50	17
THEUREAU (L.). Etude sur l'abolition de la vénalité des offices. 1 vol. in-8	5 »	3
TISSOT (L.). Comptabilité nouvelle. 1 vol. gr. in-8	7 50	17
TSERCLAES de WOMMERSON. Les conditions du logement de l'ouvrier dans la ville de Gand. Br. gr. in-8	1 »	19
— Crédit foncier mutuel. Br. gr. in-8	2 »	19
TURGOT. Administration et œuvres économiques, par M. Robineau. 1 vol. in-32.	» »	
Cartonné	2 50	4

V

	PRIX	Pag.
VAREILLES-SOMMIERES (de). Les principes fondamentaux du droit. 1 vol. in-8.	8 50	14
VAUBAN. Dime royale, par G. Michel. 1 vol. in-32.	» »	3
— Cartonné.	2 50	3
Veritas (Il) finanziario. 1 vol. gr. in-8	20 »	20
VERON DUVERGER. Le régime des chemins de fer français devant le Parlement (1871-1887). 1 vol. in-8.	7 »	17
VIGANO (Francesco). Vademecum des banques populaires et le mouvement coopératif. Br. in-8.	3 »	7
— Battello sotto marino e regno di Giordani Bruno. 1 vol. in-8.	3 50	20
VIGNES (Edouard). L'individu et l'Etat Br.	1 »	4
VIGNON (Louis). La France dans l'Afrique du Nord. 2e édit. 1 vol. in-8.	7 »	11
VILLARD (A.). Les banques populaires et le crédit agricole. Br. in-8.	» »	7
— Le socialisme moderne. 1 vol. in-18.	3 50	11
— Les Sociétés de secours mutuels. Br. in-8.	2 »	10
VIVIER. (Alph.). La réforme de l'impôt foncier. Br. in-8.	1 »	6
VOGEL (Charles). Voy. **ROSCHER** (Guillaume).	» »	
VOSSION (Louis). La constitution américaine et ses amendements. 1 vol. in-8.	5 »	18
— Voy. **GEORGE** (Henri).		

W

	PRIX	Pag.
WALRAS. (Léon). Eléments d'économie politique pure. 2e édit. 1 vol. in-8.	10 »	4
WILLEQUET (Ad.). Barème décimal ou intérêts calculés depuis 2 à 10 p. 100. 1 vol. in-8.	4 »	17
WOLLEMBORG (Léone). Les caisses rurales italiennes. Br. in-4.	3 »	20

(Ouvrages au rabais, voir page 21)

En dehors des ouvrages portés sur notre Catalogue, la maison se charge de fournir tous les ouvrages qui lui sont demandés.

TABLE
DES DIVISIONS DU CATALOGUE

Paris. — Imp. E. CAPIOMONT et Cie, rue des Poitevins, 6.

www.ingramcontent.com/pod-product-compliance
Ingram Content Group UK Ltd.
Pitfield, Milton Keynes, MK11 3LW, UK
UKHW020202250726
13967UKWH00003B/1212

9 782013 566087